Schmidthausen
Prause
Huesmann
Benen

Arbeitsheft HöHa –

kompetenzorientiert

Klasse 11

Betriebswirtschaftslehre mit Rechnungswesen

AF891338

Merkur
Verlag Rinteln

Wirtschaftswissenschaftliche Bücherei für Schule und Praxis
Begründet von Handelsschul-Direktor Dipl.-Hdl. Friedrich Hutkap †

Verfasser:

Michael Schmidthausen, Duisburg
Petra Prause, Duisburg
Manfred Huesmann, Oerlinghausen
Dr. Dieter Benen, Bielefeld

* * * * *

4. Auflage 2025

Gesamtherstellung:
Merkur Verlag Rinteln Hutkap GmbH & Co. KG, 31735 Rinteln

E-Mail: info@merkur-verlag.de
lehrer-service@merkur-verlag.de
Internet: www.merkur-verlag.de

Merkur-Nr. 1620-04
ISBN 978-3-8120-1156-3

Vorwort

Das Arbeitsheft richtet sich exakt nach dem aktuellen **Bildungsplan für die Höhere Berufsfachschule („HöHa"),** Bereich Wirtschaft und Verwaltung, Betriebswirtschaftslehre mit Rechnungswesen, in Nordrhein-Westfalen. Es umfasst die **Handlungsfelder 1 bis 4 (Anforderungssituation 4.1).** Für die Handlungsfelder 4 (Anforderungssituation 4.2) bis 7 steht das Merkur-Arbeitsheft 1621 zur Verfügung.

Die **Handlungsfelder** des Bildungsplans werden **in Form von Lernsituationen konkretisiert.** Das Arbeitsheft vertieft auf diese Weise den Gedanken der Kompetenzorientierung (situationsbezogen – problemorientiert – kompetenzfördernd), dokumentiert aufgrund seines Workbook-Charakters den Kompetenzerwerb und entlastet die Lehrkraft hinsichtlich Unterrichtsvorbereitung, Kopieraufwand und didaktischer Jahresplanung.

Schulbuch S. xxx–xxx

Die Lernsituationen des Arbeitsheftes sind passgenau mit dem **Merkurbuch 0620** (Lernbuch „BWL mit Rechnungswesen – kompetenzorientiert, Bd. 1 – Klasse 11", 5. Auflage 2025) abgestimmt. Daher wäre ein **paralleler Einsatz ideal.** Denkbar ist jedoch auch die Kombination mit anderen BWR-Büchern.

Ausgangspunkt für die Lernsituationen ist die **Soester Büromöbel AG,** ein Industriebetrieb, der Teil des fiktiven **Gewerbeparks Soest** ist, der im Merkurbuch 0620 näher vorgestellt wird.

Im Sinne eines kompetenzorientierten Unterrichts beginnen die Lernsituationen jeweils mit einem **situationsbezogenen** und in der Regel problemorientierten Einstieg. Angeleitet durch die darauf folgenden Arbeitsaufträge sollen die Schülerinnen und Schüler zunächst das vorgegebene **Problem selbstständig lösen** und schließlich zu einer vertiefenden Auseinandersetzung mit dem jeweiligen (Teil-)Geschäftsprozess gelangen.

Ein hervorgehobenes Ziel ist es bei der Erstellung dieses Bandes gewesen, **methodische Vielseitigkeit** (z. B. Einübung von Präsentationen, Rollenspiele, Anfertigung ereignisorientierter Prozessketten, Erstellen von Geschäftsbriefen) zu gewährleisten.

Um der Intention des Bildungsplans gerecht zu werden, sollten die Lernsituationen **im Idealfall Stück für Stück** in der vorgegebenen Reihenfolge durchgearbeitet werden. Jede Lernsituation „funktioniert" jedoch in der Regel auch für sich genommen, sodass die Situationen **bei Bedarf auch punktuell** eingesetzt werden können.

Die Entscheidung, ob die Lernsituationen in **Einzel-, Partner- oder Gruppenarbeit** bearbeitet werden, wollen wir jeder Lehrkraft gerne selbst überlassen.

An einigen Stellen fordert das Autorenteam mit seinen Arbeitsaufträgen bewusst dazu auf, „über den Tellerrand zu schauen". Im Einklang mit den Ansprüchen an einen differenzierten Unterricht sind an diesen Stellen **anspruchsvolle Transferleistungen** gefragt. Diese Arbeitsaufträge werden mit dem nebenstehenden Symbol gekennzeichnet.

Duisburg, im Sommer 2025

Die Verfasser

Inhaltsverzeichnis

Die Soester Büromöbel AG kennenlernen

Handlungsfeld 1: Unternehmensstrategien und Management

Anforderungssituation 1.1

Anforderungssituation 1.2

Handlungsfeld 2: Beschaffung

Anforderungssituation 2.1

Anforderungssituation 2.2

Handlungsfeld 3: Leistungserstellung

Anforderungssituation 3.1

Anforderungssituation 3.2

Anforderungssituation 3.3

Handlungsfeld 4: Absatz

Anforderungssituation 4.1

Bilderverzeichnis

S. 16: Dean Drobot – www.colourbox.de • **S. 21:** Dean Drobot – www.colourbox.de • **S. 28:** Dean Drobot – www.colourbox.de • **S. 246:** Dzianis Vasilyeu •

Die Soester Büromöbel AG kennenlernen

Situation:

Die Soester Büromöbel AG, ein Industrieunternehmen in Westfalen, produziert moderne Büromöbel. Das Unternehmen befindet sich im Soester Gewerbepark. Die Soester Büromöbel AG wendet sich mit ihren Produkten an Unternehmen sämtlicher Branchen. Privatpersonen zählen bislang nicht zu der anvisierten Zielgruppe, wenngleich mittlerweile ein Onlineshop existiert. Der Vertrieb der Büromöbel erfolgt überwiegend auf direktem Absatzweg an Kunden in ganz Deutschland. Vereinzelt werden auch exklusive Büroeinrichtungshäuser beliefert.

Die Soester Büromöbel AG ist seit mehreren Jahren auf dem Markt für Büromöbel eingeführt und behauptet sich dort erfolgreich gegen ihre Wettbewerber. Hervorgegangen ist die Soester Büromöbel AG aus der von Daniel Stein, Karin Brand und Klaus Meier gegründeten SBM Büromöbel OHG, die später unter neuem Namen in eine Aktiengesellschaft umgewandelt wurde.

SB Soester Büromöbel AG

Anschrift:

Soester Büromöbel AG
Industriepark 5
59494 Soest

Telefon, Telefax und E-Mail:

Telefon: 02921 3879-0
Telefax: 02921 3879-1
E-Mail: info@sbmag.de

Bankverbindung:

Commerzbank Soest
IBAN: DE86 4144 0018 0006 7523 04
BIC: COBADEFF414

Sparkasse Soest
IBAN: DE30 4145 0075 0000 6375 26
BIC: WELADED1SOS

Die Produkte werden nach Kundenauftrag gefertigt. Das derzeitige Produktionsprogramm umfasst insbesondere folgende Produktgruppen:

Produktgruppe I:	Schreibtische
Produktgruppe II:	Bürostühle
Produktgruppe III:	Büroschränke

Innerhalb einer Produktgruppe sind verschiedene Modelle erhältlich.

Die Produkte werden überwiegend in Serie gefertigt. Wenn vom Kunden gewünscht, werden jedoch auch Spezialanfertigungen hergestellt.

Die Zahl der Mitarbeiter hat in den vergangenen Jahren aufgrund der positiven Geschäftsentwicklung stetig zugenommen.

Zurzeit sind ca. 420 Mitarbeiter bei der Soester Büromöbel AG beschäftigt.

Die Soester Büromöbel AG ist gemäß dem Stabliniensystem aufgebaut. Der Vorstand besteht aus drei Mitgliedern.

Dem Vorstand unterstehen die vier Bereichsleiter. Diese sind den Abteilungsleitern ihrer Bereiche gegenüber weisungsbefugt, die wiederum nur ihren Mitarbeitern Weisungen erteilen dürfen. Darüber hinaus gibt es zwei Stabsabteilungen, die den Vorstand beraten. Deren Leiter sind den Bereichsleitern nicht weisungsbefugt.

Das nachfolgende Organigramm (Material 1) verdeutlicht die Aufbauorganisation der Soester Büromöbel AG.

Material 1: Organigramm der Soester Büromöbel AG

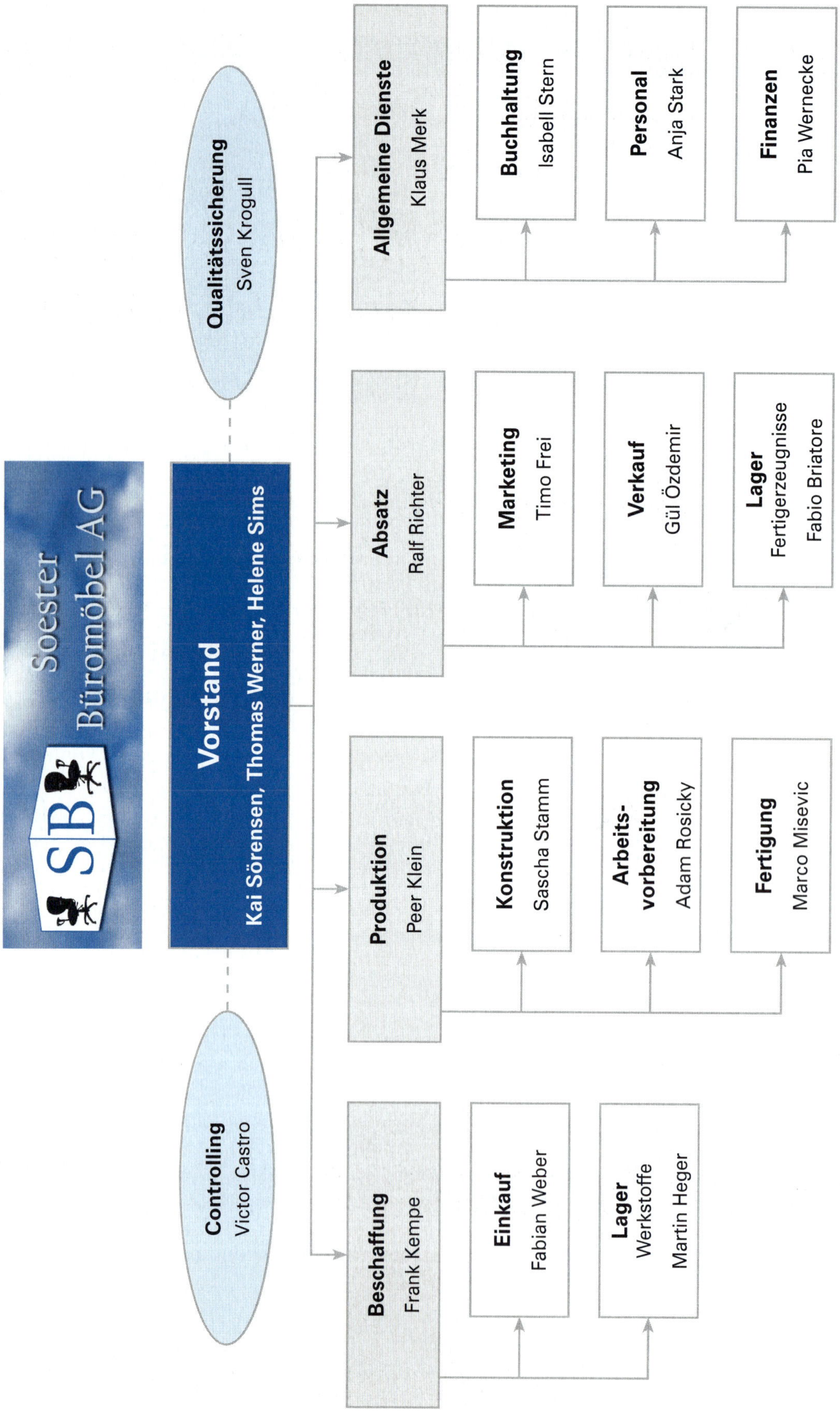

Arbeitsauftrag:

Verschaffen Sie sich einen Überblick über die Soester Büromöbel AG. Nutzen Sie hierzu das folgende Auswertungsformular.

Material 2: Auswertungsformular

Auswertung

Soester Büromöbel AG

1. Unternehmensart: ➤ ____________________
2. Branche: ➤ ____________________
3. Produktgruppen: ➤ ____________________
   ➤ ____________________
   ➤ ____________________
4. Gesellschaftsform (Rechtsform): ➤ ____________________
5. Hervorgegangen aus: ➤ ____________________
6. Standort: ➤ ____________________
7. Verkaufsgebiet: ➤ ____________________
8. Vertriebsweg: ➤ ____________________
9. Kundenzielgruppe: ➤ ____________________
10. Fertigung: ➤ ____________________
    ____
11. Zahl der Mitarbeiter: ➤ ____________________
12. Aufbauorganisation: ➤ ____________________
    – ________ Vorstand
    – ________ Bereiche
    – ________ Abteilungen
    – ________ Stabsabteilungen mit ____________ Funktion

Anforderungssituation 1.1

Schulbuch S. 24–31

1 Die Soester Büromöbel AG im gesamtwirtschaftlichen Umfeld analysieren

Situation:

Die Soester Büromöbel AG erhält von der Bauer GmbH in Bochum eine Anfrage über die Lieferung von 200 Schreibtischen. Die Schreibtische sollen nach speziellen Kundenwünschen gefertigt werden. Die Soester Büromöbel AG prüft die technische und wirtschaftliche Machbarkeit und unterbreitet der Bauer GmbH ein entsprechendes Angebot. Nach kurzer Überlegung gibt die Bauer GmbH die Bestellung auf. Nun kann der Auftrag bearbeitet werden.

Arbeitsaufträge:

1. Die Soester Büromöbel AG ist auf verschiedenen Märkten tätig und dort mit anderen Unternehmen auf vielfältige Weise verbunden. Darüber hinaus haben auch staatliche Entscheidungen großen Einfluss auf die wirtschaftliche Lage der Soester Büromöbel AG. Veranschaulichen Sie diesen Sachverhalt, indem Sie das Schaubild auf S. 11 (Material 1) ergänzen.

2. Die Abwicklung des in der Situation beschriebenen Kundenauftrags vollzieht sich in vielen kleinen Teilschritten. Hieran sind verschiedene Abteilungen der Soester Büromöbel AG beteiligt.

   2.1 Vervollständigen Sie in diesem Zusammenhang die Tabelle auf S. 12 (Material 2), indem Sie auf S. 13 die dort angeführten Begriffe und Vorgänge den Beziehungspfeilen in dem Schaubild (Material 3) zuweisen und in die Tabelle eintragen.

   2.2 Entscheiden Sie auch, ob es sich in den einzelnen Fällen um einen Güter-, Geld- oder Informationsstrom handelt.

Vorgänge	Güter-, Geld- oder Informationsstrom
Fertigmeldung über 200 Schreibtische	
Einlagerung der 200 Schreibtische	
Überweisung des Kunden	

3. Im Wirtschaftsleben finden sich viele verschiedene Betriebe, die unterschiedliche Aufgaben wahrnehmen. Gliedern Sie die in der Tabelle (Material 4) aufgelisteten Betriebe hinsichtlich der folgenden Merkmale:
   - nach Wirtschaftsbereichen,
   - nach den Eigentumsverhältnissen,
   - nach der Gewinnorientierung,
   - nach der Art der erstellten Leistung.

4. Ordnen Sie die unter Material 5 aufgeführten Unternehmen in einer sinnvollen Reihenfolge an und machen Sie deutlich, welche Beziehung (hier: Unternehmen X liefert _______ an Unternehmen Y) zwischen den Unternehmen besteht.

Material 1: Die Soester Büromöbel AG im gesamtwirtschaftlichen Zusammenhang

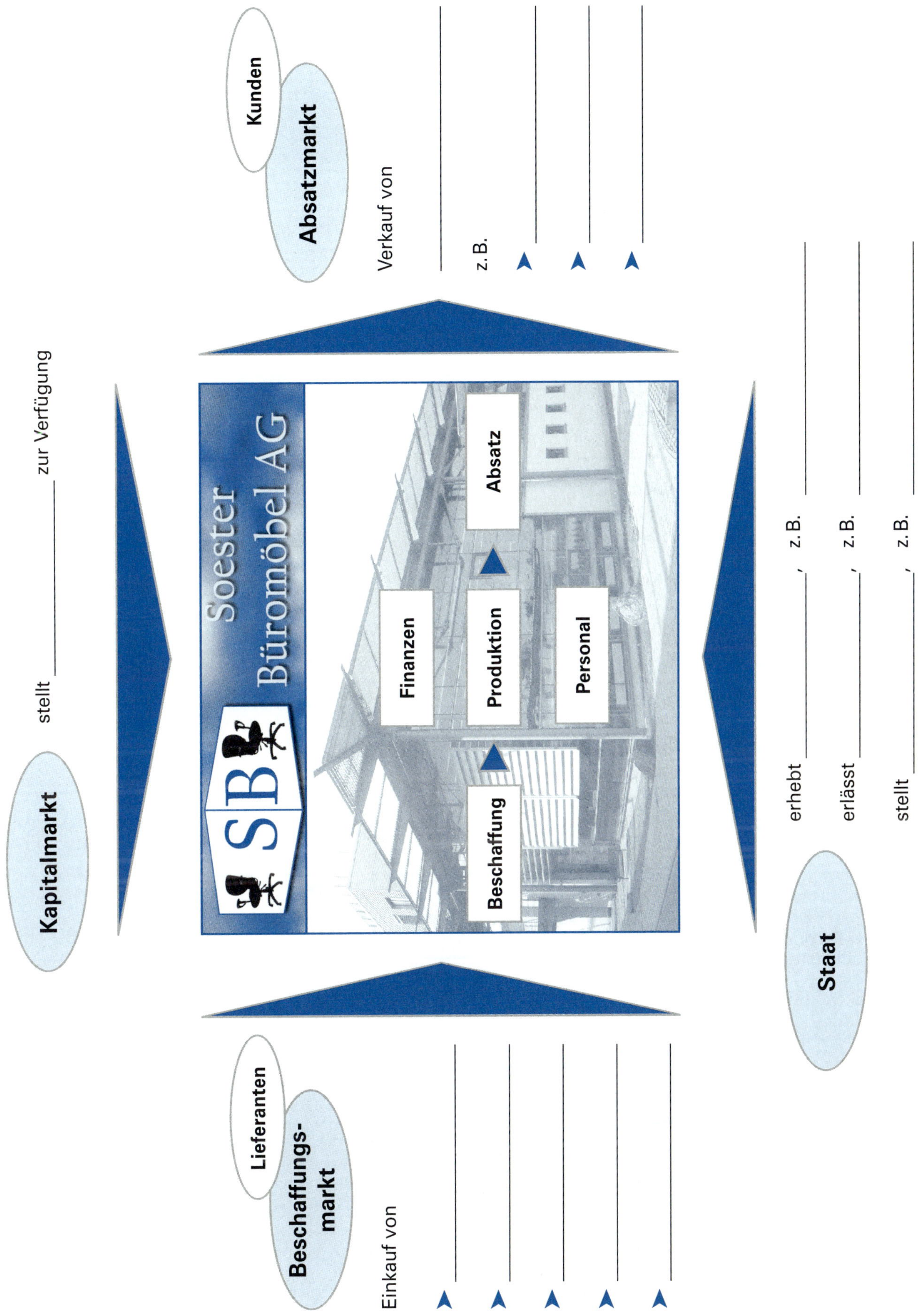

Material 2: Abwicklung des Auftrags der Bauer GmbH

Auftragsabwicklung			Soester Büromöbel AG
Nr.	**Beziehungen zwischen**		**Begriffe und Vorgänge**
1	Kunde	Verkauf	Anfrage des Kunden
2	Verkauf	Kunde	
3	Kunde	Verkauf	
4	Verkauf	Produktion	
5	Produktion	Lager *Werkstoffe*	
6	Lager *Werkstoffe*	Produktion	
7	Produktion	Verkauf	
8	Produktion	Lager *Fertige Erzeugnisse*	
9	Verkauf	Lager *Fertige Erzeugnisse*	
10	Lager *Fertige Erzeugnisse*	Kunde	
11	Verkauf	Kunde	
12	Kunde	Bank	
13	Bank	Rechnungs-wesen	
14	Rechnungs-wesen	Verkauf	

Material 3: Auftragsabwicklung in der Soester Büromöbel AG

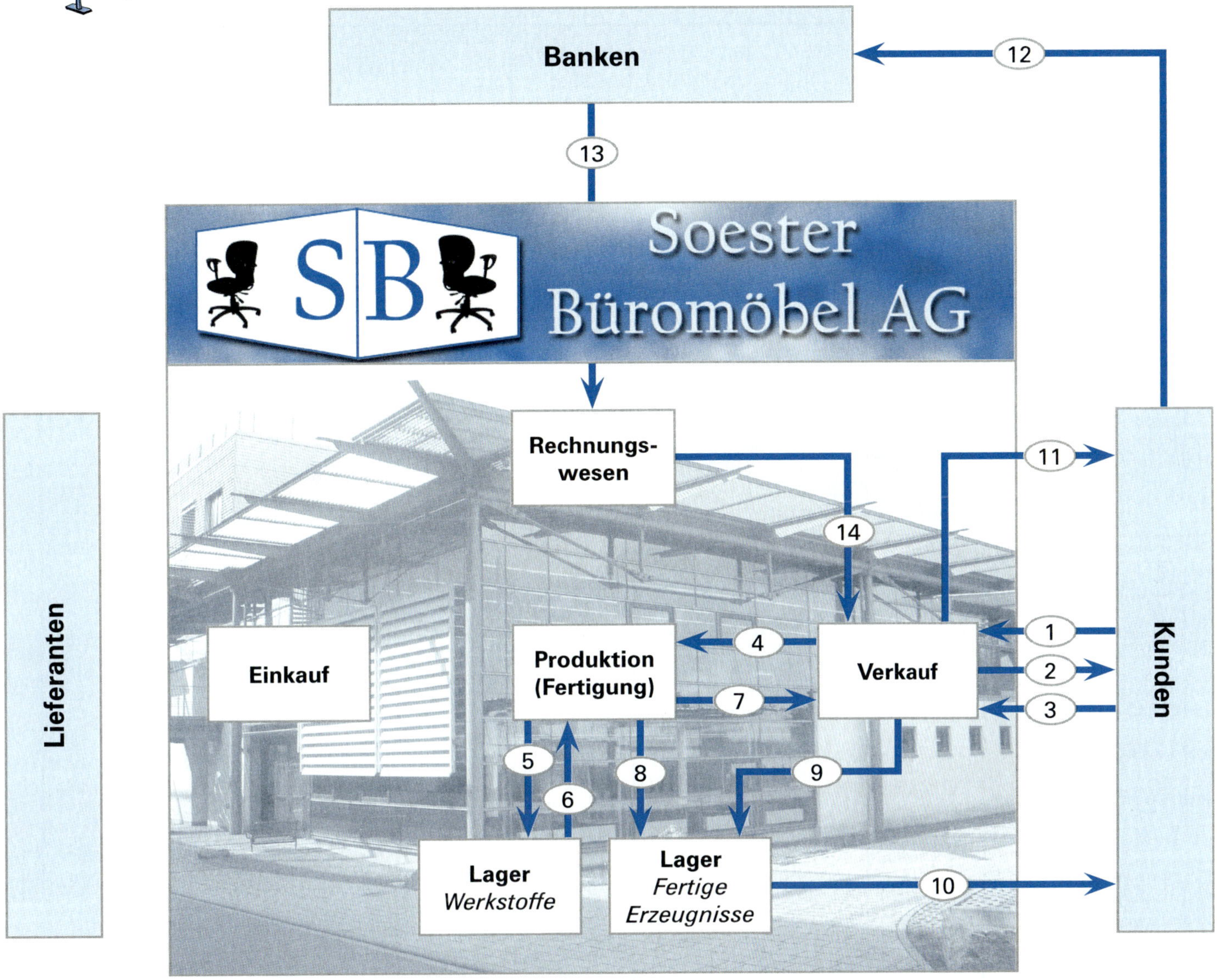

Begriffe und Vorgänge			
a)	Schreibtische an Kunden liefern	h)	Materialanforderung (Holz, Schrauben etc.)
b)	Bestellung des Kunden	i)	Schreibtische versandfertig machen
c)	Einlagerung der 200 Schreibtische	j)	Rechnung an Kunden
d)	Material an Produktion liefern	k)	Fertigmeldung über 200 Schreibtische
e)	Überweisung des Kunden	l)	Zahlungseingangsmeldung an Verkauf
f)	Kontoauszug (Zahlungseingang)	m)	Angebot
g)	Fertigungsauftrag (200 Schreibtische)	n)	Anfrage des Kunden **(Schritt 1)**

Material 4: Unternehmenstypen

	Betriebe	Gliederung nach den Wirtschaftsbereichen	den Eigentumsverhältnissen	der Gewinnorientierung	der Art der erstellten Leistung
1	Soester Büromöbel AG				
2	Schreinerei Müller e. K.				
3	Saturn AG				
4	Verkehrsverbund Rhein-Ruhr (VRR)				
5	Ruhrkohle AG (RAG)				
6	Allianz AG				
7	Commerzbank AG				
8	Rechtsanwälte Müller & Co.				
9	Dachser Logistik AG				

Material 5: Beziehungen zwischen den Unternehmen

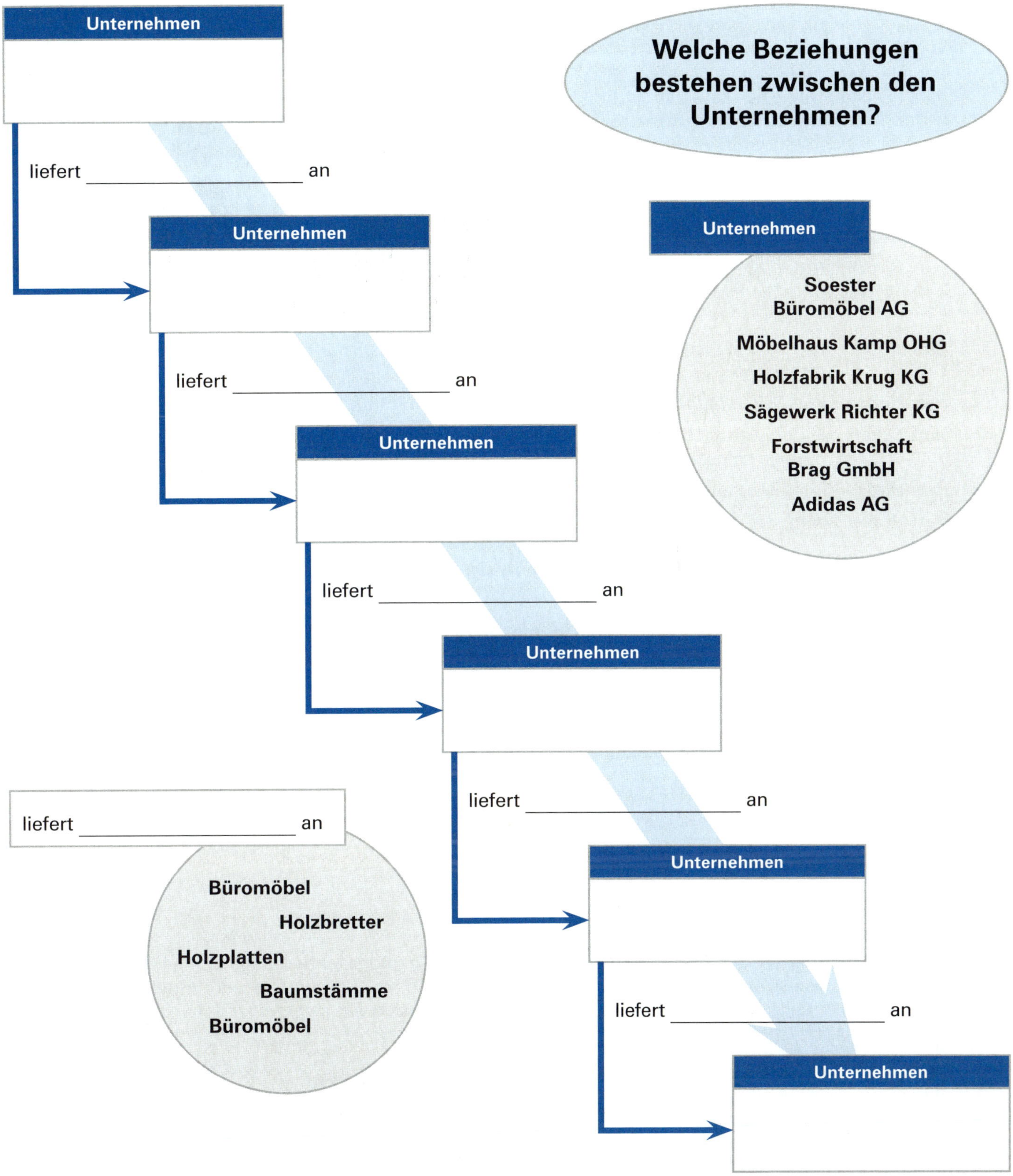

Schulbuch S. 33–43

2 Ein Einzelunternehmen gründen – Teil 1

Wir gehen zurück zu den Anfängen der Unternehmensgründung von Daniel Stein ...

Situation:

Daniel Stein aus Soest, 24 Jahre, hat nach dem Fachabitur eine kaufmännische Ausbildung absolviert. Schon früh hat er davon geträumt, sich selbstständig zu machen. Nun möchte er seine Idee in die Tat umsetzen. Aus diesem Grund hat er einen Termin mit Herrn Hirsch, dem Existenzgründungsberater bei der IHK Soest, vereinbart.

Herr Hirsch: Guten Morgen, Herr Stein. Nehmen Sie Platz. Was kann ich für Sie tun?

Herr Stein: Nun, wie ich Ihnen schon am Telefon gesagt habe, möchte ich mich gerne selbstständig machen.

Herr Hirsch: Was schwebt Ihnen denn da vor? Stellen Sie mir Ihre Idee doch mal vor.

Herr Stein: Ich würde mich gerne mit der Produktion und dem Vertrieb von modernen Büromöbeln selbstständig machen.

Herr Hirsch: Interessant. Wie sind Sie auf Ihre Geschäftsidee gekommen?

Herr Stein: Nun, nach dem Fachabitur habe ich erfolgreich eine kaufmännische Ausbildung als Industriekaufmann bei der König & Klever AG, dem bekannten Büromöbelhersteller, absolviert, bin danach übernommen worden und habe mittlerweile drei Jahre Berufserfahrung sammeln können.

Herr Hirsch: Das hört sich doch schon gut an.

Herr Stein: Zudem habe ich mich als Sohn eines Schreinermeisters mit eigener Schreinerei schon immer für Produktdesign und Innenarchitektur interessiert.

Herr Hirsch: Da bringen Sie ja schon einiges mit, was für den Schritt in die Selbstständigkeit sehr wichtig ist. Glauben Sie denn auch, dass Sie persönlich den Dingen gewachsen sein werden, die als Unternehmer unweigerlich auf Sie zukommen werden?

Herr Stein: Wie meinen Sie das genau?

Herr Hirsch: Nun, ...

Arbeitsaufträge:

1. Der Weg in die berufliche Selbstständigkeit ist kein Sonntagsspaziergang, sondern eher eine beschwerliche Bergwanderung. Denken Sie darüber nach, welche persönlichen Voraussetzungen bzw. Charaktereigenschaften man haben sollte, wenn man sich selbstständig machen möchte.

1.1 Halten Sie Ihre Ergebnisse in folgender Tabelle fest.

1.2 Testen Sie, ob Sie die persönlichen Voraussetzungen als Unternehmer erfüllen.

Sind Sie als Unternehmer geeignet? – Finden Sie es heraus!						
Persönliche Voraussetzungen bzw. Charaktereigenschaften		Bewertung				
		–	– –	+ –	+	+ +
1						
2						
3						
4						
5						
6						
7						
8						
9						
10						

2. In der Einstiegssituation werden einige fachliche Voraussetzungen angesprochen, die gegeben sein müssen bzw. hilfreich sind, um sich selbstständig machen zu können. Listen Sie diese und andere, die Ihnen einfallen, auf.

Fachliche Voraussetzungen, um sich selbstständig machen zu können

3. Nennen Sie jeweils drei Vor- und Nachteile, die für Sie damit verbunden sind, sich selbstständig zu machen.

Vorteile	Nachteile

4. Beurteilen Sie die Geschäftsidee von Daniel Stein, sich mit der Produktion und dem Vertrieb von hochwertigen und modernen Büromöbeln selbstständig zu machen.

Chancen	
Risiken	

5. Daniel Stein möchte sich mit einem Büromöbelunternehmen selbstständig machen. Welche anderen Geschäftsideen erscheinen Ihnen in der heutigen Zeit vielversprechend? Lassen Sie Ihrer Fantasie freien Lauf und sammeln Sie mithilfe der kreativen Brainwriting-Methode 6-3-5 Erfolg versprechende Geschäftsideen.

Ablauf der Methode 6-3-5 (Brainwriting)

- Bilden Sie ein Team aus 6 Personen.
- Jedes Teammitglied erhält das vorstrukturierte Formular.
- Tragen Sie in die erste Zeile 3 Ideen ein.
- Nach 5 Minuten wird das Formular an das nächste Mitglied weitergereicht, das wiederum 5 Minuten Zeit hat, weitere Lösungsvorschläge zu notieren.
- Beachten Sie: Man kann sich ausdrücklich von den Ideen seines Vorgängers inspirieren lassen und diese weiterentwickeln oder aber eigene, ganz andere Ideen notieren.
- Wiederholen Sie diesen Schritt 5-mal.

Methode 6-3-5 (Brainwriting)					
Ideensammlung: Erfolg versprechende Geschäftsideen					
1		2		3	
4		5		6	
7		8		9	
10		11		12	
13		14		15	
16		17		18	

6. Ein wichtiger Schritt auf dem Weg in die Selbstständigkeit ist der Businessplan. Hier geht es in erster Linie um die sachlichen Voraussetzungen für eine Existenzgründung. Vervollständigen Sie in diesem Zusammenhang folgenden Lückentext.

Weiterführende ausführliche Informationen erhalten Sie auch unter www.ihk-muenchen.de und www.existenzgründer.de.

Der Businessplan – Ohne ihn geht nichts!

Der Businessplan ist eine (1) ______________ und strukturierte (2) ______________ der Geschäftsidee. Er zeigt, ob die Geschäftsidee (3) ______________ ist und ob (4) ______________ oder Investoren bereit sein werden, als potenzielle Kredit- oder (5) ______________ zu fungieren. Der Businessplan gliedert sich i.d.R. in mehrere (6) ______________. Im ersten Kapitel stellt sich der Gründer mit all seinen relevanten (7) ______________ und (8) ______________ vor. Im nächsten Kapitel geht es dann um Marktchancen. Was ist meine (9) ______________? Welche Produkte oder Dienstleistungen sollen (10) ______________ werden und welchen (11) ______________ haben sie? Gibt es schon (12) ______________ Angebote und wie (13) ______________ Sie sich von den Mitbewerbern ab? Im dritten Kapitel geht man auf die potenziellen (14) ______________ ein. Welche (15) ______________ habe ich im Blick? Wie hoch sind die (16) ______________ meiner Zielgruppe? Das nächste Kapitel sollte sich mit dem (17) ______________ beschäftigen. Zu welchem (18) ______________ soll das Produkt verkauft werden? Soll das Produkt im stationären (19) ______________ platziert werden oder ist ein (20) ______________ vorteilhafter? In welchen (21) ______________ sollen die Kunden auf das Produkt (22) ______________ gemacht werden? Das fünfte Kapitel betrifft die (23) ______________ Voraussetzungen. Möchte man eine (24) ______________ oder eine andere Rechtsform gründen? Sind Genehmigungen von (25) ______________ nötig? Welche (26) ______________ sind zu erledigen? Zum Schluss geht es um die Finanzierung. Wie hoch sind die (27) ______________? Wie viel (28) ______________ muss man verkaufen, um einen (29) ______________ zu erzielen? Wie hoch wird der (30) ______________ sein? Benötigen Sie (31) ______________ und wer stellt es zur (32) ______________?

Füllwörter							
1	Kapitel	9	Stärken	17	Fremdkapital	25	Handel
2	Kunden	10	tragfähig	18	Verfügung	26	Kapitalbedarf
3	rechtlichen	11	ausführliche	19	Kosten	27	Produkte
4	Behörden	12	Banken	20	Onlinevertrieb	28	Vorstellung
5	Nutzen	13	Kapitalgeber	21	Geschäftsidee	29	Schwächen
6	Formalitäten	14	Gewinn	22	angeboten	30	Zielgruppe
7	GmbH	15	Preis	23	Einkommen	31	vergleichbare
8	Medien	16	aufmerksam	24	Verkauf	32	heben

7. Ein neu gegründetes Unternehmen muss bei verschiedenen Stellen, u. a. bei der Gemeindebehörde, angemeldet werden. Recherchieren Sie im Internet, welche der nachfolgend genannten Stellen keine Ausfertigung der Gewerbeanzeige erhalten. Kreuzen Sie an.

A	Finanzamt	
B	Bundesagentur für Arbeit	
C	Berufsgenossenschaft	
D	Industrie- und Handelskammer	
E	Gewerbeaufsichtsamt	
F	Krankenkasse	

8. Würden Sie als Unternehmer die richtige Entscheidung treffen? Testen Sie sich selbst.

Bin ich ein Unternehmertyp?

1. Sie eröffnen Anfang des Jahres eine Coffee-Bar. Sie denken, dass Sie sich gegen Ende des Jahres so gut etabliert haben, dass Sie zwei Mitarbeiter benötigen.
   - ☐ Sie stellen die zwei Mitarbeiter schon im Sommer ein, damit sie sich gut einarbeiten können.
   - ☐ Sie beobachten in den kommenden Monaten die Entwicklung und stellen im Herbst erstmal einen Mitarbeiter ein. Später dann evtl. den zweiten Mitarbeiter.
2. Sie stellen fest, dass der Umsatz in den vergangenen Monaten stark zurückgegangen ist. Was unternehmen Sie, um die Gründe für die negative Entwicklung herauszufinden?
   - ☐ Sie schauen sich das Verhalten Ihrer Konkurrenten an und sprechen mit Ihren Kunden.
   - ☐ Sie melden sich bei einem Marketing-Seminar an.
   - ☐ Sie holen sich bei Ihrem Bankberater Rat.
3. Ihre Kunden wünschen sich kurze Lieferzeiten. Aus diesem Grund haben Sie von allen Artikeln größere Mengen auf Vorrat, sodass Sie auch eine größere Nachfrage befriedigen können. Ihr Bankberater ist der Auffassung, dass Ihre Vorgehensweise zu viel Kapital bindet.
   - ☐ Bei Ihnen steht der Wunsch des Kunden an erster Stelle. Das spricht sich rum. Daher ändern Sie nichts.
   - ☐ Sie bestimmen für jeden Artikel die Menge, die Sie auf Vorrat halten wollen. Hierbei orientieren Sie sich an den Bestellmengen Ihrer Kunden und den Lieferzeiten Ihrer Lieferanten.
4. Ihre Geschäfte laufen gut. Sie stecken jede Minute Ihrer Arbeitszeit in das Tagesgeschäft. Dabei bleibt der Überblick für das Gesamtunternehmen etwas auf der Strecke.
   - ☐ Sie konzentrieren sich noch mehr auf das Tagesgeschäft. Wenn man Erfolg haben will, muss man die Details im Blick haben.
   - ☐ Sie versuchen, einen Teil der täglichen Aufgaben an qualifizierte Mitarbeiter zu delegieren, und nutzen die freie Zeit, um sich einen besseren Überblick über das Unternehmen zu verschaffen.
5. Nehmen Sie an, Sie haben sich im Bereich Computertechnik selbstständig gemacht. Sie bieten neben Software auch Computerhardware in Form von PCs und Laptops an. In den letzten Monaten war der Verkauf von PCs stark rückläufig, der Softwareabsatz zunehmend und der Verkauf von Laptops gleichbleibend bei sinkenden Preisen.
   - ☐ Sie geben den Verkauf von Computerhardware auf und konzentrieren sich nur noch auf den Verkauf von Software.
   - ☐ Sie analysieren die Ursachen für die Entwicklung und versuchen gegenzusteuern.

Quelle: https://www.existenzgruender.de/static/etraining/existenzgruendung/existenz/ [...]
(Bundesministerium für Wirtschaft und Energie)

3 Ein Einzelunternehmen gründen – Teil 2

Schulbuch S. 44–49

Situation:

Einige Wochen später hat Daniel Stein einen weiteren Termin mit Herrn Hirsch, dem Existenzgründungsberater bei der IHK Soest, vereinbart.

Herr Hirsch: Guten Morgen, Herr Stein. Nehmen Sie Platz. Den Businessplan, den Sie mir letzte Woche per E-Mail haben zukommen lassen, bin ich gründlich durchgegangen. Sowohl die Geschäftsidee als auch Ihre Vorstellungen zur Umsetzung haben mir gut gefallen. Ich denke, Ihr Konzept ist tragfähig. Natürlich muss noch einiges geklärt werden. Als Erstes sollten Sie den Eintrag ins Handelsregister in Angriff nehmen.

Herr Stein: Muss sich eigentlich jeder Existenzgründer ins Handelsregister eintragen lassen?

Herr Hirsch: Nicht unbedingt. Das hängt von verschiedenen Faktoren ab.

Herr Stein: Und welche Faktoren sind das?

Herr Hirsch: Nun ...

Arbeitsaufträge:

1. Prüfen Sie, ob sich Daniel Stein als Kaufmann ins Handelsregister eintragen lassen muss.

   1.1 Verschaffen Sie sich zunächst einen Überblick über die verschiedenen Kaufmannsformen und vervollständigen Sie die entsprechende Übersicht (Material 1).

   1.2 Entscheiden Sie, ob sich Daniel Stein gemäß Businessplan (Material 2) als Kaufmann ins Handelsregister eintragen lassen muss. Begründen Sie Ihre Entscheidung.

Ja		Begründung	
Nein			

2. Prüfen Sie, ob folgende Personen als Kaufleute gemäß HGB gelten.

   ① = Kaufmann nach HGB

   ② = <u>kein</u> Kaufmann nach HGB

Frau Gerber, Einkaufssachbearbeiterin bei der Weber Computer KG, vermittelt im privaten Kreis einen Gebrauchtwagen und erhält dafür eine kleine Provision.	
Die Fährmann OHG vertreibt Elektroartikel in Deutschland und in den angrenzenden Beneluxländern Niederlande und Belgien.	
Der Kreisligist Viktoria Buchholz e. V. verkauft an den Spieltagen Fanartikel.	

Die BüroTec GmbH, 150 Mitarbeiter, vertreibt moderne Büromöbel in ganz Deutschland.	
Frau Schneider hat vor einer Woche erfolgreich ihre Prüfung zur Kauffrau für Büromanagement abgelegt.	
Herr Reimers ist seit vielen Jahren als Rechtsanwalt in Braunschweig tätig.	

3. Herr Solino betreibt eine kleine Stehpizzeria in Stade. Er hat einen Tagesumsatz von ca. 600,00 EUR. Die Zutaten bezieht Herr Solino über einen Großhändler. Die Getränke kauft er im nahe gelegenen Getränkemarkt. Beantworten Sie hierzu die nachfolgenden Fragen.

Ist Herr Solino Kaufmann nach § 1 HGB?	☐ ja ☐ nein
Ist er verpflichtet, sein Unternehmen ins Handelsregister eintragen zu lassen?	☐ ja ☐ nein
Um welche Form des Kaufmanns handelt es sich bei Herrn Solino?	☐ Istkaufmann ☐ Formkaufmann ☐ Kannkaufmann

4. Prüfen Sie, ob folgende Personen als Kaufleute gemäß HGB gelten und um welche Form von Kaufmann es sich gegebenenfalls handelt.

① = Istkaufmann
② = Formkaufmann
③ = Kannkaufmann
④ = kein Kaufmann

EA Computerspiele AG	
Zahnärzte Dr. Behle & Dr. Gaus	
Baumann & Hansen betreiben eine Computerservice OHG mit 4. Mio. EUR Umsatz im Jahr.	
Wiggermann Baumarkt GmbH	
Rechtsanwalt Ralf Binder	
Frau Hansen betreibt in Hannover ein Grand Hotel mit 100 Zimmern und 120 Mitarbeitern.	
Herr Dachser bewirtschaftet mithilfe seiner zwei Söhne und 30 Mitarbeiter einen sehr großen landwirtschaftlichen Betrieb in Ostfriesland.	
Gerd Goschnick betreibt mit seinem Partner Harald Berger und 60 Mitarbeitern ein Großkino mit 30 Kinosälen in Essen.	

Material 1: Übersicht Kaufmannsformen

Kaufmannsformen

➤ Gewerbetreibende, deren Unternehmen eine ______________ Einrichtung erforderlich macht. ➤ Er ______________ sich ins Handelsregister eintragen lassen. ➤ Der Handelsregistereintrag hat ______________ Wirkung.	➤ Kleinbetriebe ______________ sich ins Handelsregister eintragen lassen, ______________ es aber nicht, daher werden sie als ______________ bezeichnet. ➤ Gleiches gilt für ______________ ______________ Betriebe, wenn diese einen kaufmännischen Geschäftsbetrieb benötigen. ➤ Wenn der Handelsregistereintrag erfolgt, hat er ______________ Wirkung.	➤ Kapitalgesellschaften, wie die ______________ ______________ und die ______________ sind Kaufleute kraft ______________. ➤ Sie ______________ sich ins Handelsregister eintragen lassen. ➤ Der Handelsregistereintrag hat ______________ Wirkung.
Kaufmann nach HGB	**(bei Eintrag)** ______________	**Kaufmann nach HGB**

Material 2: Zusammengefasster Businessplan von Daniel Stein

Businessplan von Daniel Stein (Kurzform)

Gründer :	Daniel Stein
Qualifikationen:	Ausbildung zum Industriekaufmann, mehrjährige Erfahrungen in der Büromöbelbranche
Stärken:	Kreativität, gutes Zahlenverständnis, logisches Denken
Schwächen:	nur grundlegende technische Kenntnisse
Geschäftsidee:	Produktion und Vertrieb von modernen Büromöbeln
Verkaufsargument:	Design und Ergonomie
Produktion:	Fertigung in Deutschland (eine Fertigungshalle und eine Lagerhalle mit insgesamt ca. 250 m^2 stehen zur Verfügung)
Personalbedarf:	50 ausgebildete Fachkräfte im Betrieb und in der Verwaltung
Umsatzprognose:	2 000 000,00 EUR
Gewinnprognose:	90 000,00 EUR

Fortsetzung der Situation:

Daniel Stein ist sich seiner Sache mittlerweile mehr als sicher. Er will sich selbstständig machen und ein Einzelunternehmen gründen. Aus diesem Grund vereinbart er einen Termin mit dem Notar Fabian Rohde.

Herr Stein: Guten Morgen, Herr Rohde. Wir haben mein Anliegen ja schon telefonisch besprochen. Wie geht es jetzt weiter?

Herr Rohde: Nun, ich habe jetzt alle Informationen, die ich benötige, beisammen. Ich möchte Sie nun bitten, den Antrag für den Eintrag ins Handelsregister zu unterschreiben. Anschließend werde ich Ihre Unterschrift öffentlich beglaubigen und das Dokument beim zuständigen Handelsregister einreichen. Haben Sie sich denn schon einen Namen für Ihr Unternehmen überlegt?

Herr Stein: Ja, ich möchte unter dem Namen ...

5. Daniel Stein beabsichtigt, ein Einzelunternehmen zu gründen. Informieren Sie sich über die Merkmale dieser Rechtsform, indem Sie den Lückentext von S. 25 (Material 3) bearbeiten.

Material 3: Lückentext

Das Einzelunternehmen

Die häufigste Rechtsform bei einer Unternehmensgründung ist das Einzelunternehmen. Für die Gründung eines Einzelunternehmens bestehen keine gesetzlichen (1) ____________________. Wenn man ein Gewerbe anmeldet und keine andere Rechtsform wählt, gründet man automatisch ein (2) ____________________. Über die Höhe des aufzubringenden Eigenkapitals gibt es keine gesetzliche (3) ______________. Ein Einzelunternehmer, dessen Gewerbebetrieb einen nach Art und Umfang kaufmännisch eingerichteten Geschäftsbetrieb erfordert, ist gemäß § 1 HGB (4) ________________. Der Eintrag ins (5) ____________________, Abteilung (6) _____ ist zwingend vorgeschrieben. Er hat jedoch nur (7) ________________ Wirkung. Kleinbetriebe können sich überlegen, ob sie sich ins Handelsregister (8) ______________ lassen wollen oder nicht. Die (9) ___________ des Einzelunternehmers besteht i. d. R. aus dem (10) _______________ des Einzelunternehmers und muss die Bezeichnung (11) ______________________, abgekürzt (12) ______, enthalten. Der Einzelunternehmer führt die (13) ___________ des Unternehmens und trifft (14) ______ Anordnungen allein, ohne (15) _________ anhören zu müssen. Wenn etwas schief läuft, haftet er für alle Schulden mit seinem (16) ______________________________. Man spricht in dem Zusammenhang von (17) __________________ und unmittelbarer Haftung. Da der Einzelunternehmer das Unternehmerrisiko allein trägt, hat er zum Ausgleich das Recht auf den gesamten (18) ____________. Selbstverständlich hat er im Gegenzug auch den gesamten (19) ____________ zu tragen. Die Kreditwürdigkeit hängt sehr stark von der (20) ____________ des Einzelunternehmers ab. Aufgrund der eher (21) ______________ Gewinne und des häufig nicht sehr (22) _________ Geschäfts- und Privatvermögens sind die Möglichkeiten, von den Banken hohe und langfristige (23) _________ zu erhalten, allerdings nicht sehr (24) _______.

Füllwörter					
1	Verlust	9	eingetragener Kaufmann	17	Geschäfte
2	Kredite	10	Geschäfts- und Privatvermögen	18	Handelsregister
3	niedrigen	11	Istkaufmann	19	hoch
4	großen	12	unbeschränkter	20	Gewinn
5	Firma	13	andere	21	Persönlichkeit
6	Vorschrift	14	Formvorschriften	22	Einzelunternehmen
7	e. K.	15	deklaratorische	23	Vor- und Zunamen
8	alle	16	eintragen	24	A

6. Daniel Stein hat sich als Kaufmann in das Handelsregister eintragen lassen. Kreuzen Sie an, welche Firmenbezeichnungen zulässig sind.

Daniel Stein Büromöbel e. K.		Stein Büromöbel OHG		DS Büromöbel e. K.	
BüroTec e. K.		DS Büromöbelfertigung e. K.		DS Bürodesign KG	

7. Entscheiden Sie, welche Firmenart in folgenden Fällen vorliegt. Tragen Sie die entsprechende Ziffer in die Kästchen ein.

① = Personenfirma ③ = Fantasiefirma

② = Sachfirma ④ = Mischfirma

WIBO Computerspiele OHG		Kramer KG		Weber Metallbau GmbH	
Jan Schröder e. K.		CLEAN-TEC OHG		Sport-Burr Sportartikel KG	
KaBeWe GmbH		KBC Stateboard AG			

8. Prüfen Sie, ob in folgenden Fällen der geplante Name des Unternehmens den Firmengrundsätzen entspricht.

8.1 Bernd Maurer möchte deutschlandweit Bohrmaschinen verkaufen und sein Unternehmen „Maurer Internationale Maschinenfabrik GmbH“ nennen.

____

____

8.2 Heike Gerland möchte in Oldenburg eine Firma mit der Bezeichnung „Heike Gerland e. Kfr.“ gründen, obwohl bereits eine gleichnamige Firma in Oldenburg besteht.

____

____

8.3 Bea Mühlhausen und ihr Geschäftspartner möchten in Ulm die BMB OHG gründen und Baumaschinen verkaufen. Ins Handelsregister möchten sie sich aber nicht eintragen lassen. Beurteilen Sie die Lage.

____

____

____

8.4 Kai Ruge verkauft sein Unternehmen „Kai Ruge Schreibwaren e. K.“ an Sophia Weber. Begründen Sie, unter welcher Voraussetzung die Firma beibehalten werden kann.

____

____

____

9. Herr Rohde hat den von Daniel Stein unterschriebenen Antrag für den Handelsregistereintrag an das zuständige Amtsgericht geschickt. Informieren Sie sich in Ihrem Schulbuch über Sinn und Zweck des Handelsregisters und vervollständigen Sie die entsprechende Übersicht von S. 27 (Material 4).

Material 4: Übersicht Handelsregister

Handelsregister

Welche Informationen enthält der Handelsregisterauszug?

- ________________________________
  ____
- ________________________________
  ____
- ________________________________
  ____
- ________________________________
  ____
- ________________________________
  ____
- ________________________________
  ____
- ________________________________
  ____

____________, öffentliches, ______________ geführtes Verzeichnis aller __________

Abteilung _____

- ________________________________
- ________________________________
- ________________________________

Abteilung _____

- ________________________________
- ________________________________

Sonstiges

- Zur Anmeldung ist eine notarielle ______________ ______________ nötig.
- Alle erforderlichen Unterlagen sind ______________________ einzureichen.
- Interessierte können in das Handelsregister ______________________ nehmen.

Schulbuch S. 51–60

4 Ein Einzelunternehmen in eine Personengesellschaft umwandeln

Situation:

Daniel Stein ist seit drei Jahren mit seiner kleinen Möbelfabrik, der DS Möbelfabrik e. K., in der Büromöbelbranche tätig. An einem Samstag im August trifft er sich mit Karin Brand, einer ehemaligen Arbeitskollegin, zum Abendessen in der Soester Innenstadt.

Daniel Stein: Hallo, Karin. Wir haben uns ja lange nicht mehr gesehen. Wie geht es dir?

Karin Brand: Na ja, wie es eben so geht. Und du? Wie läuft dein Unternehmen?

Daniel Stein: Die Geschäfte laufen nicht schlecht. Aber als kleines Unternehmen muss man sich ganz schön strecken, um mit den größeren mitzuhalten. Die können einfach viel mehr investieren.

Karin Brand: Wie meinst du das?

Daniel Stein: Ganz wichtig ist z. B. die Fertigungsqualität. Aber die hängt entscheidend von den Fertigungsmaschinen ab – und die sind wahnsinnig teuer.

Karin Brand: Was ist denn mit den Banken?

Daniel Stein: Für kleine Unternehmer wie mich ist es generell sehr schwierig, an größere Kredite zu kommen. Außerdem sind die Zinsen derzeit sehr hoch.

Karin Brand: Wie viel Geld brauchst du denn?

Daniel Stein: 200 000,00 EUR sollten es schon sein.

Karin Brand: Eine ganz schöne Summe.

Daniel Stein: Das kann man wohl sagen.

Karin Brand: Hört sich so an, als würdest du dir richtig Sorgen machen.

Daniel Stein: Etwas anders habe ich mir das Ganze schon vorgestellt. Es ist ja nicht nur das Geld. Ich arbeite von früh bis spät und trotzdem bleibt immer vieles liegen. Manches liegt mir auch einfach nicht. Ich bin zwar ein guter Kostenrechner und habe auch viele Ideen, aber gerade der Verkauf ist überhaupt nicht mein Ding. Und ganz ehrlich: Von der Technik verstehe ich auch nicht viel.

Karin Brand: Aber du hast doch deine Mitarbeiter.

Daniel Stein: Schon. Ich kann mich auch nicht beklagen. Aber die sind eben nicht mit dem Unternehmen verheiratet und absolute Top-Leute kann ich auch nicht bezahlen.

Karin Brand: Ich glaube, ich habe da eine Idee.

Arbeitsaufträge:

1. Erläutern Sie, welche Probleme Daniel Stein zu schaffen machen.

____

____

____

2. Erläutern Sie, welchen Vorschlag Karin Brand Daniel Stein möglicherweise unterbreiten wird.

3. Erklären Sie, welche Nachteile Daniel Stein bei dieser Entscheidung in Kauf nehmen müsste.

4. Daniel Stein und Karin Brand haben sich entschieden, eine Gesellschaft zu gründen. Als dritten Gesellschafter wollen sie Klaus Meier mit ins Boot holen, der bei ihrem alten Unternehmen die Fertigungsabteilung geleitet hat. Alle drei wollen sich nicht nur mit ihrem Kapital am neuen Unternehmen beteiligen, sondern aktiv die Geschicke des Unternehmens lenken.

   Bei ihrer Suche nach einer geeigneten Gesellschaftsform für ihr Unternehmen stoßen sie auf die offene Handelsgesellschaft (OHG) und die Kommanditgesellschaft (KG).

   Informieren Sie sich mithilfe Ihres Schulbuchs über die beiden Gesellschaftsformen und vervollständigen Sie die beiden Übersichten (Material 1 und 2), die die charakteristischen Merkmale der beiden Gesellschaftsformen enthalten.

5. Begründen Sie, welche Gesellschaftsform für die drei Jungunternehmer die geeignete ist.

6. Schlagen Sie zwei denkbare Firmenbezeichnungen für die neue Gesellschaft vor.

Firma 1	
Firma 2	

7. Nehmen Sie an, Daniel Stein, Karin Brand und Klaus Meier hätten die SBM Büromöbel OHG gegründet. Im ersten Geschäftsjahr hat die Gesellschaft einen Gewinn von 160 000,00 EUR erzielt. Der Gewinn soll gemäß der Beteiligungsverhältnisse verteilt werden.

Gesellschafter	Beteiligungsverhältnis	Gewinnanteil
D. Stein	50 %	
K. Brand	30 %	
K. Meier	20 %	
Gesamt	100 %	

8. Zeynep Durmus, Justin Kreuz und Klara Klos haben die DKK Büroartikel OHG gegründet. Im Gesellschaftsvertrag sind Werte ihrer jeweiligen Beiträge festgelegt worden. Im ersten Jahr wurde ein Gewinn von 220 000,00 EUR erzielt. Dieser soll gemäß der Beitragswerte verteilt werden.

Gesellschafter	Werte der Beiträge (Kapitaleinlagen)	Beitragsquote	Gewinnanteil
Z. Durmus	120 000,00 EUR		
J. Kreuz	192 000,00 EUR		
K. Klos	168 000,00 EUR		
Gesamt	480 000,00 EUR		

9. Mike Tanner, Berkay Toprak, Frauke Stroh und Luisa Holzer haben die TTSH Computertechnik OHG gegründet. Im Gesellschaftsvertrag sind hinsichtlich der Beteiligungsverhältnisse oder der Beitragswerte keine Vereinbarungen getroffen worden. Im ersten Geschäftsjahr hat das Unternehmen einen Gewinn von 160 000,00 EUR erzielt. Verteilen Sie den Gewinn.

Gesellschafter	Kopfquote	Gewinnanteil
M. Tanner	25 %	
B. Toprak	25 %	
F. Stroh	25 %	
L. Holzer	25 %	
Gesamt	100 %	

Fortsetzung der Situation:

Um Rabatt auszunutzen, bestellt Karin Brand, Gesellschafterin der mittlerweile gegründeten SBM Büromöbel OHG, den gesamten Jahresbedarf an Holzplatten bei der Holz Becker KG. Wert: 60 000,00 EUR. Am Morgen des 08.02.20.. werden die Holzplatten angeliefert. Kurze Zeit später betritt Daniel Stein, Mitgesellschafter der SBM Büromöbel OHG, aufgebracht das Büro von Karin Brand.

Daniel Stein: Also wirklich, Karin. Das kannst du doch nicht einfach machen.

Karin Brand: Was meinst du, Daniel?

Daniel Stein: Ich meine natürlich die Ladung Holzplatten, die gerade angeliefert wurden.

Karin Brand: Aufgrund der guten Auftragslage war diese Investition unumgänglich. Wir werden dieses Jahr viel mehr Schreibtische verkaufen können.

Daniel Stein: Schön und gut, aber warum denn alle auf einmal? Denk doch mal an die hohen Lagerkosten, vom Platzproblem ganz zu schweigen.

Karin Brand: Nun ja, ich wollte den Rabatt ausnutzen.

Daniel Stein: Das mag ja sein, aber diese Entscheidung hättest du nicht alleine treffen dürfen. Ich möchte, dass du die Holzplatten wieder abholen lässt.

10. Beurteilen Sie die Rechtslage im obigen Fall. Annahme: Sowohl im Innenverhältnis als auch im Außenverhältnis gelten die Regelungen des HGB.

1	Durfte die Gesellschafterin Karin Brand die Holzplatten bei der Holz Becker KG einkaufen?	☐ ja, da gewöhnliches Geschäft ☐ nein, da außergewöhnliches Geschäft
2	Ist der Kaufvertrag mit der Holz Becker KG rechtswirksam zustande gekommen?	☐ ja ☐ nein

11. Nehmen Sie an, im Gesellschaftsvertrag können auch Regelungen getroffen werden, die vom HGB abweichen. Beurteilen Sie den Fall, wenn im Gesellschaftsvertrag im Innenverhältnis für alle Geschäfte Gesamtgeschäftsführungsbefugnis vereinbart worden wäre und für das Außenverhältnis die Regelungen des HGB gelten sollen.

1	Durfte die Gesellschafterin Karin Brand die Holzplatten bei der Holz Becker KG einkaufen?	☐ ja ☐ nein	**Begründung:**
2	Ist der Kaufvertrag mit der Holz Becker KG rechtswirksam zustande gekommen?	☐ ja ☐ nein	**Begründung:**

12. Karin Brand ist froh, für ein ungenutztes Grundstück einen Abnehmer gefunden zu haben. Der Logistikdienstleister Steinmann e. K. hat den notariell beurkundeten Kaufvertrag gestern unterschrieben. Klaus Meier ist wie vor den Kopf geschlagen. Schon lange denkt er über eine weitere Fertigungshalle nach, für die das Grundstück zwingend nötig ist. Laut Gesellschaftsvertrag gelten die gesetzlichen HGB-Regelungen bezüglich Geschäftsführung und Vertretung.

1	Durfte Karin Brand das ungenutzte Grundstück verkaufen?	☐ ja ☐ nein	**Begründung:**
2	Kann die SBM Büromöbel OHG vom Kaufvertrag mit dem Logistikdienstleister Steinmann e. K. zurücktreten?	☐ ja ☐ nein	**Begründung:**

Material 1: Übersicht zur OHG

Offene Handelsgesellschaft (OHG)

Gründung

- Es müssen mindestens ________ Personen sein.
- Der Gesellschaftsvertrag kann ______________ abgeschlossen werden, sinnvoller ist aber die __________________.
- Die OHG muss ins ________________________ Abteilung A mit ____________________ (rechtsbekundender) Wirkung eingetragen werden.

Firma

- Die Firma muss die Bezeichnung ________________________________ oder die Abkürzung ____________ enthalten.
- Die Firmengrundsätze sind zu ____________________________.

Mindestkapital

- Es ist __________________________ Mindestkapital vorgeschrieben.

Geschäftsführung

- Alle ____________________ sind zur Geschäftsführung __________ und auch __________.
- Per ____________________ kann die Geschäftsführung auch ________ oder ______________ Gesellschaftern übertragen werden.

Haftung

- Jeder Gesellschafter haftet für die Verbindlichkeiten des Unternehmens mit seinem Geschäfts- und ____________________.
- Man spricht von einer ____________, unmittelbaren und ________________ Haftung.

Gewinn- und Verlustverteilung

- Grundsätzlich richtet sich die Gewinn- und Verlustverteilung nach den ________ ________________________ im Gesellschaftsvertrag.
- Möglichkeit 1: Verteilung gemäß der vereinbarten ________________________.
- Möglichkeit 2: Verteilung gemäß der vereinbarten ________________________.
- Möglichkeit 3: Verteilung gemäß ________________________.

Material 2: Übersicht zur KG

Kommanditgesellschaft (KG)

Gründung

- Es müssen mindestens ________ Gesellschafter sein, von denen mindestens einer ______________, d. h. ______________ haftet und mindestens einer beschränkt __________.
- Der persönlich haftende Gesellschafter heißt ______________, der beschränkt haftende ______________.
- Der Gesellschaftsvertrag kann ______________ abgeschlossen werden, sinnvollerweise ist aber die ______________.
- Die KG muss ins ______________, Abteilung A mit ______________ (rechtsbekundender) Wirkung eingetragen werden.

Firma

- Die Firma muss die Bezeichnung ______________ oder die Abkürzung ________ enthalten.
- Die Firmengrundsätze sind zu ______________.

Mindestkapital

- Über die Höhe des aufzubringenden Mindestkapitals gibt es formal __________ gesetzliche Vorschrift.

Haftung

- Jeder Komplementär haftet für die ______________ der KG unbeschränkt, unmittelbar und __________ mit seinem Geschäfts- und ______________.
- Bei __________ ist die Haftung auf die ______________ beschränkt.

Geschäftsführung

- Die ______________ führen die Geschäfte.
- Die ______________ sind von der Geschäftsführung ______________.
- Bei außergewöhnlichen Geschäften ist ein ________ aller Gesellschafter nötig.

Gewinn- und Verlustverteilung

- Grundsätzlich richtet sich die Gewinn- und Verlustverteilung nach den ________ ______________ im Gesellschaftsvertrag.
- Möglichkeit 1: Verteilung gemäß der vereinbarten ______________.
- Möglichkeit 2: Verteilung gemäß der vereinbarten ______________.
- Möglichkeit 3: Verteilung gemäß ______________.

Schulbuch S. 62–70

5 Eine Personengesellschaft in eine Kapitalgesellschaft umwandeln

Situation:

Die SBM Büromöbel OHG ist mittlerweile seit vielen Jahren recht erfolgreich in der Büromöbelbranche tätig. Um jedoch auch weiterhin im harten Wettbewerb bestehen zu können, sind Investitionen in Millionenhöhe nötig. Insbesondere die Fertigungsanlagen sowie die hausinternen DV-Systeme sind dringend modernisierungsbedürftig. Weitere Bankkredite kommen aufgrund der hohen Summe nicht infrage. Zudem gehen die drei Gesellschafter Daniel Stein, Karin Brand und Klaus Meier mittlerweile auf die sechzig zu und möchten sich langsam, aber sicher aus dem Alltagsgeschäft zurückziehen. Herr Berger von der Unternehmensberatung Berger & Partner schlägt vor, das Unternehmen in eine GmbH oder eine AG umzuwandeln.

Arbeitsaufträge:

1. Informieren Sie sich über die beiden **Kapitalgesellschaften GmbH und AG** und vervollständigen Sie die beiden Übersichten (Material 1 und Material 2).

2. Begründen Sie, welche Kapitalgesellschaft Sie den drei Gesellschaftern empfehlen würden.

Empfehlung	Begründung

3. Unterbreiten Sie einen Vorschlag, welche Firma für das neue Unternehmen denkbar ist.

Firma	

4. 4.1 Sebastian Wenz und Maike Holm wollen eine GmbH gründen, deren Zweck die Herstellung und der Vertrieb von Computern ist. Kreuzen Sie an, welche Firmennamen korrekt sind.

Mögliche Firma			
Wenz & Holm GmbH		Holm Computertechnik	
W & H Computer		CPM GmbH	

4.2 Nennen Sie die Abteilung des Handelsregisters, in die die GmbH von Sebastian Wenz und Maike Holm einzutragen ist.

Abteilung	

4.3 Sebastian Wenz und Maike Holm sind in der Lage, Stammeinlagen in Höhe von 32 000,00 EUR bzw. 48 000,00 EUR zu leisten. Prüfen Sie, ob das Stammkapital ausreicht, um eine GmbH zu gründen.

4.4 Die beiden Gesellschafter wollen Simone Müller, Diplom-Betriebswirtin mit mehrjähriger Berufserfahrung, als Geschäftsführerin einstellen. Begründen Sie, ob dies in einer GmbH zulässig ist.

4.5 Um alle Aufgaben erledigen zu können, werden in der neu gegründeten WH Computertechnik GmbH 30 Mitarbeiter benötigt. Prüfen Sie, ob ein Aufsichtsrat gewählt werden muss.

4.6 Der von der WH Computertechnik GmbH erwirtschaftete Gewinn im ersten Geschäftsjahr betrug 120 000,00 EUR.

Vervollständigen Sie die nachfolgende Tabelle unter Berücksichtigung der gesetzlichen Regelungen.

Gesellschafter	Stammeinlage	Geschäftsanteil in %	Gewinnanteil
Sebastian Wenz	32 000,00 EUR		
Maike Holm	48 000,00 EUR		
Gesamt	80 000,00 EUR		

4.7 Nehmen Sie an, Sebastian Wenz und Maike Holm hätten sich dazu entschieden, eine AG zu gründen. Das von den beiden eingebrachte Grundkapital (32 000,00 EUR von Herrn Wenz und 48 000,00 EUR von Frau Holm) soll in Aktien mit einem Nennwert von 10,00 EUR verbrieft werden. Ermitteln Sie, wie viele Aktien die beiden erhalten.

Sebastian Wenz		Maike Holm	

4.8 Als Sebastian Wenz Maike Holm mitteilt, dass in einer AG ein Aufsichtsrat gewählt werden muss, erwidert diese: „Das ist nicht richtig, Sebastian. Wir beschäftigen doch nur 40 Mitarbeiter." Beurteilen Sie, ob Maike Holm recht hat.

5. Ordnen Sie zu, welches Organ in einer AG bzw. GmbH welche Aufgaben hat.

① = Vorstand/Geschäftsführung
② = Hauptversammlung/Gesellschafterversammlung
③ = Aufsichtsrat

A	Beschließt über die Verwendung des Gewinns.	
B	Führt die Geschäfte des Unternehmens.	
C	Wählt den Aufsichtsrat.	
D	Überwacht den Vorstand bzw. die Geschäftsführung.	
E	Unterrichtet den Aufsichtsrat über die Geschäftslage.	
F	Prüft den Jahresabschluss.	

Material 1: Übersicht GmbH

Gesellschaft mit beschränkter Haftung (GmbH)

Gründung

- notariell ____________ Gesellschaftsvertrag (= ________)
- mindestens ________ Gesellschafter
- Einzahlung des ________________
- Eintrag ins ________________

Firma

- Die Firma muss die Bezeichnung ______ ________________________ oder die Abkürzung ________ enthalten.

Stammkapital

- muss mindestens ____________ betragen

Geschäftsführung

- entweder die ____________ oder andere ____________

Haftung

- Die GmbH haftet in Höhe des ________________.
- Die Gesellschafter haften also nur mit ihrem ________________.

Gewinnverteilung

- wird im Verhältnis der ____________ verteilt (Geschäftsanteil = %-Anteil am ____________)

Organe

A: ____

- ________ die GmbH.
- muss die ____________ der Gesellschafter ____________.
- vertritt die GmbH nach ________ (Vertretungsbefugnis).

B: ____

- Hier nehmen die Gesellschafter ihre ____________ wahr.
- Jeder Euro des Geschäftsanteils ist eine ____________.
- Beschlussfassungen mit der ____________ der abgegebenen Stimmen.

C: ____

- ____________ die Geschäftsführung.
- ab _____ Arbeitnehmern Pflicht.
- besteht aus ________________ und Arbeitnehmervertretern.

Material 2: Übersicht AG

Gründung

- notariell __________ Gesellschaftsvertrag (= ________)
- Übernahme der __________ durch die __________
- mindestens ________ Gesellschafter
- Wahl von ________ und ________
- Eintrag ins ______________

Firma

- Die Firma muss die Bezeichnung ______________ oder die Abkürzung ________ enthalten.

Grundkapital

- muss mindestens ______________ betrag

Aktiengesellschaft (AG)

Geschäftsführung

- Aufgabe des ______________ (= angestellte ______________

Haftung

- Die AG haftet nur mit ihrem ______________ für ihre ________.
- Der einzelne Aktionär haftet nur mit dem Wert seiner ____________.

Gewinnverteilung

- Die Aktionäre erhalten eine ______________.

Organe

A: ____

- übernimmt die ________ nach innen und die ________ nach außen.
- unterrichtet den ______________ über die Geschäftslage.
- beruft die ordentliche __________________ ein.

B: ____

- beschließt über ______________ der AG.
- beschließt über die Verwendung des ____________.
- wählt den ____________________.

C: ____

- bestellt den __________________.
- beruft die ________________________ Hauptversammlung ein.
- prüft den ____________________.

Schulbuch S. 77–83

6 Das Unternehmen organisieren

Situation:

Bei Gründung der Soester Büromöbel AG hat sich die Unternehmensführung intensive Gedanken über den organisatorischen Aufbau des Unternehmens gemacht. Hierbei mussten u. a. folgende Fragen beantwortet werden:

- Welche Aufgaben müssen erledigt werden?
- Welche Aufgaben kann man in einer Stelle bündeln?
- Welche Stellen können zu einer Abteilung zusammengefasst werden?

Letztlich hat man sich für folgenden Organisationsplan entschieden:

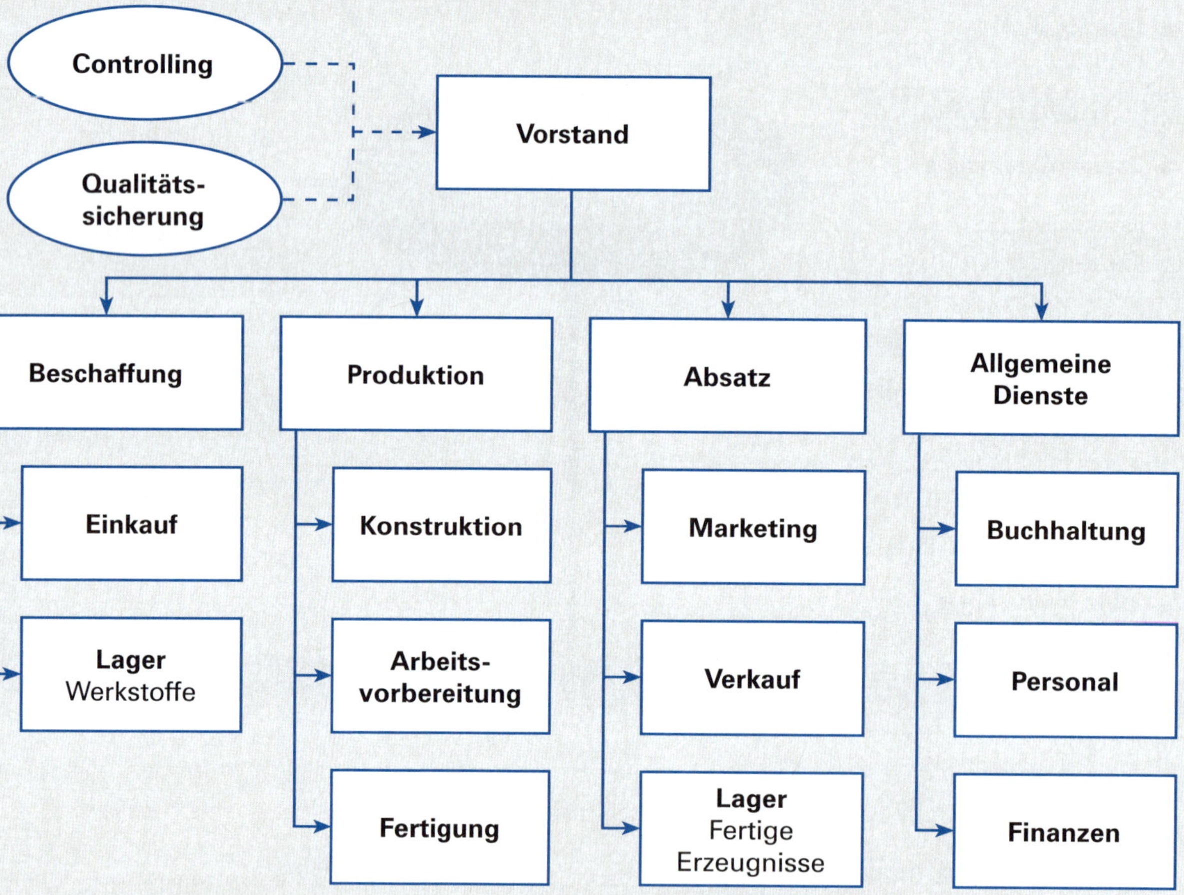

Dem Vorstand unterstehen die vier Bereichsleiter. Diese sind nur den Abteilungsleitern ihrer Bereiche gegenüber weisungsbefugt, die wiederum nur ihren Mitarbeitern Weisungen erteilen dürfen. Darüber hinaus gibt es zwei Stabsabteilungen, die den Vorstand beraten. Deren Leiter sind den Bereichsleitern nicht weisungsbefugt. Gleiches gilt auch umgekehrt.

Arbeitsaufträge:

1. Das obige Schaubild zeigt die Aufbauorganisation der Soester Büromöbel AG. Entscheiden Sie, ob es sich um eine aufgaben- oder objektorientierte Unternehmensorganisation handelt.

Aufbauorganisation	

2. Ordnen Sie den folgenden Tätigkeiten (Aufgaben) den jeweiligen Abteilungen zu.

1	Herr Bregenz arbeitet an einer Sägemaschine und schneidet dort Holzplatten für die Schreibtische zu.	
2	Frau Feller prüft eingehende Rechnungen und überweist die fälligen Rechnungsbeträge an die Lieferanten.	
3	Herr Sokratis ist für die Einlagerung der angelieferten Materialien zuständig, die für die Produktion der Büromöbel benötigt werden.	
4	Herr Simon besucht als Außendienstmitarbeiter die Kunden der Soester Büromöbel AG und stellt den Kunden neue Produkte vor.	
5	Frau Klemm ist an der Planung einer Werbekampagne beteiligt, die einen neuen Bürostuhl auf dem Markt bekannt machen soll.	
6	Herr Peters erstellt den Arbeitsplan für den neuen Büroschrank. Er enthält Informationen, wie der Büroschrank gefertigt werden soll.	
7	Herr Schwan ist dafür zuständig, die von Kunden bestellten Büromöbel transportsicher zu verpacken und bereitzustellen.	
8	Herr Krohm ist für die Qualifizierung der Mitarbeiter zuständig und beschäftigt sich u.a. mit der Planung der Weiterbildungsseminare.	
9	Frau Celik ist für die Beschaffung der Materialien zuständig, die für die Produktion der Bürostühle benötigt werden.	
10	Frau Wagner ermittelt im Rahmen der Bedarfsplanung, wie viele Mitarbeiter die Soester Büromöbel AG im nächsten Geschäftsjahr benötigt.	
11	Herr Falke informiert den Vorstand anhand der Kennzahlen Umsatz, Absatz und Gewinn über die aktuelle Geschäftsentwicklung.	
12	Die Soester Büromöbel AG benötigt eine neue Lagerhalle im Wert von 2 000 000,00 EUR. Die Hälfte der Summe soll über einen Kredit bei der Hausbank finanziert werden.	
13	Frau Schwenke ist bei der Soester Büromöbel AG dafür zuständig zu überwachen, ob die Kunden die fälligen Rechnungen begleichen.	
14	Frau Karaman ist bei der Soester Büromöbel AG für die Endkontrolle der gefertigten Büromöbel zuständig.	
15	Herr Karabul ist als Konstrukteur an der Entwicklung neuer Produkte beteiligt.	
16	Herr Schuh ist gelernter Tischler und bei der Soester Büromöbel AG in der Werkstatt Sägen beschäftigt.	

3. Der Einkaufabteilungsleiter der Soester Büromöbel AG bestellt den gesamten Jahresbedarf an Sitzpolstern auf einmal, da ein neu auf dem Markt befindlicher Lieferant die Sitzpolster zu unglaublich niedrigen Preisen anbietet. Andere Abteilungsleiter sind damit überhaupt nicht einverstanden. Erläutern Sie, warum dies so ist.

4. Bei der Soester Büromöbel AG müssen eine Vielzahl von Aufgaben erledigt werden. Fassen Sie jeweils 3 der folgenden Aufgaben zu einer größeren Aufgabeneinheit, einer Stelle, zusammen. Ordnen Sie dann die von Ihnen gebildeten Stellen mithilfe des Organisationsplans einer Abteilung der Soester Büromöbel AG zu.

1	Kontrolle der gelieferten Materialien auf Mängel
2	Kundenreklamationen bearbeiten
3	Auslagerung der für die Fertigung benötigten Materialien
4	Lieferanten für die zur Fertigung benötigten Materialien ermitteln
5	Kundenbestellungen bearbeiten
6	Preisverhandlungen mit den Lieferanten führen
7	Kunden beraten
8	Angebote der Lieferanten miteinander vergleichen
9	Einlagerung der gelieferten Materialien

Stelle	Aufgaben (Nr.)			Abteilung
Stelle A				
Stelle B				
Stelle C				

5. Das Schaubild in der Einstiegssituation zeigt die Aufbauorganisation der Soester Büromöbel AG. Um welche Aufbauorganisationsform handelt es sich?

   Nehmen Sie den Auszug aus dem „1x1 der Organisation" (Material 1) zu Hilfe.

A	Einliniensystem	
B	Mehrliniensystem	
C	Stabliniensystem	

A	funktionaler Organisation	
B	divisionaler Organisation	

6. Die Pro Sport KG ist ein mittelständisches Unternehmen mit einem sehr breiten Produktionsprogramm. Neben Fitnessgeräten, wie Ergometer und Laufbänder, werden Mountain- und Trekking-Bikes sowie Nahrungsergänzungsmittel (Vitaminpräparate) hergestellt. Welche Organisationsform würden Sie empfehlen?

A	Einliniensystem oder Stabliniensystem mit funktionaler Organisation	
B	Einliniensystem oder Stabliniensystem mit divisionaler Organisation	

7. Veranschaulichen Sie die Aufbauorganisation der Pro Sport KG in Form einer Skizze.

8. Die Baumann GmbH ist als Großunternehmen der pharmazeutischen Industrie zuzuordnen. Das Unternehmen hat sich auf Schmerzmittel für verschiedene Verwendungszwecke spezialisiert. Welche Organisationsform würden Sie empfehlen?

A	Einliniensystem oder Stabliniensystem mit funktionaler Organisation	
B	Einliniensystem oder Stabliniensystem mit divisionaler Organisation	

9. Nennen Sie den Vorteil der divisionalen Organisation im Vergleich zur funktionalen Organisation.

A	Entwicklung von Spartendenken	
B	Konkurrenz zwischen den Sparten	
C	Entlastung der Geschäftsführung durch Spartenleiter	
D	hoher Personalbedarf	

10. Nennen Sie zwei Vorteile, die das Einliniensystem im Vergleich zum Mehrliniensystem hat.

A	einfach und übersichtlich	
B	eindeutige Hierarchie	
C	kurze Dienstwege	
D	Entlastung der Führungskräfte	

11. Beschreiben Sie im Rahmen der Unternehmensorganisation den Begriff Stelle.

A	die Qualifikationen, über die ein bestimmter Mitarbeiter verfügen muss	
B	die kleinste Organisationseinheit der Aufbauorganisation	
C	die Beschreibung eines betrieblichen Vorgangs, unabhängig von Personen	
D	die Arbeitsplatzbeschreibung für eine bestimmte Person	

Material 1: Auszug aus dem 1x1 der Organisation

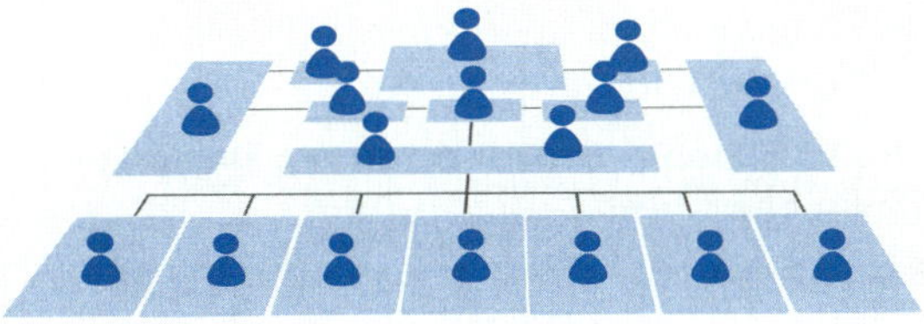

Die Aufbauorganisation

Zwei grundlegende Systeme: Einliniensystem vs. Mehrliniensystem

Grundsätzlich gibt es zwei Systeme, wie ein Unternehmen aufgebaut sein kann. Das Einlinien- und das Mehrliniensystem.

Beim **Einliniensystem** hat jeder Mitarbeiter einen direkten Vorgesetzten, d.h., der Mitarbeiter erhält nur von einer übergeordneten Stelle Anweisungen und Arbeitsaufträge.

Dagegen hat beim **Mehrliniensystem** (Funktionssystem) jeder Mitarbeiter mehrere unmittelbare Vorgesetzte, von denen er seine Aufträge erhält. Da das Mehrliniensystem in der heutigen Zeit sehr selten ist, werden wir uns im Folgenden mit den verschiedenen Ausprägungen des Einliniensystems beschäftigen.

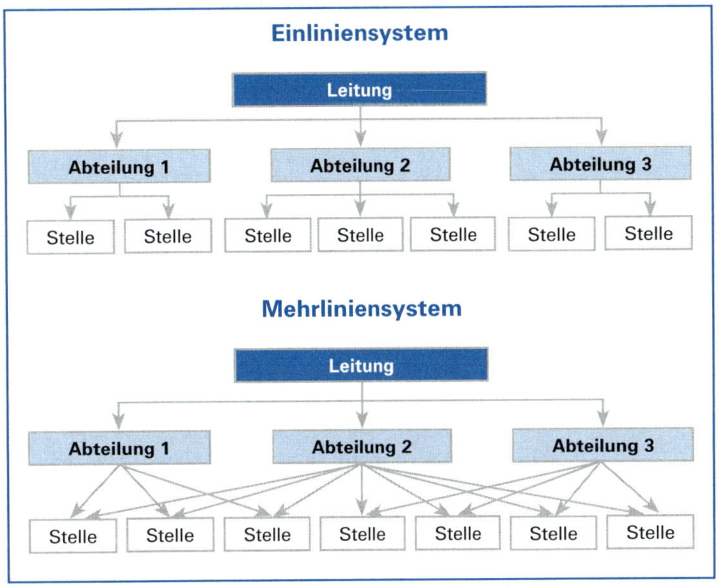

Hier die vier wesentlichen **Vor- und Nachteile** des **Einliniensystems:**

Die Vorteile:

- einfach und übersichtlich
- kein Kompetenzgerangel
- eindeutige Dienstwege und Verantwortungsbereiche
- Mitarbeiter sind einfach zu steuern und zu betreuen

Die Nachteile:

- langer Dienstweg
- evtl. Informationsverfälschung auf den langen Dienstwegen
- Überlastung der Führungskräfte
- erschwerte Zusammenarbeit zwischen den Mitarbeitern

Eine **Erweiterung des Einliniensystems** stellt das **Stabliniensystem** dar. Hier ordnet man den einzelnen Stellen der Linie sogenannte Stabstellen (Stäbe) zu. Anmerkung: In manchen Schaubildern werden die Stäbe in ovaler Form gezeichnet. Stäbe haben lediglich beratende Funktion und keine Weisungsbefugnis.

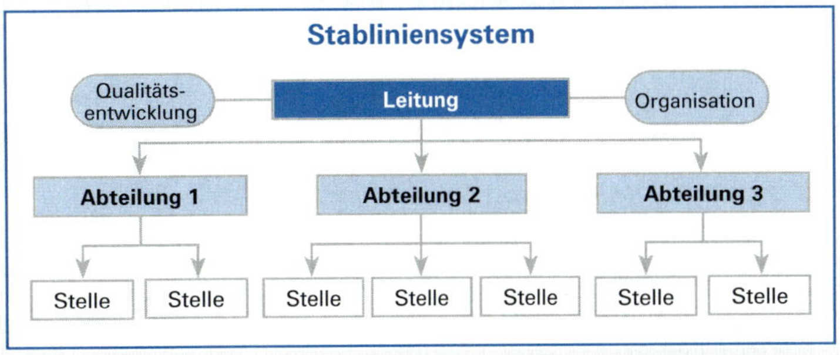

Die Stäbe sind für grundlegende Probleme zuständig und sollen die Instanzen (Geschäftsführer, Bereichsleiter, Abteilungsleiter) entlasten, indem sie die anstehenden Entscheidungen vorbereiten. Beispiele für Stäbe sind das Controlling, das Qualitätsmanagement oder auch der Finanzbereich. Sowohl das Einlinien- als auch das Stabliniensystem können entweder **funktional oder divisional** organisiert werden. Das schauen wir uns jetzt am Beispiel des Einliniensystems etwas genauer an.

Die funktionale Organisation am Beispiel Einliniensystem

Bei einer funktionalen Organisation untergliedert man das Unternehmen nach Funktionen (Forschung und Entwicklung, Beschaffung, Produktion, Vertrieb usw.), d.h., gleichartige Aufgaben werden zusammen-gefasst. Diese Organisationsform eignet sich besonders für kleine und mittlere Unternehmen mit relativ homogenem Leistungsprogramm (z.B. Büromöbelunternehmen).

Die Vorteile:

- sehr übersichtlich
- eindeutige Verantwortungsbereiche
- Nutzung von Expertenwissen durch Spezialisierung

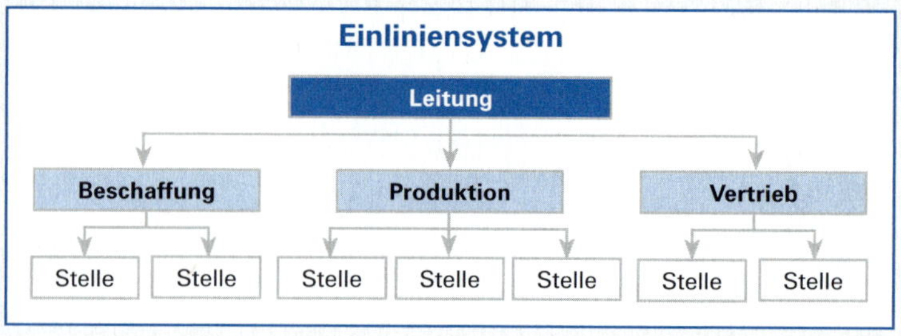

Die divisionale Organisation am Beispiel Einliniensystem

Eine divisionale Organisation, auch Spartenorganisation genannt, ist nicht nach Funktionen, sondern nach „Objekten“ (z.B. Produkte, Länder, Kundengruppen) untergliedert. Die einzelnen Geschäftsbereiche (Sparten, Divisionen) werden häufig als Profit-Center mit eigener Gewinnverantwortung geführt. Sie sind dann für das operative Geschäft selbst verantwortlich und somit relativ selbstständig („Unternehmen im Unternehmen“). Die Unternehmensleitung kümmert sich um die strategischen Entscheidungen und um die Koordination der einzelnen Sparten.

Eine divisionale Organisationsstruktur findet man vor allem bei Unternehmen mit vielen sehr verschiedenen Produkten.

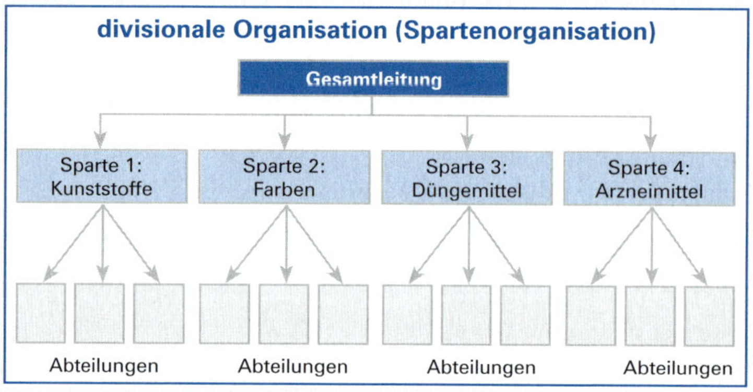

Die Vorteile:

- Entlastung des Managements durch die Leiter der Sparten
- Großbetriebe sind leichter zu steuern als bei der funktionalen Organisation
- eigene Gewinnverantwortung der Sparten möglich (dadurch große Motivation für die Spartenleiter)

Die Nachteile:

- Entwicklung von Spartendenken (Spartenziele werden über die Unternehmensziele gesetzt)
- Konkurrenzkämpfe zwischen den einzelnen Sparten (z.B. bei der Ressourcenverteilung)
- hoher Personalbedarf und Bedarf an Führungskräften

Bezüglich einiger wichtiger Funktionen im Unternehmen kann es sinnvoll sein, sogenannte Zentralbereiche zu bilden, die als Service-Einheiten für die einzelnen Sparten fungieren. Beispiele hierfür sind die Lohnbuchhaltung, der Personalbereich, die Datenverarbeitung oder die Haustechnik.

Die Zentralbereiche sind der Unternehmensleitung unterstellt und unterstützen sie bei ihren strategischen Entscheidungen, ohne allerdings selbst entscheidungsbefugt zu sein. Die Zentralbereiche ähneln den Stäben, haben aber als Serviceeinheit für die einzelnen Sparten einen etwas anderen Charakter.

Sonderform: Matrixorganisation

Die **Matrixorganisation** versucht, die Vorteile der funktionalen Organisation mit denen der divisionalen Organisation zu verbinden. Man untergliedert das Unternehmen also sowohl nach Funktionen als auch nach Objekten (z.B. Produkte, Projekte, Kunden, Märkte).

Der Spartenleiter ist dem Funktionsbereichsleiter gleichgestellt, d.h., Entscheidungen werden gemeinsam getroffen. Mitarbeiter können von zwei Personen Weisungen erhalten. Somit entsteht in diesem Punkt mehr oder weniger ein Zweiliniensystem.

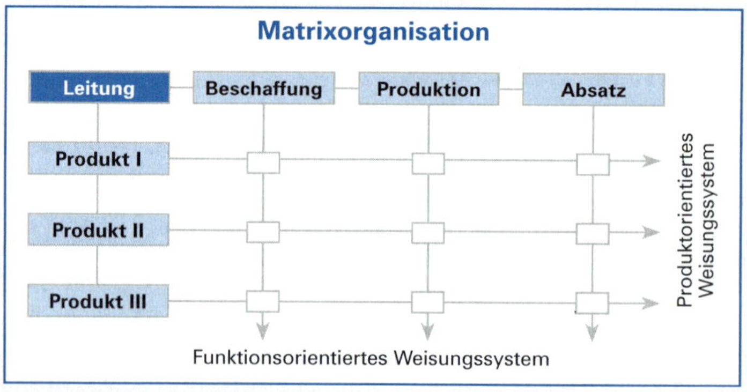

Die Vorteile:

- fundierte Entscheidungen durch Expertenwissen
- Entlastung des Managements durch zwei Entscheidungsträger

Die Nachteile:

- hohes Konfliktpotenzial (Mehrliniensystem)/uneinheitliche Leitung
- Kompetenzkreuzungen (Doppelunterstellungen im Mehrliniensystem)
- Misserfolg wird auf die andere Dimension (Funktion vs. Sparte) abgeschoben
- hoher Bedarf an Führungskräften

Die Matrixorganisation ist eher seltener und findet sich vor allem in sehr großen Unternehmen mit einem sehr breiten Leistungsspektrum.

7 Das Konto Kasse führen

Schulbuch S. 98–100

Situation:

Obwohl in der heutigen Zeit die meisten Geschäfte bargeldlos getätigt werden, sind Vorgänge, die in bar abgewickelt werden keine Seltenheit. Frau Topak, Mitarbeiterin der Buchhaltung, ist bei der Soester Büromöbel AG für die Kassenbuchführung zuständig. Jeden Tag hält sie die Einnahmen und Ausgaben chronologisch in einem sogenannten Kassenbuch fest. Gegen 16:00 Uhr bucht sie die im Laufe des Tages angefallenen Zahlungsein- und -ausgänge auf dem Kassenkonto.

Arbeitsaufträge:

1. Am 14.09.20.. sind die unten aufgeführten Einnahmen und Ausgaben (Material 1) zu verzeichnen gewesen. Halten Sie die Zahlungsvorgänge in dem zur Verfügung stehenden Kassenbuch (Material 2) fest.
2. Buchen Sie anschließend die Zahlungsein- und -ausgänge auf dem Kassenkonto (Material 3) und schließen Sie es ab.
3. Ermitteln Sie, mit welchem Anfangsbestand das Kassenkonto am nächsten Tag neu eröffnet wird.

Anfangsbestand am 15.09.20..	

Material 1: Zahlungsvorgänge in bar am 14.09.20..

1	Barzahlung eines Kunden	500,00 EUR
2	Zahlung einer Handwerkerleistung bar	700,00 EUR
3	Zahlung an den Fensterputzer bar	350,00 EUR
4	Reisender gibt Reisespesen zurück	200,00 EUR
5	Zahlung für Telefongebühren bar	165,00 EUR
6	Kauf von Kuchen in der Bäckerei zur Bewirtung	50,00 EUR
7	Verkauf eines Bürostuhls an einen Mitarbeiter bar	120,00 EUR
8	Barspende an das Rote Kreuz	100,00 EUR
9	Lohnvorschuss bar	750,00 EUR
10	Kauf von Büromaterial bar	60,00 EUR
11	Aufgabe einer Zeitungsannonce bar	80,00 EUR
12	Barzahlung an einen Spediteur	1 000,00 EUR
13	Abhebung vom Bankkonto und Einzahlung in die Kasse bar	2 000,00 EUR
14	Mieteinnahme bar	400,00 EUR
15	Zahlung der Gehälter bar	1 850,00 EUR
16	Zahlung von Transportkosten bar	250,00 EUR
17	Spesen für eine Geschäftsreise des Verkaufsleiters	600,00 EUR
18	Kauf einer Schreibtischlampe bar	180,00 EUR

Material 2: Kassenbuch

Kassenbuch am 14.09.20.. (in EUR)		
Vorgang	**Einnahmen**	**Ausgaben**
Kassenanfangsbestand	3500,00	
Kassenschlussbestand (16:00 Uhr)		

Material 3: Konto Kasse

Soll	Kasse (in EUR)		Haben
Kassenanfangsbestand	3500,00		

Schulbuch S. 103–105

8 Die Inventur durchführen und das Inventar erstellen

Situation:

Ende des Jahres stehen bei der Soester Büromöbel AG die Jahresabschlussarbeiten an. René Drawe, Mitarbeiter der Buchhaltungsabteilung, erhält die Aufgabe, die jährliche Inventur durchzuführen. Zu diesem Zweck begibt er sich ins Lager für Fertigerzeugnisse, um zu prüfen, welche Mengen auf Lager liegen. Zudem stellt ihm seine Kollegin Eva Sammer eine Liste mit den übrigen Vermögens- und Schuldenwerten des Unternehmens zur Verfügung.

Arbeitsaufträge:

1. Erläutern und begründen Sie, warum ein Kaufmann eine Inventur macht.

2. René Drawe hat im Rahmen der Inventur die Herstellkosten und die Lagerbestände in Stück für die von der Soester Büromöbel AG hergestellten Erzeugnisse ermittelt. Vervollständigen Sie die Inventuraufnahmeliste (Material 1), indem Sie den Wert der Lagerbestände in Euro berechnen.
3. Ermitteln Sie, wie viel Euro der gesamte Lagerbestand an Fertigerzeugnissen (Material 1) beträgt.
4. In der von Eva Sammer zur Verfügung gestellten Liste der übrigen Vermögens- und Schuldenwerte (Material 4) fehlen einige Werte. Vervollständigen Sie die Liste mithilfe von Material 1 – Material 3, indem Sie die fehlenden Werte an der entsprechenden Stelle eintragen.
5. Erstellen Sie für die Soester Büromöbel AG das Inventar zum 31. 12. 20.. (Material 5).
6. Die Herstellkosten von 50 Rollcontainern Lilibe (Art.-Nr. A-1101100) betragen 14 700,00 EUR. Berechnen Sie, wie hoch die Herstellkosten für 110 Stück sind.

7. Die Vorräte bezüglich des Konferenz- und Seminarstuhls Meeting (Art.-Nr. A-1401130) reichen bei einem täglichen Verkauf von 50 Stück noch 8 Tage. Berechnen Sie, wie viele Tage der Vorrat reicht, wenn täglich nur 20 Stück verkauft werden.

Material 1: Inventuraufnahmeliste

Inventuraufnahmeliste

Inventurergebnisse vom 31.12.20..

Übersicht über Fertigerzeugnisse

Soester Büromöbel AG

Produktgruppe	Produkt Art.-Nr.	Produktbeschreibung	Herstellkosten in EUR	Lagerbestand in Stück	Lagerbestand in EUR
1	Denver A-1001100	Schreibtisch; Oberfläche der Tischplatte versiegelt	170,00	150	
	Starlight A-1002100 A-1002101	Solitärschreibtisch in Nierenform aus Massivholz; Oberfläche der Tischplatte versiegelt	610,00	135	
	Future A-1003110	Schreibtisch; Rahmen aus Stahlrohr, pulverbeschichtet; Glastischplatte	330,00	90	
2	Tiamo A-1100100 A-1100101	Rollcontainer mit drei Schubladen und Zahlbrettschieber; Holzgriffe; zentrales Sicherheitsschloss; Oberfläche versiegelt	335,00	145	
	Lilibe A-1101100 A-1101101	Rollcontainer, Schublade und Karteikarteneinsatz; Holzgriffe; zentrales Sicherheitsschloss, Oberfläche versiegelt	294,00	150	
3	Logo A-1200100 A-1200101 A-1200102	Konferenztisch, Rahmen pulverbeschichtet; Spanplatte in blau, lichtgrau oder graphit mit Melamin beschichtet	262,00	100	
	Basic G A-1201100	Konferenztisch aus Massivholz; versiegelt; erweiterbar zu Arbeitsinseln	355,00	120	
	Noris A-1202100	Konferenztisch aus Massivholz; geölt	226,00	180	
4	Solito A-1300100 A-1300101	Regalsystem aus Massivholz; drei eingebaute Schubladen; Sockelhöhenverstellung; geölt	815,00	75	
	Mixt A-1301100	Regal aus beschichteten Spanplatten; wahlweise in blau, lichtgrau oder graphit	382,00	93	
5	Visit A-1400100 A-1400101 A-1400102	Konferenzstuhl; Rahmen pulverbeschichtet; mit Armlehnen; Sitz und Rücken umpolstert; Stoffbezug wahlweise in blau, lichtgrau oder graphit; stapelbar	27,00	350	
	Meeting A-1401100	Konferenz- und Seminarstuhl verchromt; ohne Armlehnen; Formschale aus massiver Buche; verkettbar und stapelbar; Gleiter	56,00	400	
6	Smile A-1500100	Bürostuhl mit Armlehnen; ergonomischer Muldensitz; Kopfstütze und Rückenlehne verstellbar; Synchronmechanik; Sicherheitsrollen; schwarz	361,00	110	
	Verdan A-1501100	Bürostuhl mit Ring-Armlehnen; Bandscheibensitz; verstellbare Rückenlehne mit Formschaumpolsterung, grau gefärbt	52,00	150	
7	sonstige Produktgruppen	Büroschränke, PC-Möbel, Möbel für den Empfangsbereich und Hocker	–	–	214 284,00
				Lagerbestand (gesamt)	

Material 2: Kundenliste

Kundenliste mit offenen Posten zum 31. Dezember 20..				
Kd.-Nr.	**Firma**	**Telefon**	**Offene Posten**	**Ansprechpartner**
2401	Gertrud Brandt KG	040 121-0	82 500,00 EUR	Frau Haberting
2402	Junges Wohnen GmbH	0421 20555-50	243 620,00 EUR	Herr Langemaas
2403	Möblix GmbH	030 301020	145 210,00 EUR	Herr Trüün jr.
2404	Westmoor KG	05235 887366	387 220,00 EUR	Herr Helmers
2405	Büroausstatter Winter OHG	089 48067	95 201,00 EUR	Frau Wiggers
2406	Brandes GmbH & Co. KG	0341 147-1633	195 865,00 EUR	Herr Sandberg
2407	Innovation AG	0351 2033-0	56 502,00 EUR	Frau Lamberti
2408	Weyermann & Söhne KG	07026 459163	75 890,00 EUR	Herr Baum
2409	Bleibtreu GmbH	02161 219693	66 520,00 EUR	Frau Winter
2499	Sonstige Kunden		71 472,00 EUR	

Material 3: Lieferantenliste

Lieferantenliste mit offenen Posten zum 31. Dezember 20..				
Lief.-Nr.	**Firma**	**Telefon**	**Offene Posten**	**Ansprechpartner**
4401	Bernhard Möller OHG	08241 141-0	760 400,00 EUR	Frau Reiner
4402	Lenz KG	0911 1212-0	163 889,58 EUR	Herr Dubny
4403	Naturholz AG	0821 6310-0	723 882,54 EUR	Herr Hain
4404	Holz- & Spanplattenfabrik Bresges GmbH	02161 4001-0	289 912,76 EUR	Frau Winkelbach
4405	Schraubenspezialist Müller e. K.	05520 555-0	120 051,00 EUR	Herr Kunze
4406	Holzschutz-, Lack- und Leimwerke AG	030 65-0	368 524,13 EUR	Frau Wachtel
4407	Blitz-Spedition GmbH	04101 4001-0	27 000,00 EUR	Frau Müller
4408	Franz Meyer e. K.	040 555-0	452 778,93 EUR	Herr Brinkhaus
4409	Holz Becker KG	07441 5560-75	390 556,55 EUR	Herr Rudolf
4499	Sonstige Lieferanten und Dienstleister		553 004,51 EUR	

Material 4: Vermögens- und Schuldenwerte

Grundstück	Industriepark 5, 59494 Soest	1 920 600,00 EUR
Bauten auf eigenen Grundstücken	Fabrikgebäude	2 250 000,00 EUR
	Bürogebäude	1 682 900,00 EUR
Maschinen	Produktionsmaschinen	2 611 850,00 EUR
Fuhrpark	10 Pkw	insgesamt 162 000,00 EUR
	6 Lkw	insgesamt 252 500,00 EUR
	2 Gabelstapler	insgesamt 20 500,00 EUR
Betriebs- und Geschäftsausstattung	EDV-Anlage	216 000,00 EUR
	Büromöbel	398 000,00 EUR
	Kopierer	47 600,00 EUR
	Telefonanlage	28 500,00 EUR
	Faxgeräte	9 550,00 EUR
Roh-, Hilfs- und Betriebsstoffe	Rohstoffe	777 118,00 EUR
	Hilfsstoffe	569 900,00 EUR
	Betriebsstoffe	286 700,00 EUR
Unfertige Erzeugnisse		986 000,00 EUR
Fertigerzeugnisse	siehe Material 1	
Waren		400 000,00 EUR
Forderungen a. L. u. L.	siehe Material 2	
Bankguthaben	Soester Sparkasse	725 400,00 EUR
	Commerzbank Soest	500 482,00 EUR
Kassenbestand		36 570,00 EUR
Darlehen	Postbank Essen	2 000 000,00 EUR
Verbindlichkeiten a. L. u. L.	siehe Material 3	
Sonstige Verbindlichkeiten	Finanzamt Soest	286 000,00 EUR

Erläuterungen:

Waren: Hierbei handelt es sich um Produkte, die die Soester Büromöbel AG einkauft und unverändert weiterverkauft. Beispiele: Aktenvernichter, Tischkopierer, Faxgeräte u. a.

a. L. u. L.: aus Lieferungen und Leistungen

Material 5: Inventar

Inventar zum 31.12.20..

Soester Büromöbel AG

A. Vermögen

I. Anlagevermögen

1. Grundstück Industriepark 5, 59494 Soest	1 920 600,00 EUR
2. Bauten auf eigenen Grundstücken	
➤ ________________________	
➤ ________________________	____________
3. Maschinen	____________
4. Fuhrpark	
➤ ________________________	
➤ ________________________	
➤ ________________________	____________
5. Betriebs- und Geschäftsausstattung	
➤ ________________________	
➤ ________________________	
➤ ________________________	
➤ ________________________	
➤ ________________________	____________

II. Umlaufvermögen

1. Rohstoffe	____________
2. Hilfsstoffe	____________
3. Betriebsstoffe	____________
4. Unfertige Erzeugnisse	____________
5. Fertigerzeugnisse	____________
6. Waren	____________
7. Forderungen a. L. u. L. (lt. Kundenliste)	____________
8. Bankguthaben	
➤ ________________________	
➤ ________________________	____________
9. Kassenbestand	____________
Summe des Vermögens	============

Inventar zum 31.12.20..

Soester Büromöbel AG

B. Schulden

1. Darlehen Postbank Essen	______
2. Verbindlichkeiten a. L. u. L. (lt. Lieferantenliste)	______
3. Verbindlichkeiten gegenüber dem Finanzamt	______
Summe der Schulden	______

C. Ermittlung des Reinvermögens (Eigenkapitals)

Summe des Vermögens	______
– Summe der Schulden	______
= **Reinvermögen (Eigenkapital)**	______

Schulbuch
S. 107–111

9 Die Bilanz erstellen

Situation:

Nachdem René Drawe das Inventar erstellt hat, erhält er von Isabell Stern, Leiterin der Buchhaltungsabteilung, den Auftrag, die Bilanz zu erstellen. Hierbei handelt es sich um eine Kurzfassung des Inventars in Kontenform.

SB Soester Büromöbel AG

Arbeitsaufträge:

1. Erstellen Sie die Bilanz der Soester Büromöbel AG zum 31. Dezember 20.. (Material 1).

2. Bearbeiten Sie folgende Aufgaben zur Bilanz:

   2.1 Ermitteln Sie das Gesamtvermögen der Soester Büromöbel AG.

   ____

   2.2 Berechnen Sie den prozentualen Anteil des Anlage- und Umlaufvermögens am Gesamtvermögen (Bilanzsumme).

   2.3 Ermitteln Sie den prozentualen Anteil der Waren am Umlaufvermögen.

   2.4 Berechnen Sie das prozentuale Verhältnis zwischen Eigenkapital und Fremdkapital.

2.5 Ermitteln Sie, ob das Anlagevermögen durch das Eigenkapital gedeckt ist.

2.6 Der Büromöbelhersteller Möller KG hat bei einem Gesamtvermögen von 29,75 Mio. EUR ein Eigenkapital von 10,5 Mio. EUR. Begründen Sie rechnerisch, ob die Soester Büromöbel AG oder die Möller KG die bessere Eigenkapitalausstattung hat.

Material 1: Bilanz

Aktiva	Bilanz zum 31. 12. 20..	Passiva

Soest, den 5. Januar 20..

Helene Sims

Schulbuch S. 112–114

10 Bilanzveränderungen vornehmen

Situation:

Nachdem René Drawe die Bilanz für das abgelaufene Geschäftsjahr fertiggestellt hat, widmet er sich wieder seiner täglichen Arbeit. Mehrere Belege (B) liegen auf seinem Schreibtisch.

Soester Büromöbel AG

Arbeitsaufträge:

1. Stellen Sie fest, welche Auswirkungen der auf dem Beleg 1 dokumentierte Geschäftsvorfall auf die Bilanz der Soester Büromöbel AG hat.

B	Betroffene Bilanzpositionen	Auswirkungen in EUR auf die		Anmerkungen*
		Bilanzposition	Bilanzsumme	
1				

* Aktiv-Passiv-Mehrung / Aktivtausch / Aktiv-Passiv-Minderung / Passivtausch

2. Erstellen Sie unter Berücksichtigung der vorgegebenen Bilanz die neue Bilanz (Material 2).

3. In großen Unternehmen sind täglich einige hundert Geschäftsfälle zu bearbeiten. Beschreiben Sie, welchen Nachteil die unter Arbeitsauftrag 2 gewählte Verfahrensweise hat.

____

____

4. Stellen Sie dar, welche Auswirkungen die auf den Belegen 2–5 dokumentierten Geschäftsvorfälle auf die Bilanz der Soester Büromöbel AG haben.

B	Betroffene Bilanzpositionen	Auswirkungen in EUR auf die		Anmerkungen*
		Bilanzposition	Bilanzsumme	
2				
3 a				

B	Betroffene Bilanzpositionen	Auswirkungen in EUR auf die Bilanzposition	Auswirkungen in EUR auf die Bilanzsumme	Anmerkungen*
3b				
4a				
4b				
5				

* Aktiv-Passiv-Mehrung / Aktivtausch / Aktiv-Passiv-Minderung / Passivtausch

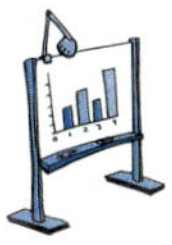

Material 1: Bilanz

Bilanz zum 31.12.20..

Aktiva		Passiva	
Grundstücke und Bauten	5853500,00	Eigenkapital	9896170,00
Techn. Anlagen und Maschinen	2611850,00	Darlehen*	2000000,00
Fuhrpark	435000,00	Verbindlichkeiten a.L.u.L.	3850000,00
Betr.- und Geschäftsausstattung	699650,00	Sonstige Verbindlichkeiten	286000,00
Roh-, Hilfs- und Betriebsstoffe	1633718,00		
Unfertige Erzeugnisse	986000,00		
Fertige Erzeugnisse	730000,00		
Waren	400000,00		
Forderungen a.L.u.L.	1420000,00		
Kassenbestand	36570,00		
Guthaben bei Kreditinstituten	1225882,00		
	16032170,00		16032170,00

* Verbindlichkeiten gegenüber Kreditinstituten.

Material 2: Bilanz nach Geschäftsfall Nr. 1

Aktiva	Bilanz zum 31.12.20..		Passiva
Grundstücke und Bauten	______	Eigenkapital	______
Techn. Anlagen und Maschinen	______	Darlehen*	______
Fuhrpark	______	Verbindlichkeiten a.L.u.L.	______
Betr.- und Geschäftsausstattung	______	Sonstige Verbindlichkeiten	______
Roh-, Hilfs- und Betriebsstoffe	______		
Unfertige Erzeugnisse	______		
Fertige Erzeugnisse	______		
Waren	______		
Forderungen a.L.u.L.	______		
Kassenbestand	______		
Guthaben bei Kreditinstituten	______		

* Verbindlichkeiten gegenüber Kreditinstituten.

Beleg 1

Horst Delling KG

Laptop Computer

Horst Delling KG · Unterschweinstiege 35 · 60549 Frankfurt
Soester Büromöbel AG
Industriepark 5
59494 Soest

Bei Zahlung bitte angeben:
R.-Nr.: 20-R058200
Datum: 02.01.20..

Lieferung am: 02.01.20..
L.-Nr.: 20-L058200
Lieferbedingung: Frei Haus

Rechnung

Art.-Nr.	Art.-Bezeichnung	Stück	Einzelpreis	Rabatt	Gesamtpreis
09-E550900	Delling-Abylon-Laptop E550900-DE-XX	10	750,00 EUR		7500,00 EUR
				Rechnungspreis	7500,00 EUR

Zahlungsziel 30 Tage, innerhalb 10 Tagen 2 % Skonto

Sitz der Gesellschaft: Frankfurt
Geschäftsführung: Horst Delling

RG Frankfurt, HRA 44807
USt-ID-Nr. DE 113 551 138

Telefon 069 9793-0
Telefax 069 34824-9000

Bankverbindung:
SEB AG Frankfurt
BIC: ESSEDE5FXXX
IBAN: DE62500101111287722200

Beleg 2

IBAN **DE30414500750000637526** | **SPARKASSE SOEST** | BIC **WELADED1SOS**

Buchungstag	Tag der Wertstellung	Verwendungszweck/Buchungstext	
		alter Kontostand	+ 199 320,00
03.01.	03.01.	Lastschrift Bernhard Möller OHG Rechnungs-Nr. 356	– 11 900,00
		neuer Kontostand	+ 187 420,00

Soester Büromöbel AG
Industriepark 5
59494 Soest

UST-ID DE 1463504540

Kontoauszug vom 03.01.20.. | Auszug 12 | Blatt 1

SIK - KAD 8/98 S – Bitte beachten Sie die Hinweise auf der Rückseite – 50/00

Beleg 3

IBAN **DE30414500750000637526** | **SPARKASSE SOEST** | BIC **WELADED1SOS**

	Buchungstag	Tag der Wertstellung	Verwendungszweck/Buchungstext	
			alter Kontostand	+ 187 420,00
3a	05.01.	05.01.	Geldautomat Sparkasse Soest GA NR00005234 IBAN 30414500750000637526	– 1 000,00
3b	05.01.	05.01.	Zahlungseingang Debeka Bausparkasse BS-Darlehen 948335001	+ 15 000,00
			neuer Kontostand	+ 201 420,00

Soester Büromöbel AG
Industriepark 5
59494 Soest

UST-ID DE 1463504540

Kontoauszug vom 05.01.20.. | Auszug 13 | Blatt 1

SIK - KAD 8/98 S – Bitte beachten Sie die Hinweise auf der Rückseite – 50/00

Beleg 4

IBAN **DE30414500750000637526** | **SPARKASSE SOEST** | BIC **WELADED1SOS**

	Buchungstag	Tag der Wertstellung	Verwendungszweck/Buchungstext	
			alter Kontostand	+ 201 420,00
4a	06.01.	06.01.	Zahlungseingang Gertrud Brandt KG R-NR 12-979	+ 2 261,00
4b	06.01.	06.01.	Lastschrift Naturholz AG Rechnungs-Nr. 362	– 25 585,00
			neuer Kontostand	+ 178 096,00

Soester Büromöbel AG
Industriepark 5
59494 Soest

UST-ID DE 1463504540

Kontoauszug vom 06.01.20.. | Auszug 14 | Blatt 1

SIK - KAD 8/98 S – Bitte beachten Sie die Hinweise auf der Rückseite – 50/00

Beleg 5

Interne Buchungsanweisung — **Nr. 1**

Datum	Text	Betrag
07.01.20..	Die Verbindlichkeit über 12 733,00 EUR an Holz- & Spanplattenwerk Bresges GmbH (Rechnung 4404-22) wird in ein langfristiges Darlehen umgewandelt.	12 733,00 EUR

schulbuch
S. 116–124

11 Die Bilanz in Konten auflösen

Situation:

Aufgrund der Vielzahl der Geschäftsvorfälle ist klar, dass in der Soester Büromöbel AG nicht nach jeder Belegerfassung eine neue Bilanz erstellt werden kann. Aus diesem Grund wird in der Buchführung für jede Bilanzposition ein eigenes Konto eingerichtet, auf dem die durch die Geschäftsvorfälle hervorgerufenen Veränderungen festgehalten werden.

SB Soester Büromöbel AG

Arbeitsaufträge:

1. Lösen Sie die Bilanz (Material 1) auf, indem Sie für die einzelnen Bilanzpositionen Konten einrichten (Material 2).
2. Tragen Sie anschließend die Bilanzwerte als Anfangsbestände ein (Material 2).
3. Erfassen Sie nun die Buchungen für die 5 Belege aus der vorangegangenen Situation in dem sogenannten Überlegungsschema (Material 3).
4. Übertragen Sie die Ergebnisse auf die Konten (Material 2) und ermitteln Sie die Schlussbestände.
5. Erstellen Sie die neue Bilanz der Soester Büromöbel AG (Material 4).

Material 1: Bilanz

Bilanz zum 31. 12. 20..

Aktiva		Passiva	
Grundstücke und Bauten	5 853 500,00	Eigenkapital	9 896 170,00
Techn. Anlagen und Maschinen	2 611 850,00	Darlehen	2 000 000,00
Fuhrpark	435 000,00	Verbindlichkeiten a. L. u. L.	3 850 000,00
Betr.- und Geschäftsausstattung	699 650,00	Sonstige Verbindlichkeiten	286 000,00
Roh-, Hilfs- und Betriebsstoffe	1 633 718,00		
Unfertige Erzeugnisse	986 000,00		
Fertige Erzeugnisse	730 000,00		
Waren	400 000,00		
Forderungen a. L. u. L.	1 420 000,00		
Kassenbestand	36 570,00		
Guthaben bei Kreditinstituten (Bank)	1 225 882,00		
	16 032 170,00		16 032 170,00

Material 2: Konten der Bilanz (Hauptbuch)

Aktivkonten

S	Grundstücke und Bauten	H

S	Techn. Anlagen und Maschinen	H

S	Fuhrpark	H

S	Betr.- u. Geschäftsausstattung	H

S	Roh-, Hilfs- und Betriebsstoffe	H

S	Unfertige Erzeugnisse	H

S	Fertige Erzeugnisse	H

S	Waren	H

S	Forderungen a. L. u. L.	H

S	Kassenbestand	H

S	Guthaben bei Kreditinstituten (Bank)	H

Passivkonten

S	Eigenkapital	H

S	Darlehen	H

S	Verbindlichkeiten a. L. u. L.	H

S	Sonstige Verbindlichkeiten	H

Material 3: Überlegungsschema (Vorstufe zum Grundbuch)

B	Betroffene Konten	Veränderung	Soll	Haben
1				
2				
3a				
3b				
4a				
4b				
5				

Material 4: Neue Bilanz nach Buchung der Geschäftsvorfälle

Aktiva		Bilanz zum 31.12.20..	Passiva
Grundstücke und Bauten		Eigenkapital	
Techn. Anlagen und Maschinen		Darlehen	
Fuhrpark		Verbindlichkeiten a.L.u.L.	
Betr.- und Geschäftsausstattung		Sonstige Verbindlichkeiten	
Roh-, Hilfs- und Betriebsstoffe			
Unfertige Erzeugnisse			
Fertige Erzeugnisse			
Waren			
Forderungen a.L.u.L.			
Kassenbestand			
Guthaben bei Kreditinstituten (Bank)			

Schulbuch S. 126–133

12 Einfache und zusammengesetzte Buchungssätze unterscheiden

Situation:

Im Laufe des Tages hat René Drawe als Mitarbeiter der Buchhaltung eine Vielzahl von Geschäftsvorfällen zu bearbeiten. René Drawe bildet zu jedem Geschäftsvorfall einen Buchungssatz und trägt ihn in ein vereinfachtes Überlegungsschema, dem sogenannten Grundbuch, ein. Hierbei muss er zwischen einfachen und zusammengesetzten Buchungssätzen unterscheiden.

SB Soester Büromöbel AG

Arbeitsaufträge:

1. Bilden Sie zu den folgenden Geschäftsvorfällen die einfachen Buchungssätze und tragen Sie sie in das zur Verfügung stehende Grundbuch ein.

Geschäftsvorfälle:

a) Wir kaufen Notebooks für unsere Außendienstmitarbeiter im Wert von 10 000,00 EUR auf Ziel.

b) Wir zahlen eine Lieferantenrechnung durch Banküberweisung: 5 000,00 EUR.

c) Wir verkaufen einen gebrauchten Firmenwagen für 14 000,00 EUR bar.

d) Ein Kunde zahlt eine Rechnung durch Banküberweisung: 12 000,00 EUR.

e) Wir heben 1 200,00 EUR vom Bankkonto ab und legen den Betrag in die Kasse.

f) Kauf einer Bohrmaschine im Wert von 500,00 EUR bar.

g) Wir nehmen ein Darlehen in Höhe von 150 000,00 EUR auf. Der Betrag wird unserem Bankkonto gutgeschrieben.

Grundbuch			
GV	Konten	Soll	Haben
a)			
b)			
c)			
d)			
e)			
f)			
g)			

2. Folgende Geschäftsvorfälle erfordern zusammengesetzte Buchungssätze. Bilden Sie die Buchungssätze und tragen Sie sie in das zur Verfügung stehende Grundbuch ein.

Geschäftsvorfälle:

a) Wir kaufen Smartphones im Wert von 4000,00 EUR für unsere Außendienstmitarbeiter durch Banküberweisung 3000,00 EUR und in bar 1000,00 EUR.

b) Ein Kunde zahlt eine Rechnung in Höhe von 12000,00 EUR durch Banküberweisung in Höhe von 10000,00 EUR und in bar 2000,00 EUR.

c) Wir zahlen eine Lieferantenrechnung über 8000,00 EUR durch Banküberweisung 5000,00 EUR und in bar 3000,00 EUR.

d) Wir tilgen ein Darlehen von 10000,00 EUR in bar 2000,00 EUR und durch Banküberweisung in Höhe von 8000,00 EUR.

e) Wir kaufen einen Lkw im Wert von 120000,00 EUR in bar 10000,00 EUR und durch Banküberweisung 40000,00 EUR. Die Restverbindlichkeit in Höhe von 70000,00 EUR muss in 3 Monaten gezahlt werden.

Grundbuch			
GV	Konten	Soll	Haben
a)			
b)			
c)			
d)			
e)			

Schulbuch S. 147–160

13 Auf Erfolgskonten buchen

Situation:

Die von René Drawe bearbeiteten Geschäftsvorfälle führten zu verschiedenen Veränderungen in der Bilanz der Soester Büromöbel AG. Die Bilanzposition Eigenkapital wurde bislang aber nicht berührt. Nun bearbeitet René Drawe Geschäftsvorfälle, die das Eigenkapital erhöhen bzw. vermindern.

Arbeitsaufträge:

1. Entscheiden Sie für folgende Geschäftsvorfälle, ob es sich um einen Aufwand oder einen Ertrag handelt. Kreuzen Sie an!

Nr.	Geschäftsvorfall	Aufwand	Ertrag
a)	Wir erhalten 5 000,00 EUR für eine vermietete Lagerhalle durch Banküberweisung.		
b)	Wir verkaufen Waren auf Ziel im Wert von 10 000,00 EUR.		
c)	Wir zahlen Gehälter in Höhe von 20 000,00 EUR per Banküberweisung.		
d)	Wir kaufen Büromaterial im Wert von 500,00 EUR bar.		
e)	Wir verkaufen eigene (fertige) Erzeugnisse für 25 000,00 EUR auf Ziel.		
f)	Für eine Werbung im Internet zahlen wir 1 000,00 EUR per Banküberweisung.		
g)	Die Bank schreibt uns für Ersparnisse Zinsen in Höhe von 400,00 EUR gut.		
h)	Wir kaufen Rohstoffe auf Ziel im Wert von 8 000,00 EUR (verbrauchsorientiert).		

2. Bilden Sie zu den obigen Geschäftsvorfällen die Buchungssätze inkl. der im Schulkontenrahmen zu findenden Kontonummern und tragen Sie sie in das zur Verfügung stehende Grundbuch ein.

Grundbuch

GV	Konten	Soll	Haben
a)			
b)			
c)			
d)			

Grundbuch			
GV	**Konten**	**Soll**	**Haben**
e)			
f)			
g)			
h)			

3. Übertragen Sie Ihre Ergebnisse auf die entsprechenden Aufwands- und Ertragskonten und schließen Sie die Konten ab (Material 1). Um das Ganze übersichtlicher zu machen, verzichten wir hier auf die jeweiligen Gegenbuchungen auf den Bestandskonten.

4. Erstellen Sie das Gewinn- und Verlustkonto (GuV) der Soester Büromöbel AG (Material 2).

5. Berechnen Sie den Gewinn bzw. Verlust, den die Soester Büromöbel AG erzielt hat.

____

6. Übertragen Sie Ihr Ergebnis auf das Eigenkapitalkonto (Material 3) und schließen Sie das Konto ab.

7. Ermitteln Sie, welche Auswirkung das Ergebnis des GuV-Kontos auf das Eigenkapital hat.

____

Material 1: Ergebniskonten der Soester Büromöbel AG

Aufwandskonten

S	6000 Aufwendungen für Rohstoffe	H

S	6800 Büromaterial	H

S	6300 Gehälter	H

S	6870 Werbung	H

Ertragskonten

S	5000 UE für eigene Erzeugnisse	H

S	5100 Umsatzerlöse für Waren	H

S	5081 Miet- und Pachterlöse	H

S	5710 Zinserträge	H

Material 2: GuV-Konto der Soester Büromöbel AG

Soll	8020 Gewinn- und Verlustkonto (GuV)	Haben

Material 3: Eigenkapitalkonto der Soester Büromöbel AG

Soll	3000 Eigenkapital		Haben
		AB	9 896 170,00

Schulbuch S. 161–163

14 Einen kompletten Geschäftsgang bearbeiten

Situation:

Im abgelaufenen Geschäftsjahr kam es zu folgenden **Geschäftsvorfällen:**

a) Wir zahlen eine Lieferantenrechnung über 6 000,00 EUR durch Banküberweisung.
b) Wir verkaufen einen Firmenwagen für 30 000,00 EUR auf Ziel.
c) Wir zahlen Gehälter in Höhe von 24 000,00 EUR per Banküberweisung.
d) Wir kaufen Büromaterial im Wert von 300,00 EUR bar.
e) Wir verkaufen eigene (fertige) Erzeugnisse für 28 000,00 EUR auf Ziel.
f) Kauf einer Fertigungsmaschine im Wert von 8 000,00 EUR durch Banküberweisung.
g) Die Bank schreibt uns für Ersparnisse Zinsen in Höhe von 800,00 EUR gut.
h) Wir kaufen Rohstoffe auf Ziel im Wert von 10 000,00 EUR (verbrauchsorientiert).
i) Wir verkaufen Waren auf Ziel im Wert von 16 000,00 EUR.
j) Ein Kunde zahlt eine Rechnung über 14 000,00 EUR durch Banküberweisung.
k) Wir heben 1 200,00 EUR vom Bankkonto ab und legen den Betrag in die Kasse.

Arbeitsaufträge:

1. Erstellen Sie auf der Grundlage der Bilanz aus dem vorangegangenen Geschäftsjahr (Material 1) das Eröffnungsbilanzkonto (Material 2).

2. Lösen Sie die Bilanz in Konten auf und tragen Sie die Anfangsbestände ein (Material 3).

3. Bilden Sie die Buchungssätze inkl. Kontonummern und tragen Sie sie in das Grundbuch ein.

Grundbuch

GV	Konten	Soll	Haben
a)			
b)			
c)			
d)			
e)			

Grundbuch			
GV	**Konten**	**Soll**	**Haben**
f)			
g)			
h)			
i)			
j)			
k)			

4. Eröffnen Sie die Konten mit ihren Anfangsbeständen und buchen Sie auf den Konten die Geschäftsvorfälle (Material 3).

5. Erstellen Sie das Gewinn- und Verlustkonto (GuV) der Soester Büromöbel AG (Material 4).

6. Erstellen Sie die Bilanz der Soester Büromöbel AG zum 31. 12. 20.. (Material 5).

Material 1: Bilanz aus dem vorangegangenen Geschäftsjahr

Aktiva **Bilanz zum 31. 12. 20..** Passiva

Aktiva		Passiva	
Grundstücke und Bauten	5853500,00	Eigenkapital	9896170,00
Techn. Anlagen und Maschinen	2611850,00	Darlehen	2000000,00
Fuhrpark	435000,00	Verbindlichkeiten a. L. u. L.	3850000,00
Betr.- und Geschäftsausstattung	699650,00	Sonstige Verbindlichkeiten	286000,00
Rohstoffe	1633718,00		
Unfertige Erzeugnisse	986000,00		
Fertige Erzeugnisse	730000,00		
Waren	400000,00		
Forderungen a. L. u. L.	1420000,00		
Kassenbestand	36570,00		
Guthaben bei Kreditinstituten (Bank)	1225882,00		
	16032170,00		16032170,00

Material 2: Eröffnungsbilanzkonto

Soll	8000 Eröffnungsbilanzkonto	Haben

Material 3: Bestands- und Erfolgskonten

S	0510 Bebaute Grundstücke	H

S	0860 Betriebs- und Geschäftsausstattung	H

S	0700 Techn. Anlagen und Maschinen	H

S	2000 Rohstoffe	H

S	0840 Fuhrpark	H

S	2100 Unfertige Erzeugnisse	H

S	2200 Fertige Erzeugnisse	H

S	2280 Waren	H

S	2400 Forderungen a. L. u. L.	H

S	2800 Guthaben bei Kreditinstituten	H

S	2880 Kasse	H

S	3000 Eigenkapital	H

S	4250 Langfr. Verb. geg. Kreditinst.	H

S	4400 Verbindlichkeiten a. L. u. L.	H

S	4830 Sonstige Verbindlichkeiten	H

S	5000 UE für eigene Erzeugnisse	H

S	5100 Umsatzerlöse für Waren	H

S	5710 Zinserträge	H

S	6000 Aufwendungen für Rohstoffe	H

S	6300 Gehälter	H

S	6800 Büromaterial	H

Material 4: Gewinn- und Verlustkonto

Soll	8020 Gewinn- und Verlustkonto (GuV)	Haben

Material 5: Schlussbilanzkonto

Soll	8010 Schlussbilanzkonto	Haben

15 Bestandsveränderungen buchen

Schulbuch S. 164–168

Situation:

Bislang wurde immer unterstellt, dass die eingekauften Roh-, Hilfs- und Betriebsstoffe vollständig verbraucht wurden. Aus diesem Grund entsprachen die Anfangsbestände auf diesen Bestandskonten immer den Schlussbeständen. Dies entspricht jedoch nicht der Realität. Lieferausfälle beispielsweise führen dazu, dass man auf die vorhandenen Lagerbestände zugreifen muss. Dies führt zu einem Abbau der Bestände. Man spricht von sogenannten Bestandsminderungen. Ebenso ist es möglich, dass die Lagerbestände zunehmen. Storniert ein Kunde z. B. seinen Auftrag und sind die hierfür eingeplanten Werkstoffe bereits gekauft, führt dies unweigerlich zu Bestandsmehrungen. Diese Bestandsveränderungen müssen entsprechend gebucht werden.

Mira Decker, Mitarbeiterin der Buchhaltung, hat bei der Inventur am Ende des Jahres festgestellt, dass der Inventurbestand an Rohstoffen mit 8 000,00 EUR um 2 000,00 EUR höher ist als der Anfangsbestand.

Arbeitsaufträge:

1. Beschreiben Sie, was die von Mira Decker ermittelte Differenz zwischen Anfangs- und Endbestand aussagt, indem Sie den folgenden Satz ergänzen.

   Ist der Schlussbestand ______________ als der Anfangsbestand, heißt das, dass ein Teil der im Laufe des Jahres eingekauften Rohstoffe ______________ ______________ wurde.

2. Berichtigen Sie das Konto Aufwendungen für Rohstoffe unter der Annahme, dass im Laufe des Jahres Rohstoffe im Wert von 82 000,00 EUR auf Ziel eingekauft und als Aufwendungen für Rohstoffe gebucht wurden (Material 1). **Hinweis:** Zur Veranschaulichung soll hier auf die Darstellung des Gegenkontos Verbindlichkeiten a. L. u. L. verzichtet werden.

3. Bilden Sie den Buchungssatz für die Umbuchung der Bestandsmehrung.

Geschäftsvorfall	Konten	Soll	Haben
Umbuchung der Bestandsmehrung von 2 000,00 EUR			

4. Ermitteln Sie, wie viele Rohstoffe im Laufe des Jahres letztlich verbraucht worden sind. Denken Sie nach: Muss die Bestandsmehrung hinzugerechnet oder abgezogen werden?

   Um den Verbrauch zu ermitteln, muss die Bestandsmehrung ______________ werden.

Verbrauch im Laufe des Jahres	
Einkauf von Rohstoffen	
Bestandsmehrung	
= Verbrauch	

5. Im gleichen Zeitraum konnten eigene Erzeugnisse im Wert von 200 000,00 EUR auf Ziel verkauft werden. Buchen Sie den Geschäftsvorfall auf dem entsprechenden Konto (Material 1). **Hinweis:** Zur Veranschaulichung soll auch hier auf die Darstellung des Gegenkontos, in diesem Fall des Kontos Forderungen a. L. u. L., verzichtet werden.

6. Ermitteln Sie den Rohgewinn, den die Soester Büromöbel AG im abgeschlossenen Geschäftsjahr erzielt hat.

Rohgewinn im abgeschlossenen Geschäftsjahr	
Umsatzerlöse für eigene Erzeugnisse	
– Verbrauch von Rohstoffen	
= Rohgewinn	

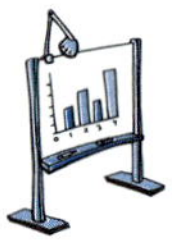

Material 1: Darstellung auf den Konten

S	2000 Rohstoffe	H

S	8010 Schlussbilanzkonto	H
2000	8000,00	

S	6000 Aufwendungen für Rohstoffe	H

S	8020 Gewinn- und Verlustkonto	H

S	5000 UE für eigene Erzeugnisse	H

7. **Abgeänderter Fall**

7.1 Mira Decker, Mitarbeiterin der Buchhaltung, hat bei der Inventur am Ende des Jahres festgestellt, dass der Inventurbestand an Rohstoffen mit 10000,00 EUR um 4000,00 EUR niedriger ist als der Anfangsbestand. Beschreiben Sie, was die Differenz zwischen Anfangs- und Endbestand aussagt, indem Sie den folgenden Satz ergänzen.

Ist der Schlussbestand ________________ als der Anfangsbestand, heißt das, dass ____________ Rohstoffe verbraucht als eingekauft wurden.

7.2 Berichtigen Sie das Konto Aufwendungen für Rohstoffe unter der Annahme, dass im Laufe des Jahres Rohstoffe im Wert von 64000,00 EUR auf Ziel eingekauft und als Aufwendungen für Rohstoffe gebucht wurden (Material 2). **Hinweis:** Zur Veranschaulichung soll auch hier auf die Darstellung des Gegenkontos Verbindlichkeiten a. L. u. L. verzichtet werden.

7.3 Bilden Sie den Buchungssatz für die Umbuchung der Bestandsminderung.

Geschäftsvorfall	Konten	Soll	Haben
Umbuchung der Bestandsminderung von 4000,00 EUR			

7.4 Berechnen Sie, wie viele Rohstoffe im Laufe des Jahres letztlich verbraucht worden sind. Denken Sie nach: Muss die Bestandsminderung hinzugerechnet oder abgezogen werden?

Um den Verbrauch zu ermitteln, muss die Bestandsminderung ______________ werden.

Verbrauch im Laufe des Jahres	
Einkauf von Rohstoffen	
___ Bestandsminderung	
= Verbrauch	

7.5 Im gleichen Zeitraum konnten eigene Erzeugnisse im Wert von 160000,00 EUR auf Ziel verkauft werden. Buchen Sie den Geschäftsvorfall auf dem entsprechenden Konto (Material 2). **Hinweis:** Zur Veranschaulichung soll auch hier auf die Darstellung des Gegenkontos, in diesem Fall des Kontos Forderungen a. L. u. L., verzichtet werden.

7.6 Ermitteln Sie den Rohgewinn, den die Soester Büromöbel AG im diesem Fall erzielt hat.

Rohgewinn im abgeschlossenen Geschäftsjahr	
Umsatzerlöse für eigene Erzeugnisse	
___ Verbrauch von Rohstoffen	
= Rohgewinn	

Material 2: Darstellung auf den Konten

S	2000 Rohstoffe	H

S	8010 Schlussbilanzkonto	H
2000	10000,00	

S	6000 Aufwendungen für Rohstoffe	H

S	8020 Gewinn- und Verlustkonto	H

S	5000 UE für eigene Erzeugnisse	H

Schulbuch S. 169–173

16 Die Umsatzsteuer berücksichtigen

Situation:

Am Morgen des 5. Februar 20.. liegen zwei Rechnungen auf dem Schreibtisch von Mira Decker, der zuständigen Mitarbeiterin der Buchhaltung.

SB Soester Büromöbel AG

Beleg 1

Holz & Hobel AG
Schäfflerbachstraße 26
86003 Augsburg

Telefon: 0821 777-0
Telefax: 0821 777-3010
E-Mail: info@augsburg-holzundhobel.de

Holz & Hobel AG · Schäfflerbachstraße 26 · 86003 Augsburg
Soester Büromöbel AG
Industriepark 5
59494 Soest

Kundennummer: 440309
Rechnung vom: 04.02.20..
Rechnungs-Nr.: 00-01-021
Sachbearbeiter: Herr Sittig
Bestellnummer: 941505
Bestelldatum: 01.02.20..
Lieferung am: 03.02.20..

Rechnung

Artikel	Artikelbezeichnung	Anzahl	Preis pro Holzpack	Bestellwert
121520	Holzbretter aus Kiefer im 10er Pack Länge 30 cm, Breite 23 cm, Stärke 2 cm	10	23,00 EUR	230,00 EUR
115510	Holzbretter aus Buche im 10er Pack Länge 60 cm, Breite 23 cm, Stärke 2,5 cm	10	53,12 EUR	531,20 EUR

Warenwert	761,20 EUR
+ 19 % USt	144,63 EUR
Rechnungsbetrag	905,83 EUR

Bitte überweisen Sie den entsprechenden Betrag innerhalb von 14 Tagen nach Rechnungsdatum.

Holz & Hobel AG
Geschäftsführung: Erwin Althaus
Amtsgericht Augsburg: HRB 6034
USt-ID-Nummer: DE 127493945
St.-Nr.: 521 8168 473

Bankverbindungen:
Kreissparkasse Augsburg
IBAN: DE05 7205 0101 0067 7562 44
BIC: BYLADEM1AUG

Sparda-Bank Augsburg eG
IBAN: DE87 7209 0500 0076 7493 12
BIC: GENODEF1S03

Beleg 2

Soester Büromöbel AG

Soester Büromöbel AG · Industriepark 5 · 59494 Soest
Bleibtreu GmbH
Duvenstraße 88
41199 Mönchengladbach

Bei Rückfragen bitte stets angeben:

Kundennummer:	D-2409
Auftragsnummer:	1-1099
Auftragsdatum:	01.02.20..
Lieferscheinnummer:	95 355
Lieferdatum:	04.02.20..
Rechnungsnummer:	101-099
Rechnungsdatum:	04.02.20..
Ihre Ansprechpartnerin:	Cornelia Berg
Telefon:	02921 3879-46

Rechnung

Wir berechnen für unsere Lieferung vom 04.02.20..

Artikel-Nr.	Menge	Bezeichnung	Einzelpreis EUR	Gesamtpreis EUR
A-1300100	3	Solito Regalsystem	1 101,00	3 303,00

Warenwert, netto	3 303,00
+ Frachtkosten	0,00
	3 303,00
+ 19 % USt	627,57
Rechnungsbetrag	3 930,57

Bitte überweisen Sie den Betrag innerhalb von 30 Tagen nach Rechnungsdatum.

Wir danken für Ihren Auftrag!

Soester Büromöbel AG
Industriepark 5, 59494 Soest
Registergericht Soest HRB 84759
USt-ID Nr. DE 68 837 465
Vorstand: Kai Sörensen (Vorsitzender), Thomas Werner, Helene Sims
Vorsitzende des Aufsichtsrats: Sarah Kern

Bankverbindungen:
Commerzbank Soest
IBAN: DE86 4144 0018 0006 7523 04 BIC: COBADEFF414
Sparkasse Soest
IBAN: DE30 4145 0075 0000 6375 26 BIC: WELADED1SOS

Arbeitsaufträge:

1. Nennen Sie die Art von Beleg, um die es sich in den vorliegenden Fällen handelt.

Beleg 1	
Beleg 2	

2. Buchen Sie die Geschäftsvorfälle auf den entsprechenden Konten.

Beleg 1

S	6000 Aufwendungen für Rohstoffe	H

S	2600 Vorsteuer	H

S	4400 Verbindlichkeiten a. L. u. L.	H

Beleg 2

S	2400 Forderungen a. L. u. L.	H

S	5000 UE für eigene Erzeugnisse	H

S	4800 Umsatzsteuer	H

3. Bilden Sie für beide Geschäftsvorfälle die Buchungssätze.

Beleg	Konten	Soll	Haben
1 **(Einkauf)**			
2 **(Verkauf)**			

4. Berechnen Sie in den beiden folgenden Fällen die Umsatzsteuer:

Geschäftsvorfälle	Umsatzsteuer
Wir kaufen Hilfsstoffe im Wert von 18 000,00 EUR netto zuzüglich 19 % USt	
Wir kaufen Hilfsstoffe im Wert von 18 000,00 EUR brutto einschließlich 19 % USt	

5. Bilden Sie zu den folgenden Geschäftsvorfällen die Buchungssätze inkl. Kontonummern und tragen Sie sie in das zur Verfügung stehende Grundbuch (Material 1) ein.

Weitere Geschäftsvorfälle im Februar 20..

a) Wir verkaufen Handelswaren auf Ziel im Wert von 12 000,00 EUR + 19 % USt.

b) Wir verkaufen an ein Unternehmen einen gebrauchten Firmenwagen im Wert von 20 000,00 EUR gegen Barzahlung. Der Betrag enthält 19 % USt.

c) Wir kaufen Betriebsstoffe gegen Rechnung netto 6 800,00 EUR + 19 % USt.

d) Wir verkaufen Fertigerzeugnisse auf Ziel im Wert von 14 400,00 EUR brutto einschließlich 19 % USt.

e) Wir kaufen Kopiergeräte per Banküberweisung im Wert von 16 000,00 EUR zuzüglich 19 % USt.

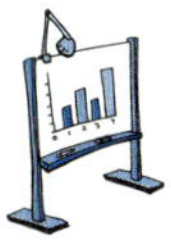

Material 1:

Grundbuch			
GV	Konten	Soll	Haben
a)			
b)			
c)			
d)			
e)			

6. Die Soester Büromöbel AG muss spätestens am 10. März 20.. den Differenzbetrag zwischen der Umsatzsteuer und der Vorsteuer aus dem Monat Februar an das Finanzamt überweisen.

6.1 Berechnen Sie anhand der beiden Geschäftsvorfälle aus dem Einstiegsfall und den fünf weiteren Geschäftsvorfällen aus Arbeitsauftrag 5 den Überweisungsbetrag, sprich die Zahllast, für den Monat Februar.

Geschäftsvorfälle im Februar 20..	USt	VSt
Kauf von Rohstoffen (Einstiegsfall Beleg 1)		
Verkauf von Fertigerzeugnissen (Einstiegsfall Beleg 2)		
Verkauf von Handelswaren		
Verkauf von gebrauchtem Firmenwagen		
Kauf von Betriebsstoffen		
Verkauf von Fertigerzeugnissen		
Kauf von Kopiergeräten		
Summe		
Überweisungsbetrag für Februar		

6.2 Buchen Sie die Vorgänge auf den folgenden Konten:

S	2600 Vorsteuer	H

S	4800 Umsatzsteuer	H

S	2800 Bank	H
AB	10 000,00	

6.3 Bilden Sie die beiden Buchungssätze.

Grundbuch			
GV	**Konten**	**Soll**	**Haben**
Ermittlung der Zahllast			
Banküberweisung der Zahllast an das Finanzamt			

7. Nehmen Sie an, die Zahllast im Monat Dezember beträgt 6000,00 EUR. Hieraus ergibt sich die Situation, dass die Zahllast für den Monat Dezember am Bilanzstichtag, dem 31.12., noch nicht überwiesen ist. Dies geschieht ja meist erst am 10.01. des folgenden Jahres. Aus diesem Grund muss die Zahllast passiviert werden. Bilden Sie den Buchungssatz.

Grundbuch			
GV	**Konten**	**Soll**	**Haben**
Die Zahllast im Dezember ist am 31.12. zu passivieren			

8. Nehmen Sie an, im Monat Mai wurde mehr eingekauft, als verkauft werden konnte. Ergänzen Sie den folgenden Lückentext.

Summe Umsatzsteuer	3200,00 EUR
Summe Vorsteuer	4600,00 EUR

Die gezahlte Vorsteuer ist ____________ als die eingenommene Umsatzsteuer. Man spricht hier vom sogenannten ______________________. Das ______________ muss den Betrag ______________ oder mit der Zahllast des nächsten ____________ verrechnen.

9. Die Vorsteuer wird vom Finanzamt nur erstattet, wenn eine Rechnung bestimmte Voraussetzungen erfüllt. Prüfen Sie, ob die folgende Rechnung (Material 2) diesen Anforderungen genügt.

☐ Ja, die Rechnung erfüllt sämtliche Anforderungen.

☐ Nein, es fehlen folgende Voraussetzungen:

1	
2	

Material 2: Rechnung der Holz Becker KG

Holz Becker KG

Holz Becker KG · Klausenstraße 55 · 74389 Freudenstadt
Soester Büromöbel AG
Industriepark 5
59494 Soest

Kunden-Nr.:	5494
Ihr Bestelldatum:	06.03.20..
Lieferschein-Nr.:	625 276
Ihr Ansprechpartner:	Jan Rudolf
Telefon:	07441 5560-75
E-Mail:	rudolf@holzbecker.de
Datum:	17.03.20..

Rechnung Nr. 14-256

Sehr geehrte Frau Berg,

gemäß Ihrer Bestellung haben wir Ihnen folgende Artikel geliefert:

Bestell-nummer	Artikelbezeichnung	Menge	Einzelpreis	Gesamtpreis
623 459	Arbeitsplatte Buche massiv	1120 St.	154,80 EUR	173 376,00 EUR

– Rabatt	26 610,39 EUR
+ Frachtkostenpauschale	200,00 EUR
= Rechnungsbetrag netto	146 965,61 EUR
+ 19 % USt	27 923,47 EUR
= **Rechnungsbetrag brutto**	**174 889,08 EUR**

Bitte überweisen Sie den entsprechenden Betrag innerhalb von 14 Tagen nach Rechnungsdatum mit 2 % Skonto oder 30 Tagen netto Kasse.

Holz Becker KG

i. A. Jan Rudolf

Jan Rudolf

Geschäftsführung:
Peter Becker
Klaus Becker

Sitz der Gesellschaft:
Freudenstadt

Handelsregister:
Amtsgericht Freudenstadt
HRA 4568

Kommunikation:
Telefon: 07441 5560-0
Telefax: 07441 5560-1
E-Mail: info@holzbecker.de

Bankverbindungen:
Dresdner Bank Freudenstadt
IBAN: DE53600800000148835842
BIC: DRESDEFF600
Deutsche Bank Freudenstadt
IBAN: DE26640700850323698136
BIC: DEUTDESS640

17 Einen Beleggeschäftsgang unter Berücksichtigung der Umsatzsteuer bearbeiten

Schulbuch S. 169–179

Situation:

Im abgelaufenen Geschäftsjahr kam es zu folgenden Geschäftsvorfällen (Belege 1 bis 10). Beachten Sie, dass der Schlussbestand an Rohstoffen gemäß Inventur 398 000,00 EUR beträgt.

Arbeitsaufträge:

1. Erstellen Sie aus der Bilanz das Eröffnungsbilanzkonto (Material 1).
2. Lösen Sie die Bilanz in Konten auf und tragen Sie die Anfangsbestände ein (Material 3).
3. Bilden Sie die Buchungssätze inklusive Kontonummern und tragen Sie sie in das Grundbuch ein (Material 2).
4. Buchen Sie auf den Konten (Material 3) und schließen Sie die Konten ab.
5. Erstellen Sie das Gewinn- und Verlustkonto (GuV) und das Schlussbilanzkonto der Soester Büromöbel AG zum 31. Dez. 20.. (Material 4).

Material 1: Bilanz und Eröffnungsbilanzkonto

Bilanz zum 31. Dez. 20..

Aktiva			Passiva
Grundstücke und Bauten	4 400 000,00	Eigenkapital	4 220 000,00
Techn. Anlagen und Maschinen	2 520 000,00	Darlehen	5 500 000,00
Geschäftsausstattung	1 080 000,00	Verbindlichkeiten a. L. u. L.	300 000,00
Rohstoffe	400 000,00		
Fertige Erzeugnisse	820 000,00		
Forderungen a. L. u. L.	700 000,00		
Guthaben bei Kreditinstituten (Bank)	80 000,00		
Kassenbestand	20 000,00		
	10 020 000,00		10 020 000,00

8000 Eröffnungsbilanzkonto

Soll			Haben
3000 Eigenkapital	....	0510 Bebaute Grundstücke	....
4250 Langfr. Verb. geg. Kreditinst.	....	0700 Techn. Anlagen und Maschinen	....
4400 Verbindlichkeiten a. L. u. L.	....	0860 Geschäftsausstattung	....
		2000 Rohstoffe	....
		2200 Fertige Erzeugnisse	....
		2400 Forderungen a. L. u. L.	....
		2800 Guthaben bei Kreditinst. (Bank)	....
		2880 Kasse	....

Material 2: Grundbuch

Grundbuch			
GV	Konten	Soll	Haben
1			
2			
3 a			
3 b			
4			
5 a			
5 b			
6			
7 a			
7 b			
8			
9			
10			

Material 3: Bestands- und Erfolgskonten

S	0510 Bebaute Grundstücke	H

S	0700 Techn. Anlagen und Maschinen	H

S	0860 Geschäftsausstattung	H

S	2000 Rohstoffe	H

S	2200 Fertige Erzeugnisse	H

S	2400 Forderungen a. L. u. L.	H

S	2600 Vorsteuer	H

S	2800 Guthaben bei Kreditinstituten	H

S	2880 Kasse	H

S	3000 Eigenkapital	H

S	4250 Langfr. Verb. geg. Kreditinst.	H

S	4400 Verbindlichkeiten a. L. u. L.	H

S	4800 Umsatzsteuer	H

S	5000 UE für eigene Erzeugnisse	H

S	6800 Büromaterial	H

S	6000 Aufwendungen für Rohstoffe	H

S	6830 Telekommunikationskosten	H

Material 4: GuV und Schlussbilanzkonto

Soll	8020 Gewinn- und Verlustkonto (GuV)	Haben

Soll		8010 Schlussbilanzkonto	Haben
0510 Bebaute Grundstücke		3000 Eigenkapital	
0700 Techn. Anlagen und Maschinen		4250 Langfr. Verb. geg. Kreditinst.	
0860 Geschäftsausstattung		4400 Verbindlichkeiten a. L. u. L.	
2000 Rohstoffe		4800 Umsatzsteuer (USt-Zahllast)	
2200 Fertige Erzeugnisse			
2400 Forderungen a. L. u. L.			
2800 Guthaben bei Kreditinst. (Bank)			
2880 Kasse			

Beleg 1

Soester Büromöbel AG

Soester Büromöbel AG · Industriepark 5 · 59494 Soest
Innovation AG
Leipziger Str. 120
01127 Dresden

Bei Rückfragen bitte stets angeben:

Kundennummer:	D-5469
Auftragsnummer:	1-1395
Auftragsdatum:	10.11.20..
Lieferscheinnummer:	135 276
Lieferdatum:	18.11.20..
Rechnungsnummer:	0814-029
Rechnungsdatum:	18.11.20..
Ihre Ansprechpartnerin:	Tülay Can
Telefon:	02921 3879-75

Rechnung

Wir berechnen für unsere Lieferung vom 18.11.20..

Artikel-Nr.	Menge	Bezeichnung	Einzelpreis EUR	Gesamtpreis EUR
A-1100100	5	Rollcontainer Tiamo	460,00	2 300,00

Warenwert, netto	2 300,00
+ Frachtkosten	0,00
	2 300,00
+ 19 % USt	437,00
Rechnungsbetrag	2 737,00

Beleg 2

Quittung

Netto EUR	380,00
+ 19 % MwSt./EUR	72,20
Gesamt EUR	452,20

Nr. 32

EUR in Worten: Vierhundertzweiundfünfzig — Cent wie oben

von: Soester Büromöbel AG

für: Kopierpapier

dankend erhalten.

Ort/Datum: Soest, 05.12.20..

Buchungsvermerke

Stempel/Unterschrift des Empfängers: Max Heimlich

Quittung

Beleg 3

SIK – KAD 8/98 S

Bitte beachten Sie die Hinweise auf der Rückseite

IBAN		BIC
DE30414500750000637526	SPARKASSE SOEST	WELADED1SOS

Buchungstag	Tag der Wertstellung	Verwendungszweck/Buchungstext	
		alter Kontostand	+ 80 000,00
06. 12.	06. 12.	Lastschrift Lenz KG Rechnungs-Nr. 002216	– 7 791,22
06. 12.	06. 12.	Lastschrift Finanzamt Soest USt-Zahllast November 20..	– 437,00

Soester Büromöbel AG
Industriepark 5
59494 Soest

+ 71 771,78
neuer Kontostand

50/00

UST-ID DE 1463504540

Kontoauszug vom	Auszug	Blatt
06. 12. 20..	120	1

Beleg 4

SIK – KAD 8/98 S

Bitte beachten Sie die Hinweise auf der Rückseite

IBAN		BIC
DE30414500750000637526	SPARKASSE SOEST	WELADED1SOS

Buchungstag	Tag der Wertstellung	Verwendungszweck/Buchungstext	
		alter Kontostand	+ 71 771,78
11. 12.	11. 12.	Barauszahlung für Geschäftskasse	– 3 000,00

Soester Büromöbel AG
Industriepark 5
59494 Soest

+ 68 771,78
neuer Kontostand

50/00

UST-ID DE 1463504540

Kontoauszug vom	Auszug	Blatt
11. 12. 20..	121	1

Beleg 5

SIK – KAD 8/98 S

Bitte beachten Sie die Hinweise auf der Rückseite

IBAN		BIC
DE30414500750000637526	SPARKASSE SOEST	WELADED1SOS

Buchungstag	Tag der Wertstellung	Verwendungszweck/Buchungstext	
		alter Kontostand	+ 68 771,78
12. 12.	12. 12.	Lastschrift Telekom-Anschluss inkl. 19 % USt* 040 6724-0 November 20..	– 714,00
12. 12.	12. 12.	Lastschrift Postbank Essen Darlehen Nr. 2065633	– 3 500,00

Soester Büromöbel AG
Industriepark 5
59494 Soest

+ 64 557,78
neuer Kontostand

50/00

UST-ID DE 1463504540

Kontoauszug vom	Auszug	Blatt
12. 12. 20..	122	1

* Rechnung der Telekom liegt vor und wird zeitgleich mit der Kontobelastung gebucht.

Beleg 6

SB Soester Büromöbel AG

Soester Büromöbel AG · Industriepark 5 · 59494 Soest
Gertrud Brandt KG
Südstraße 7
20083 Hamburg

Bei Rückfragen bitte stets angeben:

Kundennummer:	D-2759
Auftragsnummer:	1-3499
Auftragsdatum:	12.12.20..
Lieferscheinnummer:	145 276
Lieferdatum:	19.12.20..
Rechnungsnummer:	0914-399
Rechnungsdatum:	19.12.20..
Ihr Ansprechpartner:	Niklas Höth
Telefon:	02921 3879-76

Rechnung

Wir berechnen für unsere Lieferung vom 19.12.20..

Artikel-Nr.	Menge	Bezeichnung	Einzelpreis EUR	Gesamtpreis EUR
A-1501100	60	Bürostuhl Verdan	90,00	5 400,00

Warenwert, netto	5 400,00
+ Frachtkosten	0,00
	5 400,00
+ 19 % USt	1 026,00
Rechnungsbetrag	6 426,00

Beleg 7

SIK – KAD 8/98 S

Bitte beachten Sie die Hinweise auf der Rückseite

IBAN DE30414500750000637526 SPARKASSE SOEST BIC WELADED1SOS

Buchungstag	Tag der Wertstellung	Verwendungszweck/Buchungstext	
		alter Kontostand	+ 63 802,13
20.12.	20.12.	Zahlungseingang Mega-Druck GmbH Rechnungsnummer 1-1107	+ 120 250,36
21.12.	21.12.	Lastschrift Franz Meyer e.K. Rechnungs-Nr. 430 458	– 17 354,68
		neuer Kontostand	+ 166 697,81

Soester Büromöbel AG
Industriepark 5
59494 Soest

50/00

UST-ID DE 1463504540

Kontoauszug vom 21.12.20.. Auszug 123 Blatt 1

Beleg 8

Carl Bärenbrink KG

Ihr Büroprofi

Carl Bärenbrink KG · Brückenstr. 12 · 50667 Köln
Soester Büromöbel AG
Industriepark 5
59494 Soest

Kundennummer:	138413
Lieferung am:	17.12.20..
Ihr Zeichen:	sla
Ihr Nachricht vom:	23.12.20..
Unser Zeichen:	fra
Telefon:	07026 555-0
Telefax:	07026 555-20
E-Mail:	buero@baerenbrink.de
Datum:	24.12.20..

Rechnung Nr. 12-00574

Artikel-Nr.	Artikelbezeichnung	Menge	Einzelpreis	Gesamtpreis
7612	Kopiergerät „Copy Controller 2600"	1	1450,00 EUR	1450,00 EUR
	= Warenwert netto			1450,00 EUR
	+ 19 % USt			275,50 EUR
	= **Rechnungsbetrag brutto**			**1725,50 EUR**

Zahlungsziel: 18.01.20.. – 3 % Skonto bei Zahlung innerhalb von 14 Tagen.
Die Lieferung erfolgte auf der Grundlage unserer Allgemeinen Geschäftsbedingungen.

Beleg 9

Quittung

Netto EUR	1200,00
+ 19 % MwSt./EUR	228,00
Gesamt EUR	1428,00

Nr. 32

EUR in Worten: eintausendvierhundertachtundzwanzig — Cent wie oben

von: Soester Büromöbel AG

für: Notebook Acer Extensa 4102 WMLi

dankend erhalten.

Ort/Datum: Soest, 23.12.20..

Buchungsvermerke

Stempel/Unterschrift des Empfängers: Benjamin Buchheim

Quittung

Beleg 10

Holz & Hobel AG

Schäfflerbachstraße 26

86003 Augsburg

Holz & Hobel AG · Schäfflerbachstraße 26 · 86003 Augsburg
Soester Büromöbel AG
Industriepark 5
59494 Soest

Telefon: 0821 777-0
Telefax: 0821 777-3010
E-Mail: info@augsburg-holzundhobel.de

Kundennummer: 440309
Rechnung vom: 20.12.20..
Rechnungs-Nr.: 00-01-7653
Sachbearbeiter: Herr Sittig
Bestellnummer: 9887532
Bestelldatum: 15.12.20..
Lieferung am: 19.12.20..

Rechnung

Artikel	Artikelbezeichnung	Anzahl	Preis pro Holzpack	Bestellwert
156632	Holzbretter aus Ahorn Länge 200 cm, Breite 10 cm, Stärke 2 cm	100	13,50 EUR	1 350,00 EUR

Warenwert	1 350,00 EUR
+ 19 % USt	256,50 EUR
Rechnungsbetrag	1 606,50 EUR

Zahlungsziel: 20.01.20..
–3 % Skonto bei Zahlung bis zum: 30.12.20..

Skonto 48,20 EUR

Skontozahlungsbetrag 1 558,30 EUR

Holz & Hobel AG
Geschäftsführung: Erwin Althaus
Amtsgericht Augsburg: HRB 6034
USt-ID-Nummer: DE 127493945
St.-Nr.: 521 8168 473

Bankverbindungen:
Kreissparkasse Augsburg
IBAN: DE05 7205 0101 0067 7562 44
BIC: BYLADEM1AUG

Sparda-Bank Augsburg eG
IBAN: DE87 7209 0500 0076 7493 12
BIC: GENODEF1S03

Anforderungssituation 1.2

Schulbuch S. 184–189

1 Unternehmensziele setzen

Situation:

Interview der Zeitschrift „MANAGER VON MORGEN“ (MVM) mit Herrn Sörensen, Vorstandsvorsitzender der Soester Büromöbel AG.

SB Soester Büromöbel AG

Erfolg kommt nicht von ungefähr

MVM: Herr Sörensen, Ihr neues Verwaltungsgebäude kann sich durchaus sehen lassen. Wirklich beeindruckend.

Sörensen: Vielen Dank, unsere Mitarbeiter sollen sich wohl fühlen. Besonderen Wert haben wir auch auf die Einrichtung von zwei Arbeitsplätzen für Menschen mit Behinderung gelegt, die unseren beiden betroffenen Mitarbeitern die Arbeit wesentlich erleichtern.

MVM: Sie leiten ein Unternehmen, das viele Unternehmen mit seinen Produkten beliefert. In ihrer Branche liefen die Geschäfte in letzter Zeit – auch konjunkturbedingt – nicht gerade glänzend. Ist es richtig, dass Sie nach einem Verlustjahr für das laufende Geschäftsjahr wieder auf einen Gewinn hoffen können?

Sörensen: Erfreulicherweise ist das richtig. Selbstverständlich war, ist und bleibt es unser oberstes Ziel, auf längere Sicht einen möglichst hohen Gewinn zu erzielen.

MVM: Worauf führen Sie diese positive Entwicklung zurück?

Sörensen: Unser Ziel war eine Kostensenkung von 5 %. Durch eine Reihe erfolgreicher Rationalisierungsmaßnahmen ist uns dies auch weitgehend gelungen. Wir arbeiten heute bedeutend wirtschaftlicher als noch vor drei Jahren. Durch den Einsatz moderner Fertigungsmaschinen war es zudem möglich, die Produktivität unseres Unternehmens zu verbessern, d. h., wir produzieren heute in der gleichen Zeit mehr Büromöbel als früher.

MVM: Reichen Ihre Überlegungen zum Thema Kostensenkung denn aus, um dem Wettbewerbsdruck standzuhalten?

Sörensen: Nein, in den kommenden Jahren werden wir weitere Anstrengungen unternehmen müssen. Die Konkurrenz aus Fernost ist wahrlich nicht zu unterschätzen. Wir haben uns allerdings nicht nur auf die Senkung der Kosten konzentriert, sondern auch neue nachhaltigere Produkte entwickelt. Die Absatzentwicklung zeigt deutlich, dass wir bei unseren Kunden richtig liegen. So konnten wir z. B. im Vergleich zum Vorjahr 10 % mehr Schreibtische verkaufen. Zudem ist uns eine beträchtliche Umsatzsteigerung gelungen und wir konnten unseren alten Marktanteil, der in den letzten Jahren um 5 % zurückgegangen war, wieder erreichen. Nicht unerwähnt lassen möchte ich an dieser Stelle auch, dass unsere neu entwickelten Produkte auf modernen Fertigungsmaschinen hergestellt werden, die wesentlich weniger Energie verbrauchen und darüber hinaus emissionsarm arbeiten.

MVM: Sicherlich hat sich ihr gesamter Maßnahmenkatalog auch positiv auf die Sicherung der Arbeitsplätze ausgewirkt.

Sörensen: Nicht nur das. Wir sind in der Lage, unseren Mitarbeitern Löhne und Gehälter zu zahlen, die weit über dem Branchentarif liegen. Zudem ist es uns gelungen, die Unfallquote in der Fertigung nachhaltig zu senken.

MVM: Herr Sörensen, wir danken Ihnen für das Gespräch.

Randnotizen
(Aufgabe 2)

Arbeitsaufträge:

1. Unterstreichen Sie die verschiedenen Unternehmensziele, die im Interview genannt werden.

2. Die im Interview genannten Unternehmensziele können drei Oberkategorien A, B und C zugeordnet werden. Vervollständigen Sie das Schaubild und ordnen Sie die in der Situation angeführten Unternehmensziele per Randnotiz (A, B oder C) den drei Kategorien zu.

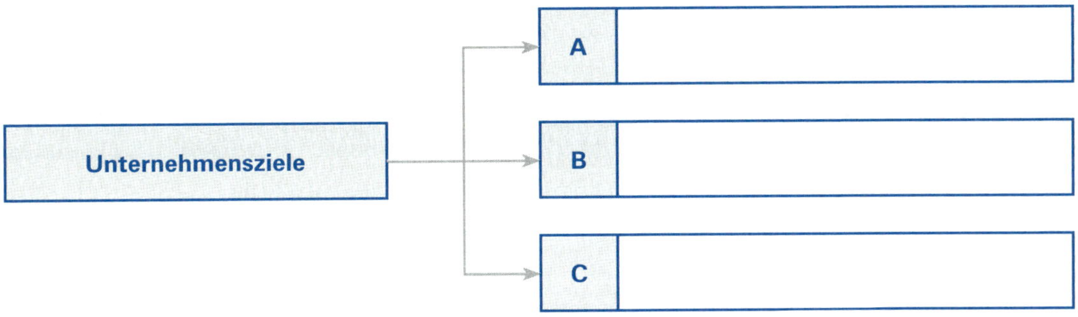

3. Erstellen Sie anschließend mithilfe der vorgegebenen Struktur (Material 1) eine Übersicht zum Thema Unternehmensziele. Denken Sie auch über weitere Ziele nach, die im Interview nicht erwähnt wurden.

4. Im Rahmen der ökologischen Zielsetzungen ist eine nachhaltige Abfallwirtschaft von großer Bedeutung. Mit Abfall sind insbesondere Produktionsrückstände (z. B. Schlacken bei der Stahlerzeugung oder Sägespäne bei der Holzbearbeitung), gebrauchte Produkte sowie gebrauchte Verpackungen gemeint. Bringen Sie die nebenstehenden Begriffe in eine sinnvolle Reihenfolge im Sinne einer nachhaltigen Abfallwirtschaft.

Begriffe:
- Entsorgung
- Abfallvermeidung
- Recycling

Prioritätenreihenfolge

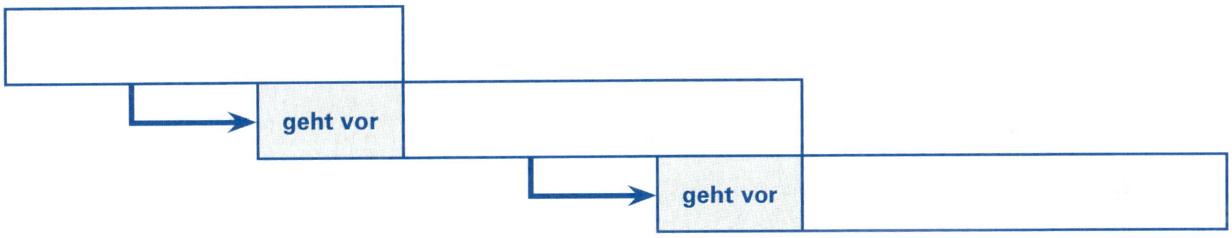

5. In der betrieblichen Praxis werden die gesteckten Ziele häufig nicht erreicht. Das kann verschiedene Ursachen haben. So ist häufig nicht klar, was erreicht werden soll oder aber die Mitarbeiter sind mit der Vorgabe nicht einverstanden, da sie ihnen z. B. zu unrealistisch erscheint. Aus diesem Grund sollen Ziele nach der SMART-Zielformel formuliert werden. Sie legt fest, welche Eigenschaften Unternehmensziele haben sollen.

S	spezifisch, simpel	Das Ziel soll genau beschrieben, einfach formuliert und für alle nachvollziehbar sein.
M	messbar	Das Erreichen des Ziels muss messbar sein.
A	akzeptiert	Das Ziel muss von den Beteiligten akzeptiert werden.
R	realistisch	Das Ziel muss erreichbar sein. Utopische Ziele sind demotivierend.
T	terminiert	Es muss festgelegt werden, bis wann das Ziel erreicht werden soll.

Prüfen Sie für folgende zwei Fälle, inwieweit die Zielvorgaben der SMART-Zielformel entsprechen.

5.1 Die Soester Büromöbel AG beabsichtigt im kommenden Jahr neue Schreibtischmodelle auf den Markt zu bringen. In diesem Zusammenhang soll der Umsatz in der Produktgruppe Schreibtische, in Absprache mit dem Betriebsrat, um 10 % im Vergleich zum Vorjahr erhöht werden. Marktforschungsergebnissen zufolge erscheint dieses Ziel erreichbar. Im Januar des darauffolgenden Jahres soll ermittelt werden, ob das Ziel erreicht wurde.

	Entspricht die Zielvorgabe der SMART-Zielformel?	ja/nein
S	Umsatzsteigerung in der Produktgruppe Schreibtische	ja
M		
A		
R		
T		

5.2 Aufgrund der schwierigen Auftragslage hat die Geschäftsführung der Soester Büromöbel AG ihren Mitarbeitern in Form einer E-Mail mitgeteilt, dass die Kosten im Produktionsbereich um 30 % gesenkt werden müssen.

	Entspricht die Zielvorgabe der SMART-Zielformel?	ja/nein
S		
M		
A		
R		
T		

6. Ergänzen sich zwei Ziele, spricht man von Zielharmonie. Auf der anderen Seite ist es denkbar, dass sich zwei Ziele nicht miteinander vereinbaren lassen. In diesem Fall ist von Zielkonflikten die Rede. Zudem ist es möglich, dass sich zwei Ziele gegenseitig überhaupt nicht beeinflussen. Hier spricht man von Zielindifferenz.

Nennen Sie jeweils ein Beispiel.

Zielharmonie	
Ziel 1	**Ziel 2**
Begründung:	

Zielkonflikt	
Ziel 1	**Ziel 2**
Begründung:	

Zielindifferenz	
Ziel 1	**Ziel 2**
Begründung:	

7. Unternehmensziele können in Anlehnung an das Stakeholder-Konzept oder das Shareholder-Konzept festgelegt werden.

   7.1 Erläutern Sie den Unterschied zwischen dem Stakeholder- und dem Shareholder-Konzept, indem Sie folgenden Lückentext bearbeiten.

Shareholder- vs. Stakeholder-Konzept

Beim Shareholder-Konzept stehen die Interessen der (1) ____________________ im Vordergrund. Das (2) ____________________ der Unternehmensleitung besteht somit darin, für die Eigenkapitalgeber, d.h. die (3) ____________________ des Unternehmens oder die Aktionäre, eine langfristige (4) ____________________ zu erreichen. Das Stakeholder-Konzept erweitert den Shareholder-Ansatz, indem zusätzlich die Interessen der Fremdkapitalgeber, des Managements, der (5) ____________________, der Öffentlichkeit sowie der (6) ____________________ und der Lieferanten berücksichtigt werden. So werden neben den finanziellen Zielen auch (7) ____________________ und (8) ____________________ Ziele verfolgt.

Füllwörter							
1	Aktionäre	3	Gewinnmaximierung	5	Mitarbeiter	7	soziale
2	Eigenkapitalgeber	4	Kunden	6	ökologische	8	Ziel

7.2 Vervollständigen Sie die Übersicht (Material 2), indem Sie beispielhaft die Interessen der verschiedenen Stakeholdergruppen ergänzen.

7.3 Zwischen den Zielen der verschiedenen Stakeholder bestehen nicht selten Interessenskonflikte. Erläutern Sie, warum das Ziel der Eigenkapitalgeber, hohe Gewinne zu erzielen, mit der Forderung der Mitarbeiter nach hohen Löhnen und Gehältern kollidiert.

7.4 Die Mitarbeiterzufriedenheit bei der Soester Büromöbel AG ist seit Jahren sehr hoch, da u.a. das gezahlte Weihnachtsgeld weit über dem Branchendurchschnitt liegt. Erläutern Sie, warum sich die hieraus resultierenden höheren Kosten nicht zwingend negativ auf den Gewinn auswirken müssen.

---

8. Das abgebildete Unternehmensleitbild stammt von einem weltweit tätigen Sportartikelhersteller und verdeutlicht die Unternehmensphilosophie des Unternehmens. Arbeiten Sie heraus, welche Stakeholder im Unternehmensleitbild, mit welchen Zielsetzungen, angesprochen werden.

Leitbild und Werte

Leistung. Leidenschaft. Integrität. Vielfalt.

Diese Werte kommen aus der Welt des Sports und Sport ist die Seele unseres Unternehmens. Er ist die Verbindung zwischen unserer Vergangenheit und unserer Gegenwart – und er weist uns den Weg in die Zukunft.

Da alle unsere Mitarbeiter diese Werte verinnerlicht haben, können wir:

- für Innovation sorgen und qualitativ hochwertige Produkte anbieten,
- über ethnische und regionale Unterschiede hinweg gut zusammenarbeiten und
- hohe Umsätze und Gewinne erzielen.

Wir sind ein Unternehmen, dem unsere Stakeholder vertrauen können.

Verantwortliches Handeln ist Bestandteil unserer täglichen Arbeit und bedeutet für uns:

- die Arbeitsbedingungen in den Fabriken unserer Zulieferer zu verbessern,
- mit den Lieferanten zu fairen Konditionen zusammenzuarbeiten,
- die Umweltauswirkungen unserer Tätigkeiten zu reduzieren,
- uns um das Wohlergehen und die Entwicklung unserer Mitarbeiter zu kümmern,
- für die Menschen in den Ländern, in denen wir tätig sind, positive Veränderungen herbeizuführen.

Wir wollen einen Beitrag zu einer nachhaltigen, d.h. sozialverträglichen und ökologischen, wirtschaftlichen Entwicklung leisten. Hierbei unterstützen wir soziale und ökologische Projekte und kooperieren mit Unternehmen und Organisationen mit derselben Zielsetzung.

Stakeholder	Ziele
Kunde	
Eigenkapitalgeber	
Mitarbeiter	
Staat/Öffentlichkeit	
Lieferanten	

Material 1: Struktur Unternehmensziele

Unternehmensziele

A: ______________________

B: ______________________

C: ______________________

Material 2: Interessen der Stakeholder

Interessen der Stakeholder

Eigenkapitalgeber

1. ______________________________
____
2. ______________________________
____
3. ______________________________
____

Fremdkapitalgeber

1. ______________________________
____
2. ______________________________
____
3. ______________________________
____

Management

1. ______________________________
____
2. ______________________________
____
3. ______________________________
____

Mitarbeiter

1. ______________________________
____
2. ______________________________
____
3. ______________________________
____

Kunden

1. ______________________________
____
2. ______________________________
____
3. ______________________________
____

Staat

1. ______________________________
____
2. ______________________________
____
3. ______________________________
____

Lieferanten

1. ______________________________
____
2. ______________________________
____
3. ______________________________
____

Schulbuch S. 192–197

2 Konflikte lösen

Situation:

Vor einigen Monaten ging Herr Pudenz, Leiter der Fertigungsabteilung bei der Soester Büromöbel AG, in den wohlverdienten Ruhestand. Die Leitung der Abteilung ist seither vakant und wird, bis ein neuer Abteilungsleiter gefunden ist, vorübergehend von Herrn Kern, einem langjährigen, fachlich sehr kompetenten Mitarbeiter dieser Abteilung, ausgeübt (auch Herr Kern hat sich auf die ausgeschriebene Stelle beworben). Seit dieser Zeit jedoch melden sich die Mitarbeiter immer häufiger krank. Ein Mitarbeiter hat sogar gekündigt. Die Personalleiterin Frau Stark ist besorgt. Als in der Fertigungsabteilung eine Besprechung angesetzt wird, die von Herrn Kern geleitet werden soll, nimmt Frau Stark daran teil, um sich ein Bild von der Situation machen zu können.

Ausschnitt aus der Besprechung:

Herr Kern: Meine Damen und Herren. Unser Umsatz im Produktfeld Bürostühle ist seit einiger Zeit rückläufig. Ich bin daher zu der Auffassung gelangt, dass wir auch Drehstühle der Billig-Kategorie produzieren sollten und werde dies der Geschäftsführung auch mitteilen. Können Sie mir erklären, warum nicht einer von Ihnen längst schon selbst auf diese Idee gekommen ist?

Frau Bange: Ich verfolge regelmäßig aktuelle Marktanalysen und da zeigt sich, dass der Trend eigentlich eher in Richtung exklusiver Bürostühle geht. Ich denke ...

Herr Kern: Überlassen Sie das Denken mal besser mir! Sorgen Sie lieber dafür, dass meine Anweisungen umgesetzt und die Ihnen zugewiesenen Aufgaben ordentlich erledigt werden. Wenn es Ihnen aber Freude bereitet, dann können Sie in Ihrer Freizeit gerne weiter Marktanalysen lesen.

Benz, ich habe Ihnen doch gestern gesagt, dass Sie die Politur für die Arbeitsplatten rechts neben das Regal stellen sollen. Wieso stehen sie dann immer noch im Nebenraum?

Frau Benz: Aber ich sollte doch erst ...

Herr Kern: Frau Benz, ich kann Ihre Ausflüchte nicht mehr hören. Machen Sie verdammt nochmal, was ich Ihnen sage. Müller, sagen Sie mal, haben Sie eigentlich die gelieferten Stuhlpolster immer noch nicht gereinigt?

Herr Müller: Äh, also ... nein. Ich dachte, wir reinigen nur die Polster, die beim Transport verschmutzt wurden.

Herr Kern: Herr Müller, ich kann mich nicht erinnern, dass Sie mal was richtig gemacht haben. Wenn ich sage, reinigen Sie alle Polster, dann meine ich das auch so. Schließlich trage ich hier die Verantwortung.

Herr Müller: Jetzt habe ich aber genug. Machen Sie Ihren Kram doch alleine.

Herr Müller verlässt wütend das Büro. Die übrigen Mitarbeiter schauen betreten zu Boden.

Arbeitsaufträge:

1. Beschreiben Sie die Situation in der Fertigungsabteilung anhand folgender Leitfragen:

   1.1 Wie würden Sie das Betriebsklima in der Fertigungsabteilung einschätzen?

   ____

   ____

1.2 Welche Auswirkungen hat das Betriebsklima vermutlich auf die Arbeitszufriedenheit der Mitarbeiter?

1.3 Was sind die Ursachen für die in der Abteilung auftretenden Konflikte?

- ➤
- ➤
- ➤
- ➤
- ➤

1.4 Wodurch eskaliert der Konflikt im Laufe der Besprechung. Was dient als „Brandbeschleuniger"?

- ➤
- ➤
- ➤

1.5 Frau Stark muss in Kürze entscheiden, wer die Fertigungsabteilung zukünftig leiten soll. Würden Sie Frau Stark Herrn Kern für die Abteilugsleiterposition empfehlen?

2. Schreiben Sie das vorliegende Gespräch so um, dass es den Grundsätzen der Personalführung entsprechen würde (Material 1).

3. In Theorie und Praxis finden sich verschiedene Führungsstile. Hierbei stehen insbesondere der autoritäre und der kooperative Führungsstil im Vordergrund. Halten Sie die wesentlichen Merkmale der beiden Führungsstile sowie deren Vor- und Nachteile in der zur Verfügung stehenden Arbeitsvorlage fest (Material 2). Bedenken Sie, dass der autoritäre Führungsstil nichts mit schlechtem Benehmen zu tun hat.

Material 1: Vorlage zum Umschreiben der Abteilungsbesprechung

Material 2:

Führungsstile

Kooperativer Führungsstil

Merkmale

Vor- und Nachteile (+/–)

Autoritärer Führungsstil

Merkmale

Vor- und Nachteile (+/–)

Anforderungssituation 2.1

Schulbuch S. 203–207

1 Bezugsquellen ermitteln und Angebote einholen

Situation:

Um den ergonomischen Anforderungen an moderne Büroarbeitsplätze gerecht zu werden und damit die eigene Wettbewerbssituation zu verbessern, hat sich die Geschäftsführung der Soester Büromöbel AG nach reiflicher Überlegung entschieden, einen höhenverstellbaren Sitz-/Steharbeitsplatz in das Absatzprogramm aufzunehmen. Laut Marktforschungsergebnissen besteht die Möglichkeit, bei einem Bruttoverkaufspreis von 1 250,00 EUR je Stück jährlich insgesamt 2 000 Einheiten absetzen zu können, Tendenz steigend.

Die benötigten Holzplatten und Stahlrohre sollen als Rohstoffe eingekauft und im Hause weiterverarbeitet werden. Andere Komponenten, wie z. B. die Verbindungselemente und die Hubsäulen mit integriertem Elektromotor, sollen zugekauft und ohne weitere Bearbeitung verwendet werden.

Nachdem Cornelia Berg, Mitarbeiterin der Einkaufsabteilung, anhand der von der Konstruktionsabteilung bereitgestellten Unterlagen ausgerechnet hat, welche Stückzahlen benötigt werden, begibt sie sich unverzüglich daran, mögliche Lieferanten für die benötigten Bauteile zu ermitteln. Da die meisten Bauteile auch für andere Schreibtische der Soester Büromöbel AG verwendet werden, kann Frau Berg auf bereits vorhandene Daten zurückgreifen. Bezogen auf die Hubsäulen mit integriertem Elektromotor für die höhenverstellbaren Sitz-/Steharbeitsplätze verfügt sie jedoch über keine Informationen.

Arbeitsaufträge:

1. Um gute Qualität zu günstigen Preisen einkaufen zu können, ist es für die Einkäuferin Cornelia Berg sinnvoll, sich genau über die Lieferanten zu informieren. Nennen Sie Informationen, die Frau Berg über mögliche Lieferanten in Erfahrung bringen sollte.

Informationen über die Lieferanten		

2. In der Beschaffungsmarktforschung werden jedoch nicht nur die Lieferanten unter die Lupe genommen. Nennen Sie die 3 weiteren Bereiche der Beschaffungsmarktforschung und führen Sie je 2 Informationen an, die Ihnen wichtig erscheinen.

Marktforschungsbereich	Nützliche Informationen	

3. Nehmen Sie an, Sie möchten im Rahmen Ihrer Beschaffungsmarktforschung folgende Informationen in Erfahrung bringen. Geben Sie an, über welche Quellen Sie an die entsprechenden Informationen gelangen können.

Informationen über ...	Informationsquellen
Qualität der angebotenen Ware	
Preise der Lieferanten	
Nationale und internationale Konkurrenten	
Nachfragemengen der Konkurrenten	
Entsorgungs- und Recyclingmöglichkeiten	

4. Zeigen Sie allgemein verschiedene Möglichkeiten auf, wie Cornelia Berg Informationen über die Lieferanten erhalten kann.

Informationsquellen

Interne Informationsquellen

➤ ______________________

➤ ______________________

➤ ______________________

➤ ______________________

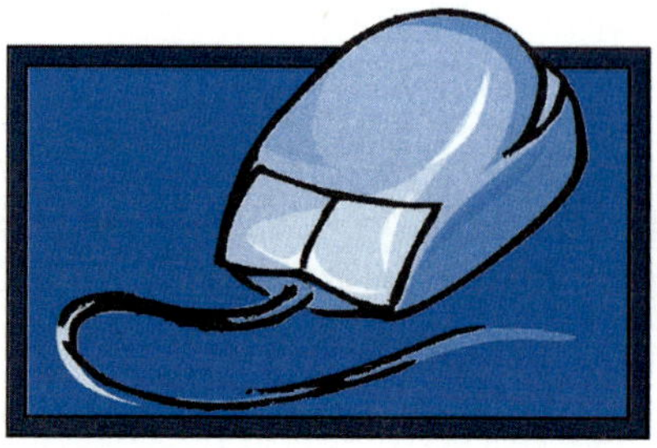

Externe Informationsquellen

Primäre Informationsquellen

➤ ______________________

➤ ______________________

➤ ______________________

Sekundäre Informationsquellen

➤ ______________________

➤ ______________________

➤ ______________________

5. Die Globalisierung der Märkte hat dazu geführt, dass die benötigten Materialien nicht selten im weit entfernten Ausland eingekauft werden. Man spricht hier auch vom sogenannten Global Sourcing.

5.1 Nennen Sie Risiken, die mit dieser Vorgehensweise verbunden sind.

➤ ____________________

➤ ____________________

➤ ____________________

➤ ____________________

➤ ____________________

➤ ____________________

➤ ____________________

➤ ____________________

➤ ____________________

5.2 Begründen Sie, warum dennoch im Ausland eingekauft wird.

➤ ____________________

➤ ____________________

➤ ____________________

➤ ____________________

6. Recherchieren Sie mithilfe im Internet zu findender Einkaufsführer 3 mögliche Lieferanten, die Antriebstechniken für die höhenverstellbaren Sitz-/Steharbeitsplätze anbieten.

➤ ____________________

➤ ____________________

➤ ____________________

7. Überlegen Sie, welche Informationen Sie von den Lieferanten benötigen, und verfassen Sie nach den Schreib- und Gestaltungsregeln der DIN 5008 (Material 2) eine Anfrage hinsichtlich der Antriebstechnik an einen Lieferanten Ihrer Wahl. Die Anfrage kann entweder manuell (Material 1) oder mit einem geeigneten Textverarbeitungsprogramm geschrieben werden.

Anmerkungen: Die jährliche Bestellmenge soll inkl. Reserve 4420 Einheiten betragen. Produktionsbeginn ist Anfang April.

Material 1: Vordruck Geschäftsbrief

Soester Büromöbel AG

Soester Büromöbel AG · Industriepark 5 · 59494 Soest

Ihr Zeichen:	
Ihre Nachricht vom:	
Unser Zeichen:	be
Unsere Nachricht vom:	
Name:	Cornelia Berg
Telefon:	02921 3879–46
Telefax:	02921 3879–10
E-Mail:	c.berg@sbmag.de
Datum:	20.02.20..

Anfrage

Soester Büromöbel AG
Industriepark 5, 59494 Soest
Registergericht Soest HRB 84759
USt-ID Nr. DE 68 837 465
Vorstand: Kai Sörensen (Vorsitzender), Thomas Werner, Helene Sims
Vorsitzende des Aufsichtsrats: Sarah Kern

Bankverbindungen:
Commerzbank Soest
IBAN: DE86 4144 0018 0006 7523 04 BIC: COBADEFF414
Sparkasse Soest
IBAN: DE30 4145 0075 0000 6375 26 BIC: WELADED1SOS

Soester Büromöbel AG

Fortsetzung:

Material 2: Auszug aus dem Beschaffungshandbuch

Soester Büromöbel AG

Kapitel Geschäftsbriefe

I. Allgemeiner Aufbau von Geschäftsbriefen

Die DIN-Normen für die Briefgestaltung sind keine bindenden Vorschriften wie etwa die Regeln zur Rechtschreibung. Es sind lediglich Empfehlungen – nicht mehr und nicht weniger. Vor allem sind sie kein Selbstzweck. Sehen Sie die Regeln einfach als Hilfe, damit Sie nicht bei jedem Brief neu überlegen müssen, wo was hingehört. Zudem finden auch Sie sich schneller zurecht, wenn ein an Sie adressierter Geschäftsbrief übersichtlich nach DIN 5008 gestaltet ist.

Muster (◆ = Leerzeilen)

Feld für Briefkopf

Postanschrift des Absenders

Postvermerke
Postvermerke
Postvermerke
Firmenname
Ansprechpartner
Postfach oder Straße mit Hausnummer
Postleitzahl und Bestimmungsort
◆
◆

Informationsblock, z. B.:
Ihr Zeichen:
Ihre Nachricht vom:
Unser Zeichen:
Unsere Nachricht vom:
◆
Name:
Telefon:
Telefax:
E-Mail:
◆
Datum:

◆
◆
Betreffvermerk
◆
◆
Anrede
◆
Brieftext (mit Absätzen)
...
...
...
◆
Grußformel
◆
Bezeichnung der Firma
◆
Zusatz (z. B. i. A., i. V., ppa.) und Unterschrift
◆
Maschinenschriftliche Angabe des Unterzeichners
◆
Anlagen
...

Feld für geschäftliche und gesellschaftsrechtliche Angaben

Schulbuch
S. 209–212

2 Lieferanten auswählen

Situation:

Einige Tage später bittet Fabian Weber, Leiter des Einkaufs, seine Mitarbeiterin Cornelia Berg zu sich, um die Lage zu besprechen.

Soester Büromöbel AG

Herr Weber: Guten Morgen, Frau Berg. Haben Sie schon einen Lieferanten für die benötigte Antriebstechnik ausgewählt?

Frau Berg: Guten Morgen, Herr Weber. Um Ihre Frage zu beantworten, wir sind auf einem guten Weg. Im Rahmen einer intensiven Internetrecherche haben wir drei geeignete Lieferanten ausfindig machen können. Alle drei sind um die Abgabe aussagekräftiger Angebote gebeten worden und wie mir vor einigen Minuten mitgeteilt wurde, sind diese heute Morgen eingetroffen.

Herr Weber: Das hört sich gut an. Unter diesen Umständen kann ich unserer Geschäftsführung ja noch heute das Ergebnis mitteilen.

Frau Berg: Ich denke, wir sollten nichts überstürzen. Der Preis ist nicht alles. …

Arbeitsaufträge:

1. Nennen Sie Kriterien, die neben dem Preis bei der Entscheidung für einen Lieferanten von Bedeutung sind.

Kriterien bei der Lieferantenauswahl		

2. Unterbreiten Sie mithilfe des Formulars zur Lieferantenauswahl (Material 5) einen begründeten Vorschlag, für welchen Lieferanten Frau Berg sich bei einer geplanten jährlichen **Bestellmenge von 4420 Stück** entscheiden sollte. Gehen Sie dabei wie folgt vor.

   2.1 Ermitteln Sie zunächst anhand der vorliegenden Angebote (Material 1–3) den jeweiligen Bezugspreis für die gesamte Bestellmenge unter der Voraussetzung, dass Skonto ausgenutzt wird.

   Folgende Informationen sind bei dem **Angebot aus Taiwan** zu berücksichtigen:

   - Der aktuelle Wechselkurs liegt bei 1,00 EUR = 1,3491 USD (US-Dollar).
   - Da Taiwan kein EU-Mitgliedstaat, sondern ein sogenanntes Drittland ist, muss für die Einfuhr von Waren aus diesem Land Einfuhrzoll bezahlt werden. Dadurch erhöhen sich die Bezugskosten um 54093,77 EUR.
   - Darüber hinaus muss für Waren aus Taiwan Einfuhrumsatzsteuer an das Finanzamt entrichtet werden. Sie ist allerdings ein durchlaufender Posten und muss bei der Bezugspreisermittlung nicht berücksichtigt werden.

   2.2 Vergleichen Sie danach die Lieferanten hinsichtlich aller relevanten Kriterien. Nutzen Sie hierfür die vorliegende Lieferantenrecherche (Material 4).

3. Nehmen Sie an, die ermittelten Bezugspreise übersteigen die einkalkulierten Kosten für die Antriebstechnik. Nennen Sie Gegenmaßnahmen, die die Soester Büromöbel AG ergreifen kann.

- ______________________________
- ______________________________
- ______________________________

4. Ein Mitarbeiter der Einkaufsabteilung macht den Vorschlag, die benötigten Hubsäulen nicht von einem, sondern von mehreren Lieferanten zu beziehen. Beschreiben Sie, welche Vor- und Nachteile aus Ihrer Sicht mit dieser Vorgehensweise verbunden sind.

➤ **Vorteile:** ____________________

➤ **Nachteile:** ____________________

5. Nicht wenige Unternehmen kaufen im Ausland ein. Andererseits spielt Ökologieorientierung eine immer größere Rolle. Begründen Sie, ob hier ein Widerspruch vorliegt.

____

____

____

6. In den Angeboten der potenziellen inländischen und ausländischen Lieferanten sind die Transportkosten konkret benannt worden. Es besteht jedoch auch die Möglichkeit, sogenannte Versandklauseln bzw. Incoterms[1] zu verwenden, die Aufschluss darüber geben, wer – Verkäufer, Käufer oder beide – die Versandkosten tragen soll. Zu den Versandkosten zählen insbesondere Rollgeld (für den Vor- und Nachlauf), Fracht, Verlade- und Entladekosten. Berechnen Sie anhand eines exemplarischen Transports von 80 Schreibtischen (eine komplette Lkw-Ladung) von Soest nach München die anteiligen Versandkosten, die Verkäufer und Käufer bei folgenden Vereinbarungen zu tragen haben:

Vereinbarungen	Verkäufer	Käufer
ab Werk		
frei Haus		
unfrei		
frachtfrei		
frei dort		

Informationen:

Rollgeld (für den Vor- und Nachlauf)	jeweils	200,00 EUR
Frachtkosten		700,00 EUR
Verlade- und Entladekosten	jeweils	50,00 EUR

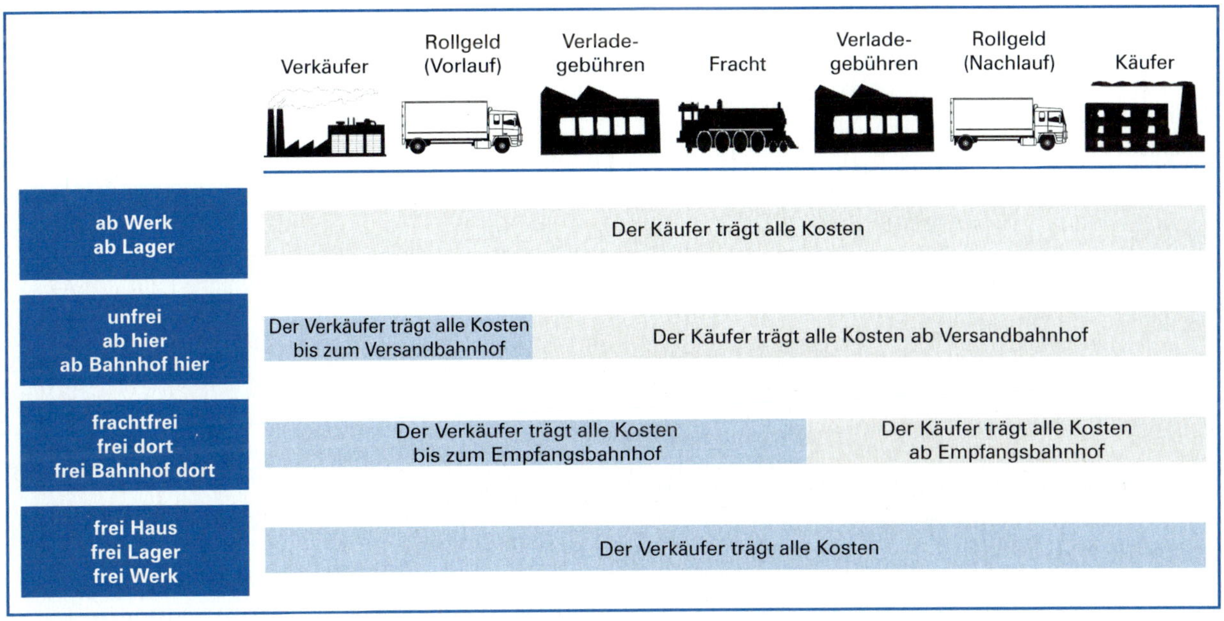

1 Incoterms sind Handelsklauseln, die vor allem bei internationalen Geschäften Anwendung finden.

Material 1: Angebot LINUK GmbH

Linuk GmbH
- improve your life -

Linuk GmbH · Finkenweg 7–14 · 78048 Villingen
Soester Büromöbel AG
Industriepark 5
59494 Soest

Kundennummer:	4955
Ihr Zeichen:	be
Ihre Nachricht vom:	20.02.20..
Ihr Ansprechpartner:	Jürgen Geiger
Telefon:	07721 623-75
E-Mail:	juergen.geiger@linuk.de
Datum:	24.02.20..

Angebot DESKLIFT DL3

Sehr geehrte Frau Berg,

für Ihr Interesse an unseren Antriebssystemen für Möbel danken wir Ihnen und bieten Ihnen die gewünschte Hubsäule zu folgenden Konditonen an:

Hubsäule DESKLIFT DL3
mit integriertem Elektromotor
Bestellnummer: 223 459

Listenverkaufspreis (netto): 154,80 EUR je Stück inkl. Verpackung zzgl. 19 % USt.

Ab 4 000 Stück gewähren wir einen Mengenrabatt von 10 %. Die Lieferung erfolgt ab Werk. Die Transportkosten betragen 800,00 EUR. Die Lieferzeit beträgt 7 Tage nach Auftragseingang.

Sie haben die Möglichkeit, unsere Rechnungen innerhalb von 14 Tagen nach Rechnungsdatum mit 2 % Skonto oder 30 Tage netto Kasse zu begleichen.

Gern erwarten wir Ihre Bestellung, die wir sorgfältig ausführen werden.

Mit freundlichen Grüßen

LINUK GmbH

i. A. *Jürgen Geiger*

Jürgen Geiger

Geschäftsführer:
Rotraut Schrutka
Mannfred Georgi

Sitz der Gesellschaft:
Villingen

Handelsregister:
Amtsgericht Villingen
HRB 3326

Kommunikation:
Telefon: 07721 623-0
Telefax: 07721 623-1
E-Mail: mail@linuk.de

Bankverbindungen:
Sparkasse Schwarzwald-Baar
IBAN: DE56 6945 0065 5478 3484 20
BIC: SOLADES1VSS

Finanzamt Villingen
Steuernummer:
34886324551
USt-ID-Nummer:
DE572446932

Material 2: Angebot Welle GmbH

Welle GmbH · Heilbronn

Welle GmbH · Lutherplatz 21 · 74389 Heilbronn
Soester Büromöbel AG
Industriepark 5
59494 Soest

Kundennummer:	
Ihr Zeichen:	be
Ihre Nachricht vom:	20.02.20..
Ihr Ansprechpartner:	Monika Perscher
Telefon:	07131 8200-53
E-Mail:	monika.perscher@welle.de
Datum:	25.02.20..

Angebot AUTODESK AD4

Sehr geehrte Frau Berg,

Sie interessieren sich für Antriebstechnik bei höhenverstellbaren Sitz-/Steharbeitsplätzen?
Wir bieten Ihnen:

Hubsäule AUTODESK AD4
mit integriertem Elektromotor
Bestell-Nr.: 33456

Listenverkaufspreis (netto): 159,25 EUR je Stück inkl. Verpackung zzgl. 19% USt.

Ab 3 500 Stück gewähren wir einen Mengenrabatt von 12%. Die Lieferung erfolgt ab Werk. Gerne organisieren wir für Sie auch den Transport über unseren Hausspediteur. Die Kosten hierfür betragen 0,10 EUR je Stück. Die Lieferzeit beträgt 14 Tage nach Auftragseingang. Unsere Rechnungen sind innerhalb von 14 Tagen nach Rechnungsdatum mit 3% Skonto oder 30 Tage netto Kasse zu begleichen.

Wir würden uns freuen, Sie als neuen Kunden begrüßen zu dürfen.

Mit freundlichen Grüßen

Welle GmbH

i. A. Monika Perscher

Monika Perscher

Geschäftsführer:
Regina Esslinger
Andreas Hoffmann
Sitz der Gesellschaft:
Heilbronn

Handelsregister:
Amtsgericht Heilbronn HRB 2573
Finanzamt HN
Steuernummer: 72556328935
USt-ID-Nummer: DE811127386

Bankverbindungen:
Kreissparkasse Heilbronn
IBAN: DE22 6205 0000 1488 3584 20
BIC: HEISDE66XXX
Volksbank Heilbronn
IBAN: DE40 6209 0100 9239 9846 00
BIC: GENODES1VHN

Kommunikation:
Telefon: 07131 8200-0
Telefax: 07131 8200-1
E-Mail: info@welle.de

Material 3: Angebot Universal Office Systems Ltd.

phone +886 2 2720 8889
info@unioffice.com

Soester Büromöbel AG
Mrs Berg
Industriepark 5
59494 Soest
Germany

24 February 20..

Dear Mrs Berg

Your enquiry about desklifts

Many thanks for your enquiry about the supply of 4,420 desklifts.

We are delighted to make you the following offer:

Typ Desklift TX 200 **$ 212.20 per unit ex works**

The total freight costs add up to $ 2,618.92.

We guarantee delivery within four weeks on receipt of order.

We would also be willing to offer you a 12 % volume discount on the total price for an order exceeding 1,200 units.

Payment should be made against invoice within 30 days of delivery. In the case of payment within fourteen days, you will also receive a further 2 % cash discount.

This offer remains valid for a period of four weeks as of the above date.

Should you have any questions or require any further information, please do not hesitate to contact us at any time.

We look forward to welcoming you as our customer.

Yours sincerely

John Sullivan

John Sullivan
Sales Manager

Material 4: Interne Mitteilung

Interne Mitteilung

SB Soester Büromöbel AG

an: Cornelia Berg (Einkauf)
von: Karl Meier

Abteilung: Einkauf
Datum: 26.02.20..
Zeichen: me

Recherche LINUK GmbH / Welle GmbH / Universal Office Systems Ltd.

Gemäß dem von Ihnen erhaltenen Auftrag habe ich über die drei infrage kommenden Lieferanten für Antriebstechnik entsprechende Nachforschungen angestellt.

LINUK GmbH

Das Unternehmen ist seit 6 Jahren auf dem Sektor für Möbelantriebstechnik etabliert. Es genießt bei seinen Kunden einen ausgezeichneten Ruf, was die Qualität der Antriebstechnik angeht. Die Zertifizierung nach DIN ISO 9000 ist ein weiteres Indiz für die hohe Qualität, die der Lieferant bietet. Im Umgang mit Reklamationen soll sich die LINUK GmbH laut Kundenaussagen angemessen verhalten. Hinsichtlich etwaiger Sonderwünsche (kurzfristige Lieferungen, technische Änderungen, Farbauswahl etc.) zeigt sich die LINUK GmbH sehr flexibel. Zugesagte Liefertermine werden immer eingehalten. Der Umweltschutz wird bei der Linuk GmbH ernst genommen. Man achtet penibel darauf, die gesetzlichen Bestimmungen einzuhalten. Darüber hinaus verwendet man laut Umwelterklärung so weit wie möglich recyclingfähige Materialien. Die Lieferzeiten sind mit 7 Tagen sehr kurz.

Welle GmbH

Die Welle GmbH gilt als Marktführer der Branche. Durch das enorm hohe Auftragsvolumen, das das Unternehmen zu bewältigen hat, sind jedoch im Einzelfall beschädigte Produkte beim Hersteller angeliefert worden, was auf eine eher „großzügig" ausgefallene Endkontrolle zurückzuführen war. In puncto Qualität muss man also kleinere Abstriche machen. Allerdings ist diesem Anbieter zu attestieren, dass er sich bei Reklamationen außergewöhnlich kulant zeigt und diese stets in allerkürzester Zeit abwickelt. Sonderwünsche (kurzfristige Lieferungen, technische Änderungen, Farbauswahl etc.) werden bei der Welle GmbH erst ab einem Auftragsvolumen von 800 000,00 EUR berücksichtigt. Soweit ich in Erfahrung bringen konnte, hat der Umweltschutz bei der Welle GmbH eine sehr untergeordnete Bedeutung. Man beschränkt sich einzig und allein darauf, die gesetzlichen Bestimmungen einzuhalten. Die von dem Unternehmen benannten Lieferzeiten werden generell eingehalten. Die Lieferzeiten betragen in der Regel 14 Tage.

Universal Office Systems Ltd.

Die Universal Office Systems Ltd. ist bei ihren Kunden hoch angesehen. Insbesondere die ausgezeichnete Qualität der Ware wird von ihren Kunden hervorgehoben. Die Reklamationsabwicklung lässt ein wenig zu wünschen übrig. Sonderwünsche (kurzfristige Lieferungen, technische Änderungen, Farbauswahl) werden fast immer berücksichtigt. Aufgrund des langen Transportweges kommt die Ware nicht immer pünktlich an. In puncto Umweltschutz bemüht man sich, die internationalen Standards einzuhalten. Die Produkte werden per Containerschiff nach Europa geliefert. Daher betragen die Lieferzeiten mehrere Wochen.

Mit freundlichem Gruß

Karl Meier

Material 5: Formular zur Lieferantenauswahl

Soester Büromöbel AG – Lieferantenauswahl

Art.: Antriebstechnik Sitz-/Steharbeitsplatz **Teile-Nr. 480 112 / Bestellmenge: 4 420 Einheiten**

I. Einfaktorenvergleich (Bezugspreiskalkulation)

	LINUK	Welle	Universal
Listeneinkaufspreis netto für 4 420 Stück – Rabatt			
= Zieleinkaufspreis – Skonto			
= Bareinkaufspreis + Bezugskosten (Transport/Verpackung/Zoll)			
= Bezugspreis (Einstandspreis)			

Ergebnis	

II. Mehrfaktorenvergleich (Scoring-Modell)

Hinweise zur Durchführung des Punktwertverfahrens

1. Bei der Gewichtung erhält das wichtigste Kriterium die höchste Gewichtung. Die Gesamtpunktzahl muss immer 1,00 ergeben.
2. Beurteilen Sie durch Vergabe von jeweils 0–4 Punkten, inwieweit die Lieferanten den Anforderungen gerecht werden!
   0 = mangelhaft
   1 = ausreichend
   2 = befriedigend
   3 = gut
   4 = sehr gut
3. Gewichten Sie Ihre Beurteilung (Gewichtungsziffer multipliziert mit der Beurteilungspunktzahl) und addieren Sie die Punktzahlen der einzelnen Kriterien zu einer Gesamtpunktzahl!

Anforderungen an den Lieferanten	Gewichtung der Anforderungen	Diesen Anforderungen entspricht die LINUK		Welle		Universal	
		Punkte	gewichtete Punkte	Punkte	gewichtete Punkte	Punkte	gewichtete Punkte
Bezugspreis (s. o.)							
Zuverlässigkeit (Qualität)							
Reklamationsabwicklung							
Sonderwünsche							
Liefertermintreue							
Umweltschutz							
Lieferzeit							
Summe		**Punkte**		**Punkte**		**Punkte**	

Ergebnis	

III. Begründeter Vorschlag für die Entscheidung

____

____

3 Über Preise verhandeln

Schulbuch S. 209–211

Situation:

Nachdem Cornelia Berg im Rahmen der Lieferantenauswahl die drei potenziellen Lieferanten miteinander verglichen hat, sucht sie ihren Abteilungsleiter Fabian Weber auf, um die weitere Vorgehensweise zu besprechen.

Herr Weber: Guten Morgen, Frau Berg. Ich habe schon auf Sie gewartet. Was hat Ihre Lieferantenauswahl ergeben?

Frau Berg: Guten Morgen, Herr Weber. Hinsichtlich der qualitativen Kriterien liegt die LINUK GmbH klar vorne. Preislich jedoch ist die Welle GmbH am günstigsten. Bezogen auf die gesamte Jahresverbrauchsmenge liegt die Welle GmbH bei ca. 601 000,00 EUR.

Herr Weber: Das habe ich befürchtet. Wenn wir den notwendigen Gewinn realisieren wollen, steht uns dieser Betrag für die Hubsäulen mit integriertem Elektromotor nicht zur Verfügung.

Frau Berg: Was schlagen Sie vor, Herr Weber?

Arbeitsauftrag:

Die Soester Büromöbel AG hat beschlossen, Vertreter der LINUK GmbH und der Welle GmbH für Freitag, den 04. 03. 20.. zu einem Gespräch zu bitten, um noch einmal über den Preis zu sprechen (aufgrund des Abschneidens in der quantitativen und qualitativen Analyse hat man sich entschieden, nicht mit der Universal Office Systems Ltd. zusammenzuarbeiten). Vonseiten der Soester Büromöbel AG ist geplant, **nacheinander** mit den Vertretern der beiden Lieferanten zu verhandeln. Eine endgültige Entscheidung soll dann am nächsten Tag getroffen werden.

Preisverhandlung 1	
SB AG Cornelia Berg (siehe Material 1)	LINUK GmbH Jürgen Geiger (siehe Material 2)
↑ **Gruppe 1**	↑ **Gruppe 2**

danach

Preisverhandlung 2	
SB AG Cornelia Berg (siehe Material 1)	Welle GmbH Monika Perscher (siehe Material 3)
↑ **Gruppe 3**	↑ **Gruppe 4**

Arbeitshinweise:

1. Bereiten Sie sich auf die Verhandlungen vor, indem Sie insbesondere folgende Aspekte berücksichtigen:
   - Setzen Sie sich innerhalb der Gruppe ein Verhandlungsziel.
   - Sammeln Sie schriftlich Argumente, um Ihren Standpunkt gegenüber dem potenziellen Vertragspartner vertreten zu können.
   - Bereiten Sie sich auch auf eventuelle Gegenargumente vor.
   - Ordnen Sie Ihre Argumente in der Reihenfolge, in der Sie sie verwenden wollen.
2. Wählen Sie einen Gruppensprecher, der die Verhandlungen führt.
3. Die übrigen Gruppenmitglieder haben die Aufgabe, die beiden Verhandlungsrunden mithilfe der zur Verfügung stehenden Auswertungsbogen (Material 4) aufmerksam zu beobachten.

Material 1: Rollenkarte – Frau Berg (Einkäuferin der Soester Büromöbel AG)

Rollenkarte Gruppe 1 / Gruppe 3

Name: **Cornelia Berg**
(Einkäuferin bei der Soester Büromöbel AG)

Informationen:

- Sie erhalten den Auftrag, den Einstandspreis durch geschicktes Verhandeln auf mindestens 580 000,00 EUR netto zu senken.
- Gelingt dies nicht, sollen die Verhandlungen abgebrochen werden.
- Sie möchten Ihren Abteilungsleiter unbedingt von Ihrem Verhandlungsgeschick überzeugen, daher haben Sie sich vorgenommen, einen noch günstigeren Preis zu erzielen.
- Die Soester Büromöbel AG ist vom Erfolg ihres neuen Sitz-/Steharbeitsplatzes überzeugt, sodass zukünftig mit höheren Bedarfsmengen zu rechnen ist.

Stichworte für die Argumentation

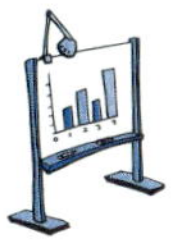

Material 2: Rollenkarte – Herr Geiger (Verkäufer der LINUK GmbH)

Rollenkarte Gruppe 2

Name: **Jürgen Geiger**
(Verkäufer bei der LINUK GmbH)

Informationen:

- Sie sind der Soester Büromöbel AG mit einem Verkaufspreis von insgesamt 604 278,51 EUR netto bezogen auf die jährliche Bestellmenge von 4420 Einheiten schon weit entgegengekommen, daher sind Sie nur ungern bereit, den Preis noch weiter zu senken.
- Die Kosten für die Hubsäulen mit integriertem Elektromotor liegen insgesamt bei 504 000,00 EUR, man rechnet bei der LINUK GmbH mit einem branchenüblichen Gewinnzuschlag von ca. 20 % (vereinfacht kann man sagen: Kosten + Gewinn = Verkaufspreis).
- Sie möchten sich Ihrem Abteilungsleiter als erfolgreicher Verkäufer präsentieren, daher versuchen Sie sich als äußerst zäher Verhandlungspartner zu erweisen.
- Ihr Unternehmen hat im letzten Jahr einen großen Kunden verloren, der Insolvenz anmelden musste, daher sind Sie grundsätzlich an neuen Kunden sehr interessiert.

Stichworte für die Argumentation

Material 3: Rollenkarte – Frau Perscher (Verkäuferin der Welle GmbH)

Rollenkarte Gruppe 4

Name: **Monika Perscher**
(Verkäuferin bei der Welle GmbH)

Informationen:

- Sie haben der Soester Büromöbel AG mit insgesamt 601 278,24 EUR netto bezogen auf die jährliche Bestellmenge von 4 420 Einheiten ein gutes Angebot unterbreitet, eine weitere Preissenkung möchten Sie nach Möglichkeit vermeiden.
- Die Kosten für die Hubsäulen mit integriertem Elektromotor liegen insgesamt bei 501 000,00 EUR, man rechnet bei der Welle GmbH mit einem branchenüblichen Gewinnzuschlag von ca. 20 % (vereinfacht kann man sagen: Kosten + Gewinn = Verkaufspreis).
- Um Ihre Aufstiegschancen zu verbessern, sind Sie sehr an einem guten Abschluss interessiert, daher wollen Sie sich in der Verhandlung als hartnäckige Verkäuferin präsentieren.
- Ihr Unternehmen hat im letzten Jahr aufgrund der schwierigen konjunkturellen Lage hohe Umsatzeinbußen hinnehmen müssen, daher sind Sie grundsätzlich sehr daran interessiert, neue Kunden zu gewinnen.

Stichworte für die Argumentation

Material 4: Auswertungsbogen

Auswertungsbogen	
Preisverhandlung 1:	**Soester Büromöbel AG – LINUK GmbH**
Was hat Ihnen gut gefallen?	**Was könnte man besser machen?**
Preisverhandlung 2:	**Soester Büromöbel AG – Welle GmbH**
Was hat Ihnen gut gefallen?	**Was könnte man besser machen?**

Schulbuch S. 214–218

4 Umweltbewusst wirtschaften

Situation:

Bei der Soester Büromöbel AG herrscht helle Aufregung. Die Quartalszahlen liegen vor. Aus diesem Grund bittet Kai Sörensen, Vorstandsvorsitzender der Soester Büromöbel AG, seine Führungscrew zu einer Besprechung zu sich:

SB Soester Büromöbel AG

Herr Sörensen: Guten Morgen, meine Damen und Herren. Schön, dass Sie alle kommen konnten. Der Anlass unseres Treffens ist jedoch weniger erfreulich. Herr Richter, bitte berichten Sie.

Herr Richter: *(nickt)* Wie Sie den Unterlagen entnehmen können, sind unsere Auftragseingänge stark rückläufig.

Herr Klein: Das verstehe ich nicht. So hoch sind unsere Preise doch nicht und die Qualität stimmt auch.

Herr Richter: Schon richtig, Herr Klein. Unsere Verkäufer weisen allerdings schon länger darauf hin, dass viele Kunden unser fehlendes Engagement in Umweltfragen beklagen.

Frau Sims: Nun ja. Ökologische Büromöbel stehen sicherlich hoch im Kurs. Sind wir denn auf diesem Gebiet so schlecht aufgestellt?

Herr Werner: Das ist eben die Frage. Ich denke, wir sollten ...

Arbeitsaufträge:

1. Als Mitarbeiter der Einkaufsabteilung werden Sie in das Projektteam „Nachhaltigkeit" berufen. Ihre Aufgabe besteht u. a. darin, eine Umweltverträglichkeitsprüfung für die von der Soester Büromöbel AG angebotenen Produkte durchzuführen. Bei Ihren Nachforschungen stoßen Sie auf einen Zeitschriftenartikel (Material 1), der auf ökologische Schwachstellen bei Büromöbeln hinweist. Führen Sie für die aufgeführten Produkte mithilfe der Vorlage (Material 2) eine Umweltverträglichkeitsprüfung durch und unterbreiten Sie konkrete Verbesserungsvorschläge.

2. In den Medien wird immer wieder darauf verwiesen, dass das Umweltbewusstsein in der Bevölkerung stark gestiegen ist. An der Supermarktkasse entscheiden sich die Verbraucher oft anders. Erklären Sie dieses Phänomen.

____

____

3. Der neu entwickelte Schreibtisch K50 soll dem Prinzip der Nachhaltigkeit stärker Rechnung tragen. Aus diesem Grund ist er mit einer langlebigen Massivholzarbeitsplatte und einem Gestell aus gebürstetem Edelstahl ausgestattet. Beim Zuschneiden der Arbeitsplatten fallen als Abfallprodukt große Mengen Holzspäne an. Erläutern Sie zwei Möglichkeiten, wie man die Holzspäne ökologisch sinnvoll nutzen könnte.

➤ ____

____

➤ ____

____

4. In der Situation „Lieferanten auswählen“ haben Sie sich für einen Lieferanten entschieden. Prüfen Sie, ob Sie vor dem Hintergrund einer stärkeren Ökologieorientierung bei der Soester Büromöbel AG eine andere Entscheidung getroffen hätten.

Material 1: Zeitschriftenartikel

Büromöbel im Umwelt-Focus

Vor allem in modernen, künstlich belüfteten oder frisch renovierten Bürohäusern fühlen sich die Mitarbeiter häufig nicht wohl. Die einen klagen über dauernde Müdigkeit, Kopfschmerzen, entzündete oder zu trockene Augen, verstopfte Nasen, Halsentzündungen oder Hautausschlag. Die anderen quälen sich mit wässrig-juckenden Augen und Triefnase herum. Viele Stunden ihres Lebens verbringen kaufmännische Angestellte und Beamte im Büro. Jeder zweite fühlt sich häufig schlapp und leistungsschwach. Das hat mehrere Gründe:

Noch immer stehen in den Büros Schreibtische aus Spanplatten. Spanplatten bestehen aus Holzspänen, die unter Zugabe von Bindemitteln, wie z. B. Leim, gepresst werden. Spanplatten bestehen zu einem großen Teil aus Alt- und Restholz, was durchaus als ökologischer Vorteil zu sehen ist, allerdings dünsten die verwendeten Bindemittel mit der Zeit Formaldehyd aus. Formaldehyd kann Atembeschwerden, Hautreizungen und allergische Reaktionen auslösen und steht im Verdacht, krebserregend zu sein. In Deutschland dürfen seit einigen Jahren nur noch E1-Spanplatten verwendet werden, die nicht mehr als 0,1 ppm (Parts per Million; 0,1 Teilchen Formaldehyd auf eine Million Teilchen Raumluft) ausdünsten dürfen. Ob sich alle Büromöbelhersteller daran halten, steht auf einem anderen Blatt.

Mittlerweile sind auch schon Spanplatten erhältlich, die „praktisch keine messbare Formaldehydemission“ aufweisen. Das Ergebnis lässt sich noch weiter verbessern, wenn die Spanplatten von allen Seiten furniert werden und die Spanplatten somit luftdicht abgeschlossen sind. Furnierung meint, dass auf die Spanplatte ein 0,3 mm bis 6 mm dickes Blatt aus Massivholz aufgetragen wird.

Wenn man Holzfurniere oder sogar Massivholz verwendet, sollte darauf geachtet werden, dass das Holz nicht aus den Tropen kommt. Die tropischen Regenwälder spielen für das Weltklima eine entscheidende Rolle. Ihre dichte Vegetation wirkt dem Treibhauseffekt entgegen. Durch Brandrodung und das Fällen von Bäumen werden in jeder Minute etwa 29 Hektar des tropischen Regenwaldes vernichtet. Aus optischen Gründen waren Tropenhölzer eine Zeitlang sehr beliebt.

Als Alternative zu den Tropenhölzern sollten einheimische Hölzer oder Hölzer aus dem angrenzenden Ausland, wie z. B. Esche oder Buche, verwendet werden. Entscheidend ist, dass die Hölzer aus einer nachhaltigen Forstwirtschaft stammen. Das heißt, dass nach dem Fällen der Bäume der Wald wieder aufgeforstet wird, sodass ein dauerhafter Holzertrag gewährleistet ist. Holzprodukte, die aus einer nachhaltigen Forstwirtschaft stammen, sind am FSC-Siegel (Forest Stewardship Council) zu erkennen. Es soll gewährleisten, dass Menschen und Natur fair und verantwortungsvoll behandelt werden.

Ein weiteres Problem ist in der Verwendung von Lacken zu sehen. Lacke erhöhen die Lebensdauer von Massivholzplatten, indem sie die Oberflächen dauerhaft vor Beschädigungen schützen (Kratzer, Wasserflecken etc.). Immer noch sind viele Lacke auf der Basis von Lösemitteln hergestellt. Derartige Lacke haben den Vorteil, dass sie nach dem Auftragen sehr schnell trocknen. Diese Lösemittel verdunsten jedoch nicht nur beim Auftragen des Lackes, sondern auch beim späteren Gebrauch der so behandelten Möbel und können dabei starke Reizungen der Augen oder Schleimhäute verursachen. Die umweltfreundlichere Alternative stellen Lacke dar, die auf Wasserbasis hergestellt werden. Das Trocknen dieser Lacke dauert zwar erheblich länger, dafür werden Gesundheitsgefährdungen und Umweltbelastungen verringert. Eine gute Orientierung für umweltfreundlichere Lacke bietet das Gütesiegel „Blauer Engel – umweltfreundlich, weil schadstoffarm“.

Der Einsatz von Kunststoffen ist ebenfalls ökologisch nicht vorteilhaft. Kunststoffe werden u. a. aus Erdöl hergestellt. Da die Erdölvorräte in absehbarer Zeit aufgebraucht sein werden, ist die Verwendung von Kunststoffen wenig ressourcenschonend. Ein weiteres Problem besteht darin, dass das Recycling mit besonderen Schwierigkeiten verbunden ist. Die vielen verschiedenen Kunststoffarten lassen sich nur dann recyceln, wenn sie vorher getrennt wurden. Da verschiedene Kunststoffarten in der Vergangenheit jedoch nicht gekennzeichnet wurden, ist dies außerordentlich schwierig. Verwendet man heute Kunststoff, so sollten die verschiedenen Arten zumindest gekennzeichnet sein, damit das Sortieren erleichtert wird. Generell gilt: wenn schon Kunststoffe, dann so wenig verschiedene Arten wie möglich.

Sehr problematisch sind auch die Verbundwerkstoffe. Hierbei handelt es sich um Werkstoffe, die aus verschiedenen Materialien zusammengesetzt sind, wie z. B. kunststoffbeschichtete Spanplatten oder auch Kunststoffgemische. Bei der Entsorgung können diese Materialien teilweise nur schwer, teilweise gar nicht voneinander getrennt werden.

Ein weiteres Problem ist die Verwendung von verchromten Teilen. Chrom, aus optischen Gründen gern verwendet, ist ein Schwermetall und in der Herstellung und bei der Entsorgung sehr umweltschädlich. Pulverbeschichtungen oder auch gebürsteter Edelstahl sind hier die ökologischeren Alternativen. Mittlerweile gibt es auch Beschichtungen in Chrom-Optik, die aber ohne Chrom auskommen.

Material 2: Formular Umweltverträglichkeitsprüfung

Umweltverträglichkeitsprüfung

Schreibtische

Modelle	Bestandteile	Ist-Zustand	Ökologische Probleme	Soll-Zustand (Verbesserungsvorschläge)
Deluxe	Arbeitsplatte	➤ Hochwertiges Mahagonifurnier (stammt aus Brasilien und wird über einen dortigen Großhändler bezogen; genauere Herkunft unbekannt). ➤ Hochglanzlack (lösemittelhaltig).		
	Gestell	➤ Verchromter Stahlrahmen.		
	Unterschrank	➤ Unterschrank mit Einlegeböden aus Mahagonifurnier (siehe Arbeitsplatte). ➤ Wie Arbeitsplatte lackiert.		
Standard	Arbeitsplatte	➤ E1-Spanplatte mit Formaldehydemissionen von 0,1 ppm (Oberseite und Kanten mit Furnier aus Buche beschichtet).		
	Gestell	➤ Kunststoffummantelter Stahlrahmen.		
	Unterschrank	➤ Unterschrank mit Einlegeböden aus E1-Spanplatten (alle sichtbaren Seiten kunststoffbeschichtet). ➤ Griffe aus Kunststoffgemisch.		

Fortsetzung der Situation:

Nachdem die ökologischen Schwachstellen der Schreibtische herausgearbeitet und Verbesserungsvorschläge unterbreitet wurden, findet folgendes Gespräch statt.

Herr Sörensen: Liebe Frau Kempe, sehr geehrte Herren, das sieht leider alles schlimmer aus, als ich dachte. Hier müssen wirklich drastische Maßnahmen ergriffen werden.

Herr Richter: Sie haben Recht, die von uns verwendeten Materialien sind wirklich alles andere als ökologisch. Frau Kempe, wir verlassen uns darauf, dass Sie als Bereichsleiterin Beschaffung diese Materialien ersetzen.

Frau Kempe: Ich werde mir Mühe geben, aber so einfach wie Sie sich das vorstellen, ist das leider nicht. Erst neulich habe ich im Handelsblatt einen Artikel gelesen, in dem es um umweltfreundliche Lacke ging. Leider ist nicht alles Gold, was glänzt. Das heißt, nicht jeder Lack, der auf Wasserbasis hergestellt wurde, ist automatisch als ökologisch unbedenklich zu bezeichnen. Selbst da gibt es große Unterschiede.

Herr Richter: Es gibt doch dieses Umweltzeichen, ich glaube, Blauer Engel heißt es.

Frau Kempe: Sie haben Recht, Herr Richter. Davon habe ich natürlich auch schon gehört.

Herr Sörensen: Wichtig ist mir aber auch, dass das Material nicht nur umweltverträglich ist, sondern auch umweltverträglich produziert wurde.

Herr Richter: Ich habe gehört, dass sich in letzter Zeit immer mehr Lieferanten diesbezüglich zertifizieren lassen.

Herr Sörensen: Das könnte ein Ansatz sein. Frau Kempe, holen Sie bitte auch in diesem Punkt entsprechende Informationen ein.

5. Erstellen Sie als Mitarbeiter der Abteilung Einkauf mithilfe des Zeitschriftenartikels (Material 3) eine Mindmap (Material 4), die alle wesentlichen Informationen zum Blauen Engel umfasst.

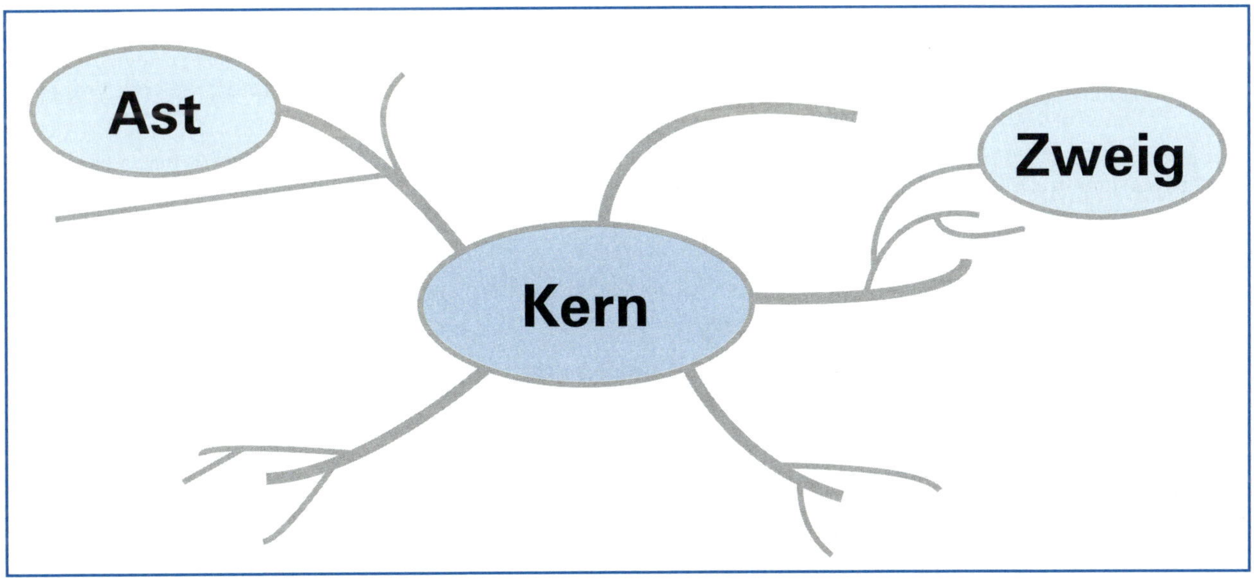

Material 3: Zeitschriftenartikel

Blauer Engel – Was steckt dahinter?

Produkte und Dienstleistungen, die mit dem Blauen Engel ausgezeichnet werden, sind umweltverträglicher als vergleichbare, konventionelle Produkte und Dienstleistungen. Für jede Produktgruppe, werden von einer unabhängigen Jury Kriterien festgelegt, die die Produkte und Dienstleistungen erfüllen müssen.

Geprüft werden insbesondere die Auswirkungen der Produkte und Dienstleistungen auf das Klima, die Ressourcen, das Wasser, den Boden und die Luft. Ebenfalls im Fokus der Prüfung stehen deren Auswirkungen auf den Menschen.

Produkte und Dienstleistungen mit dem Blauen Engel belasten die Umwelt bei gleicher Qualität weniger und schützen gleichzeitig die Gesundheit, indem sie zum Beispiel schädliche Substanzen für Umwelt oder Gesundheit vermeiden oder auf ein Mindestmaß beschränken, geringe Emissionen in Boden, Wasser oder Luft verursachen oder sich gut recyceln lassen.

Der Blaue Engel wird für etwa drei bis fünf Jahre vergeben. Danach muss das Unternehmen einen neuen Antrag stellen, um das Zeichen führen zu können. Um die fortschreitende technische Entwicklung zu berücksichtigen, überprüft das Umweltbundesamt auch alle drei bis vier Jahre seine Vergabekriterien. So sind die Unternehmen gezwungen, ihre Produkte immer umweltverträglicher zu gestalten.

Das Umweltzeichen wurde 1978 auf Initiative des Bundesministers des Inneren und durch den Beschluss der Umweltminister der Länder ins Leben gerufen. Seitdem ist der Blaue Engel ein freiwilliges Instrument der Umweltpolitik.

Weitere Infos unter **www.blauerengel.de**

Material 4: Mindmap-Vorlage

6. Nennen Sie die vier Schutzziele, die mit der Vergabe des Blauen Engels erreicht werden sollen.

	Schutzziele
1	
2	
3	
4	

7. Geben Sie an, welcher Blaue Engel (bezogen auf das Schutzziel) für folgende Produkte jeweils beantragt werden kann.

1	schadstoffarme Lacke	
2	Recyclingkopierpapier	
3	umweltfreundliche Rohrreiniger	
4	emissionsarme Büromöbel	
5	Solaranlagen	
6	Mehrwegflaschen	
7	emissionsarme Gasheizungen	
8	kläranlagenverträgliche Sanitärzusätze	

8. Recherchieren Sie neben dem Blauen Engel weitere Orientierungshilfen für umwelt- oder auch sozialverträgliche Produkte.

	Orientierungshilfe für umweltfreundliche Produkte
1	
2	
3	
4	
5	
6	

9. Veranschaulichen Sie mithilfe des folgenden Zeitschriftenartikels (Material 5) die Funktionsweise von EMAS, indem Sie das nachfolgende Schaubild (Material 6) ergänzen.

Material 5:

EMAS – das anspruchsvollste System für nachhaltiges Umweltmanagement

EMAS (Eco-Management and Audit Scheme) ist ein von den Europäischen Gemeinschaften 1993 entwickeltes Instrument für Unternehmen, die mehr für die Umwelt tun wollen.

EMAS ist ein auf Dauer angelegtes Umweltmanagementsystem, bei dem ein besonderes Augenmerk auf die Einhaltung der vom Staat festgelegten Umweltauflagen und die Verbesserung der tatsächlichen Leistungen in punkto Umweltschutz gelegt wird. Dabei geht es zum einen um die Verringerung des Energieverbrauchs, der Emissionen, des Abfalls und der Abwassermengen und zum anderen um indirekte Umweltschutzmaßnahmen, wie die Verlängerung der Lebensdauer von Produkten.

Jedes Unternehmen kann, unabhängig von der Größe oder Branche, an EMAS teilnehmen.

Die erfolgreiche Teilnahme an EMAS wird mit einem einheitlichen Logo nach außen kommuniziert und kann zu Werbezwecken genutzt werden.

EMAS
GEPRÜFTES UMWELTMANAGEMENT

Die Funktionsweise von EMAS in Kurzform

Bei der Bestandsaufnahme, der sogenannten (ersten) Umweltprüfung, werden die Auswirkungen der unternehmerischen Tätigkeit auf die Umwelt erfasst. Zudem werden die Stärken und Schwächen des Unternehmens in punkto Umweltschutz ermittelt.

Anschließend soll das Unternehmen ein Umweltmanagementsystem schaffen, in dem konkret festgelegt wird, welche Umweltziele erreicht werden sollen, wer im Unternehmen für den Umweltschutz verantwortlich ist, und welche Umweltschutzmaßnahmen durchgeführt werden sollen. In diesem Zusammenhang kann z. B. für die Einkaufsabteilung festgelegt werden, welche Materialien aufgrund ihrer umweltschädlichen Auswirkungen nicht mehr verwendet werden dürfen oder dass bei der Vergabe von Aufträgen nur noch Lieferanten berücksichtigt werden, die einen Nachweis über die Einführung und Anwendung eines Umweltschutzsystems wie z. B. EMAS nachweisen können.

Danach müssen die teilnehmenden Unternehmen eine Umwelterklärung verfassen, in der die Öffentlichkeit über alle relevanten Aspekte in punkto Umweltschutz informiert wird.

Der letzte Schritt ist die Umweltbetriebsprüfung durch einen unabhängigen Umweltgutachter. Hierbei werden sowohl das Umweltmanagementsystem als auch die Umwelterklärung einer mehrtägigen Prüfung unterzogen.

Mit der anschließenden Registrierung durch die Industrie- und Handelskammer nach erfolgreicher Validierung des Unternehmens sind alle Voraussetzungen für die Verwendung des EMAS-Logos erfüllt. Validieren heißt in diesem Fall, dass überprüft wird, ob das vom Unternehmen entwickelte und eingesetzte Umweltmanagementsystem grundsätzlich geeignet ist, die angestrebten Umweltziele zu erreichen.

Die Registrierung gilt grundsätzlich für drei Jahre. Eine jährliche (kleinere) Begutachtung und Aktualisierung der Umwelterklärung soll in der Zwischenzeit eine kontinuierliche Verbesserung der Umweltleistung gewährleisten.

Weitere Infos unter www.emas.de

Material 6: Schaubild EMAS

Umweltmanagementsystem EMAS

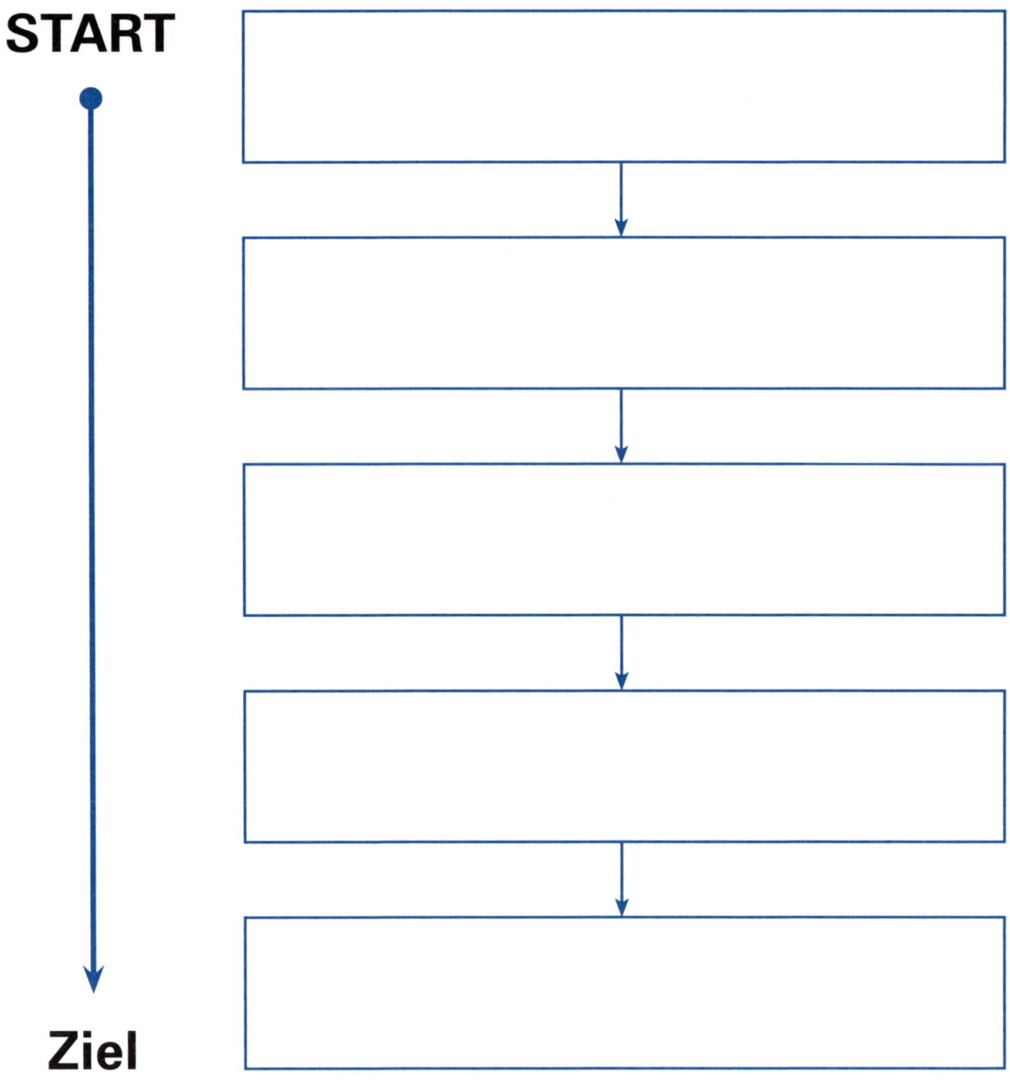

EMAS
GEPRÜFTES UMWELTMANAGEMENT

Zusatzinfos

- Die EMAS-Registrierung gilt grundsätzlich für ____________ Jahre.
- Die erfolgreiche Teilnahme an EMAS kann zu ____________________________ genutzt werden.
- Die Teilnahme an EMAS ist _____________________.

5 Rechtzeitig bestellen

Schulbuch S. 221–228

Situation:

Die Soester Büromöbel AG benötigt für die Herstellung ihrer Schreibtische u.a. große Mengen Metalllack, der für die Lackierung der Untergestelle verwendet wird. Der Metalllack wird mehrmals im Jahr in Fässern angeliefert, eingelagert und bei Bedarf von der Fertigungsabteilung abgerufen. Der Termin, an dem Cornelia Berg, Einkäuferin der Soester Büromöbel AG, bei dem Lieferanten eine neue Lieferung in Auftrag geben muss, wird als Bestellzeitpunkt bezeichnet. Er wird von Frau Berg mithilfe des Bestellpunktverfahrens verbrauchsgesteuert ermittelt.

Arbeitsaufträge:

1. Informieren Sie sich über das Bestellpunktverfahren (Material 1) und stellen Sie eine Tabelle (Material 3) auf, aus der die Entwicklung des Lagerbestands des Metalllacks (Farbe Schwarz) im Monat Juni ersichtlich wird. Lesen Sie hierzu die interne Mitteilung (Material 2) an Frau Berg.

2. Stellen Sie die Entwicklung des Lagerbestands im Monat Juni mithilfe eines Säulendiagramms grafisch dar (Material 3).

3. Untersuchen Sie die Entwicklung des Lagerbestands anhand folgender Leitfragen:

3.1 An welchem Tag wird der Mindestbestand erreicht?

Datum	

3.2 Bei welchem Lagerbestand muss der Metalllack neu bestellt werden?

Menge	

3.3 An welchem Tag ist der Metalllack zu bestellen?

Datum	

3.4 Welcher Lagerbestand wird sofort nach dem Eintreffen des bestellten Metalllacks erreicht?

Menge	

3.5 Welches Problem tritt auf, wenn sich die Lieferung um 3 Tage verzögert? Erläutern Sie die Folgen, die sich hieraus für die Soester Büromöbel AG ergeben.

Verzögerung	Problem	Mögliche Folgen
3 Tage		

3.6 Wie können die unter Arbeitsauftrag 3.5 angesprochenen Probleme vermieden werden?

➤ ______________________________

➤ ______________________________

4. Vervollständigen Sie den Lückentext zu den Beschaffungsverfahren (Material 4).

5. Neben dem Bestellpunktverfahren kann im Rahmen der verbrauchsgesteuerten Bestellauslösung das Bestellrhythmusverfahren angewandt werden. Erläutern Sie, worin Sie den wesentlichen Vor- bzw. Nachteil bei diesem Verfahren sehen.

➤ **Vorteil:** ______________________________

____

➤ **Nachteil:** ______________________________

____

6. Beschreiben Sie, welche beiden Beschaffungsziele durch den Einsatz des Bestellpunktverfahrens erreicht werden sollen.

➤ **Beschaffungsziel 1:** ______________________________

➤ **Beschaffungsziel 2:** ______________________________

7. Die Ziele der Beschaffung sind vielfältig. Ordnen Sie die unten aufgeführten Maßnahmen den folgenden Beschaffungszielen zu. Beachten Sie, dass in einzelnen Fällen Mehrfachnennungen denkbar sind:

Beschaffungsziele:

1 = Sicherung des Produktionsablaufs
2 = Minimierung der Beschaffungskosten
3 = Minimierung der Lagerhaltungskosten
4 = Minimierung der Fehlmengenkosten
5 = Hohe Beschaffungsflexibilität
6 = Umweltschutz
7 = Qualitätssicherung
8 = keine Zuordnung möglich

Maßnahmen:

a) Cornelia Berg achtet bei der Lieferantenauswahl darauf, Lieferanten zu finden, die kurzfristig in der Lage sind, auch größere Bestellmengen zu liefern.	
b) Aufgrund der Vorkommnisse der letzten Zeit hat die Geschäftsführung entschieden, den Mindestbestand (eiserne Reserve) aufzustocken.	
c) Bevor Cornelia Berg bei einem neuen Lieferanten bestellt, führt sie vor Ort eine Betriebsbesichtigung durch.	
d) Aufgrund des Auftragsrückgangs im letzten Jahr hat sich der Vorstand entschieden, einen neuen Schreibtisch zu entwickeln.	
e) Cornelia Berg versucht in Preisverhandlungen mit den Lieferanten gute Konditionen auszuhandeln.	
f) In den Einkaufsrichtlinien der Soester Büromöbel AG findet sich die Vorgabe, dass nur Materialien eingekauft werden dürfen, die recycelt werden können.	
g) Die Umstrukturierung in der Lagerabteilung hat dazu geführt, dass drei Mitarbeiter das Unternehmen verlassen müssen.	

8. Frau Berg würde gerne den gesamten Jahresbedarf an Metalllack auf einmal bestellen. Herr Heger, Leiter des Werkstofflagers, ist jedoch strikt dagegen. Stellen Sie dar, welche unterschiedlichen Ziele Frau Berg und Herr Heger verfolgen.

➤ Frau Berg ____

____

____

➤ Herr Heger ____

____

____

Material 1: Auszug aus dem Beschaffungshandbuch der Soester Büromöbel AG

1 x 1 der Lagerhaltung

Verbrauchsgesteuerte Bestellauslösung

Bei der verbrauchsgesteuerten Bestellauslösung wird der Bestellvorgang auf Basis des in der Lagerdatei erfassten Lagerbestands ausgelöst. Der Vorteil liegt in dem relativ geringen Dispositionsaufwand. In der Praxis werden häufig Werkstoffe wie z. B. Schrauben, Muttern, Klebstoffe und Lacke verbrauchsgesteuert disponiert.

Im Rahmen der verbrauchsgesteuerten Disposition wird zwischen dem Bestellpunkt- und dem Bestellrhythmusverfahren unterschieden.

Das **Bestellpunktverfahren** ist eine Methode, um festzustellen, zu welchem Zeitpunkt die zur Produktion benötigten Werkstoffe bestellt werden müssen. Beim Bestellpunktverfahren wird der Lagerbestand nach jeder Entnahme überprüft. Wird ein bestimmter Lagerbestand, Meldebestand genannt, erreicht, wird der Einkaufsabteilung mitgeteilt, dass wieder neue Werkstoffe bestellt werden müssen. Zur Absicherung gegen Lieferzeitüberschreitungen der Lieferanten oder auch Mehrverbrauch wird für jeden Werkstoff ein Mindestbestand (eiserner Bestand oder auch Sicherheitsbestand genannt) festgelegt. Er soll unter normalen Bedingungen niemals angegriffen werden. Aus diesem Grund muss der Meldebestand so hoch sein, dass die neue Lieferung eintrifft, bevor der Mindestbestand angegriffen wird. Wie hoch der Mindestbestand anzusetzen ist, kann nur aufgrund von Erfahrungswerten entschieden werden.

Daraus ergibt sich folgende Berechnungsformel:

$$\text{Meldebestand} = (\text{Tagesverbrauch} \cdot \text{Lieferzeit}) + \text{Mindestbestand}$$

Beim **Bestellrhythmusverfahren** werden die Werkstoffe zu festen Terminen (unabhängig vom aktuellen Bestand) aufgrund einer Bedarfsprognose bestellt. Der Kontrollaufwand ist bei diesem Verfahren wesentlich geringer als beim Bestellpunktverfahren. Das Bestellrhythmusverfahren führt zu überhöhten Lagerbeständen, wenn der Verbrauch hinter der Bedarfsprognose zurückbleibt. Ist der Verbrauch jedoch höher als erwartet, kann es zu Produktionsausfällen aufgrund fehlender Werkstoffe kommen.

Material 2: Interne Mitteilung

Interne Mitteilung

Soester Büromöbel AG

an: Cornelia Berg (Einkauf)
von: Lisa Stein

Abteilung: Lager
Datum: 01.06.20..
Zeichen: st

Daten zum Metalllack Schwarz

Durchschnittlicher Verbrauch:	50 l pro Kalendertag
Reserve (Mindestbestand):	100 l (wegen möglicher Verbrauchsschwankungen)
Lieferzeit:	5 Tage
Aktuelle Bestellmenge:	600 l je Bestellung

Zusatzinfos:

- Am Nachmittag des 01.06.20.. wurde ein Lagerbestand von 500 l ermittelt.
- Es wird an 30 Arbeitstagen gearbeitet.
- In der Fertigung endet die tägliche Arbeitszeit um 15:00 Uhr.
- Die Ermittlung des aktuellen Lagerbestands erfolgt täglich gegen 15:30 Uhr.
- Neulieferungen erreichen die Soester Büromöbel AG gegen 16:00 Uhr und werden noch am gleichen Tag bestandsmäßig erfasst.

Mit freundlichen Grüßen

Lisa Stein

Material 3: Entwicklung der Lagerbestände (tabellarisch und grafisch)

Lagerbestand „Metalllack schwarz“ Juni/20..									
Tag	Lagerbestand	Tag	Lagerbestand	Tag	Lagerbestand	Tag	Lagerbestand	Tag	Lagerbestand
1	500	7		13		19		25	
2	450	8		14		20		26	
3		9		15		21	700	27	
4		10		16		22		28	
5		11		17		23		29	
6		12		18		24		30	

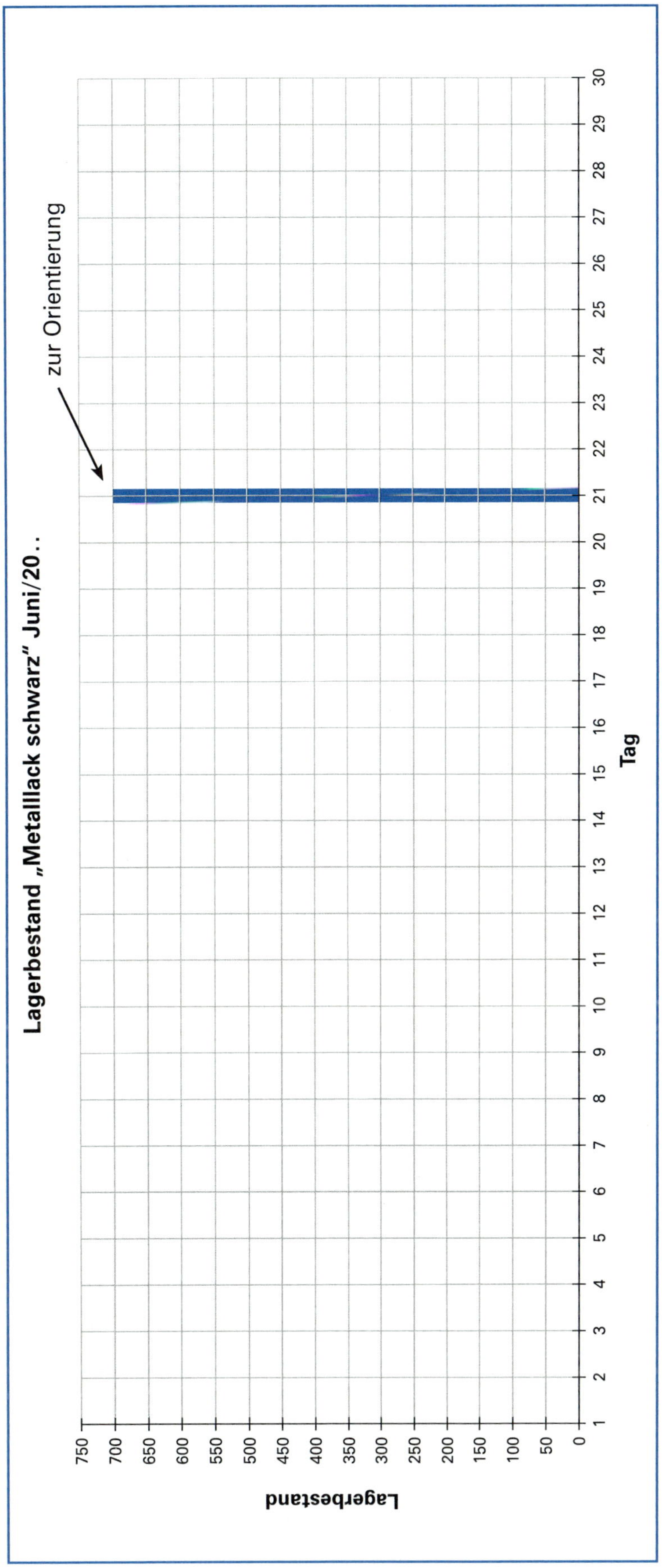

Material 4: Lückentext zu den Bestellverfahren

Bestellverfahren wie das Bestellpunkt- und das (1) ______________________ sollen (2) ______________________, dass immer genügend (3) __________________ auf Lager liegt. Produktionsstillstände sollen so (4) ____________________ werden. Mithilfe des **Bestellpunktverfahrens** kann der (5) _________________________ genau ausgerechnet werden. Zu diesem Zweck wird jede (6) ____________________ in der Lagerdatei festgehalten. Ist der (7) ______________________ erreicht, bekommt der Einkauf die Information, dass er (8) ______________ Werkstoffe bestellen muss. Der Meldebestand ergibt sich aus der Verbrauchsmenge während der (9) ____________________________ und dem Sicherheitsbestand, auch (10) _________________________ genannt. Für den Meldebestand ergibt sich daher die folgende Berechnungsformel: (11) (_________________________ · Wiederbeschaffungszeit) + (12) _________________________. Die Auffüllmenge, d.h., die Menge die (13) ________________ werden soll, ist im Vorfeld festzulegen. Der Höchstbestand wird unmittelbar nach Eingang einer neuen (14) __________________ erreicht. Er setzt sich aus dem (15) _________________________ und der (16) _______________________ zusammen.

Der Mindestbestand ist der Bestand, der unter normalen Umständen (17) __________ angegriffen werden sollte. Zwei Situationen sind denkbar, die zu einer Inanspruchnahme des Mindestbestands führen können: ungeplante Erhöhungen des täglichen (18) __________________ oder eine unvorhergesehene Verlängerung der (19) ________________________________. Die Ursache für Verbrauchssteigerungen kann z.B. in einer erhöhten (20) ___________________ nach den Produkten des betreffenden Unternehmens liegen. (21) ________________________ seitens der Lieferanten wiederum führen dazu, dass die Wiederbeschaffungszeiten länger dauern als geplant.

Das **Bestellrhythmusverfahren** ist eine Alternative zum Bestellpunktverfahren. Hier wird häufig mit dem Lieferanten ein (22) ________________________ geschlossen. In diesem Vertrag wird mit dem Lieferanten vereinbart, dass in (23) _______________________ Zeitabständen, z.B. alle drei Monate, eine immer (24) ________________, im Vertrag festgelegte Menge (25) _____________ wird.

Füllwörter									
1	Bestellmenge	6	geliefert	11	Mindestbestand	16	nicht	21	vermieden
2	Bestellrhythmusverfahren	7	gleiche	12	Mindestbestand	17	Rahmenvertrag	22	Wiederbeschaffungszeit
3	bestellt	8	Lieferprobleme	13	Mindestbestand	18	regelmäßigen	23	Lieferung
4	Bestellzeitpunkt	9	Material	14	Nachfrage	19	sicherstellen	24	Verbrauchs
5	Entnahme	10	Meldebestand	15	neue	20	Tagesverbrauch	25	Wiederbeschaffungszeit

6 Die Lagerkosten senken (Just-in-time-Verfahren)

Schulbuch S. 226–229

Situation:

Am Montag, den 07.03.20.., telefonieren die beiden Bereichsleiter der Soester Büromöbel AG, Ralf Richter und Peer Klein, miteinander, um die aktuelle Lage zu besprechen.

Herr Richter: Herr Klein, gerade eben hat mir ein aufgebrachter Stammkunde mitgeteilt, dass die für letzte Woche bestellten Büroschränke immer noch nicht angeliefert wurden. Und damit nicht genug: Auch die Kundenreklamationen aufgrund fehlerhafter Produkte häufen sich seit einem halben Jahr auffällig. Was ist denn da los bei Ihnen?

Herr Klein: Nun ja, vor zwei Wochen konnten wir mehrere Tage nicht produzieren. Da ist so einiges liegen geblieben.

Herr Richter: Liegt das etwa an unserem etwas in die Jahre gekommenen Maschinenpark oder sind vielleicht unerwartet viele Mitarbeiter krank geworden?

Herr Klein: Nein, daran liegt es nicht. Vor einem Jahr haben wir unsere Lagerhaltung auf das Just-in-time-Verfahren umgestellt. Damit fingen unsere Probleme an. ...

Arbeitsaufträge:

1. Beschreiben Sie das Just-in-time-Verfahren anhand folgender Gesichtspunkte:

   - Bedeutung des Just-in-time-Verfahrens (Definition)
   - Hauptziel des Just-in-time-Verfahrens
   - Drei Voraussetzungen, die gegeben sein müssen, um das Just-in-time-Verfahren verwirklichen zu können.

   Verwenden Sie hierfür das folgende Schaubild:

Just-in-time-Verfahren

Definition

____

____

____

Hauptziel

____

3 Voraussetzungen

- ______________________________
- ______________________________
- ______________________________

2. Benennen Sie die beiden im Einstiegsdialog angesprochenen Probleme und erläutern Sie, inwiefern sie auf das Just-in-time-Verfahren zurückzuführen sind.

	Problemfeld 1	Problemfeld 2
Problem		
Erläuterung		

3. Beurteilen Sie das Just-in-time-Verfahren aus ökologischer Sicht.

____

____

____

____

4. Nennen Sie, bezogen auf die unter Arbeitsauftrag 2 und 3 angesprochenen Probleme, fünf Lösungsalternativen und erläutern Sie eine Alternative Ihrer Wahl. Nutzen Sie hierzu Material 1 als Informationshilfe.

	Lösungsalternativen	X	Erläuterung der angekreuzten Lösungsalternative
1			
2			
3			
4			
5			

5. Entscheiden Sie, wie sich der Einsatz des Just-in-time-Verfahrens auf folgende Beschaffungsziele auswirkt.

1 = positiv 2 = negativ 3 = neutral

Beschaffungsziele:

a) Sicherung des Produktionsablaufs	
b) Umweltschutz	
c) Minimierung der Lagerhaltungskosten	
d) Minimierung der Fehlmengenkosten	
e) Qualitätssicherung	

Material 1: Informationsbroschüre der Unternehmensberatung Robert Buschner

Das 1 x 1 des modernen Einkaufs

Just in time – Probleme sind lösbar

Im Rahmen der Just-in-time-Anlieferung kommt es häufig zu Problemen, wie unpünktliche Lieferungen durch hohes Verkehrsaufkommen und tendenziell höhere Transportkosten durch viele nicht voll ausgelastete Fahrten.

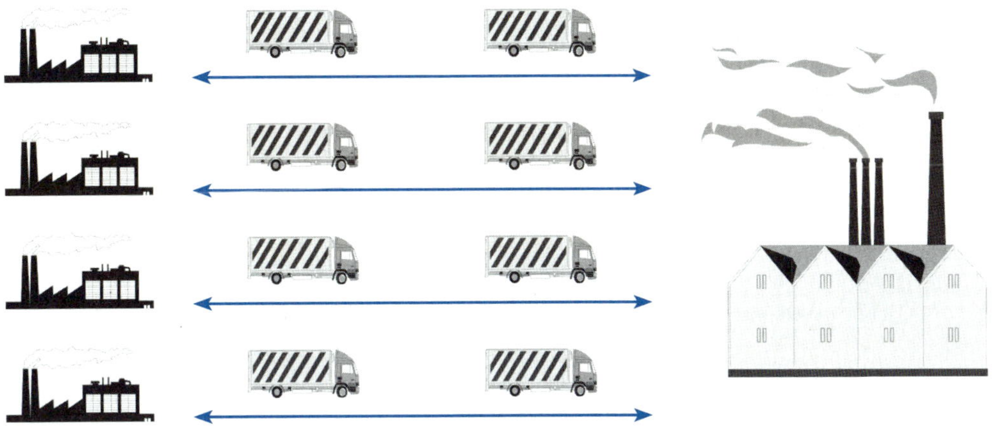

Um diese Probleme zu verringern sind im Laufe der Zeit mehrere Konzepte entwickelt worden, die insbesondere von der Automobilindustrie genutzt werden.

Werden Güter z.B. in Containern auf einem Teil der Strecke mit dem Lkw und auf einem anderen Teil der Strecke mit der Bahn transportiert, spricht man vom **kombinierten Verkehr.** Die Güter werden beim Kunden in Container verladen, per Lkw über die Straße abgeholt und zum nächsten Containerterminal gebracht (Straßenabholung). Hier werden die Container vom Lkw auf die Bahn verladen. Sie werden nun per Schiene zum Containerterminal des Zielortes transportiert (Schienentransport). Dort werden die Container wieder auf den Lkw verladen und über die Straße zum Empfänger befördert (Straßenzustellung).

Ein **JIT-Lager** ist ein vom Lieferanten betriebenes Lager in räumlicher Nähe zum Hersteller. Die kurze Transportentfernung vom JIT-Lager zum Werk des Herstellers gewährleistet eine hohe Liefertermintreue. Der Transport der Werkstoffe zum JIT-Lager kann zum Teil umweltfreundlich mit der Bahn im kombinierten Verkehr durchgeführt werden. Berechnungen haben ergeben, dass sich bei Anlieferungsfrequenzen ab viermal pro Tag und durchschnittlich 300 Kilometern je Transport die Einrichtung eines JIT-Lagers betriebswirtschaftlich lohnen kann.

Unter einem **Industriepark,** auch Lieferantenpark genannt, wird eine gemeinschaftliche Ansiedlung von mehreren Lieferanten eines Herstellers in der Nähe des Produktionsstandortes verstanden. Die einzelnen Lieferanten arbeiten selbstständig, können aber z.B. gemeinsame Büroräume nutzen.

Stellt der Hersteller im eigenen Werk Lagermöglichkeiten für den Lieferanten zur Verfügung, spricht man vom **Konsignationslager.** Der Lieferant ist für die Lieferbereitschaft zuständig. Voraussetzung hierfür ist, dass der Lieferant über den mittelfristigen Bedarf Bescheid weiß. Die Werkstoffe können just in time entnommen und für die Produktion verwendet werden.

Beim **Milk-run-System** werden auf einer definierten Tour Lieferanten des Herstellers vom Spediteur angefahren. Hierbei wird eine festgelegte Strecke mit vorgegebenen Abholzeiten sowie Mengen eingehalten. Die gesammelten Güter werden just in time beim Hersteller angeliefert.

Schulbuch S. 228–230

7 Eigenfertigung vs. Fremdbeschaffung

Situation:

Jeden Montag sitzt die Führungsriege der Soester Büromöbel AG zusammen, um die aktuelle Lage zu besprechen.

Herr Richter: Wie Sie wissen, hat uns die Pro Secura AG letzte Woche einen Auftrag über 300 Schreibtische erteilt, die nach speziellem Kundenwunsch gefertigt werden sollen. Heute morgen ist die Pro Secura AG mit dem Wunsch an uns herangetreten, die Schreibtische mit jeweils einem Rollcontainer auszustatten.

Frau Özdemir: Das ist interessant. Wir im Verkauf haben in den letzten Wochen ebenfalls zahlreiche Anfragen erhalten, ob es nicht möglich wäre, unsere Schreibtische mit Rollcontainern zu versehen. Auch ein aktuelles Umfrageergebnis bestätigt, dass Schreibtische mit Rollcontainern stark im Trend liegen.

Herr Klein: Dann sollten wir doch entsprechende Rollcontainer herstellen und unsere Schreibtische damit ausrüsten.

Herr Richter: Ganz meine Meinung, um auf dem Markt erfolgreich zu bleiben, müssen wir uns an den Wünschen unserer Kunden orientieren. Herr Klein, ist das denn produktionstechnisch so ohne Weiteres machbar?

Herr Klein: Das denke ich schon, wir könnten die Rollcontainer aber auch …

Arbeitsaufträge:

1. Informieren Sie sich zunächst über das Thema „Make or buy“ (Material 4). Führen Sie anschließend für verschiedene Produktionsmengen (5000–15000 Stück) einen Kostenvergleich zwischen der Eigenfertigung und der Fremdbeschaffung von Rollcontainern durch. Vergleichen Sie hierzu die bei der Eigenfertigung anfallenden Kosten je Rollcontainer (Stückkosten) mit den beim Fremdbezug zu veranschlagenden Bezugspreisen je Stück (Material 1 und Material 2). Berücksichtigen Sie, dass die Soester Büromöbel AG regelmäßig Skonto nutzt. Nutzen Sie hierzu die vorgegebene Tabelle (Material 3).

2. Unterbreiten Sie einen Vorschlag, für welche Alternative sich die Soester Büromöbel AG bei der geplanten jährlichen Produktionsmenge entscheiden sollte.

   ____

   ____

   ____

3. Begründen Sie, ab welcher Stückzahl es sinnvoll ist, die benötigten Rollcontainer selbst zu fertigen.

   ____

   ____

   ____

4. Stellen Sie den Kostenvergleich von Eigenfertigung und Fremdbeschaffung grafisch dar (Material 3).

5. Nicht nur in der Fertigung, sondern auch in anderen Unternehmensbereichen werden heutzutage Aufgaben von externen Dienstleistern übernommen, die früher von eigenen Mitarbeitern erledigt wurden. Man spricht in dem Zusammenhang auch von Auslagerung oder Outsourcing.

Nennen Sie Beispiele.

➤ ______________________ ➤ ______________________

➤ ______________________ ➤ ______________________

6. Entscheiden Sie in den folgenden Fällen, ob es sich um einen Vorteil bzw. Nachteil der Eigenfertigung oder der Fremdbeschaffung handelt. Gehen Sie hierbei davon aus, dass das zu beschaffende Bauteil bislang nicht hergestellt wurde.

Nr.	Aspekte	Eigenfertigung (EF) oder Fremdbeschaffung (FB)	Vorteil (V) oder Nachteil (N)
1	Hohe Abhängigkeit vom Lieferanten		
2	Erhöhte Anforderungen an die Produktionsplanung		
3	Geringerer Einfluss bei der Einhaltung von Lieferterminen		
4	Höhere Flexibilität bei Nachfrageänderungen		
5	Kostenvorteile durch Spezialisierung auf bestimmte Produkte		
6	Hohe Kapitalbindung (Investitionen ins Anlagevermögen)		
7	Größerer Einfluss auf Qualitätssicherungsmaßnahmen		
8	Fehlende Erfahrung bei der Herstellung des Erzeugnisses		
9	Bessere Auslastung der Produktion bei Kapazitätsreserven		
10	Betriebsgeheimnisse können besser gewahrt werden		

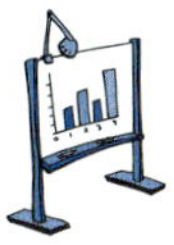

Material 1: Interne Mitteilung

Interne Mitteilung

SB Soester Büromöbel AG

an: Adam Rosicky (Arbeitsvorbereitung)
von: Peter Wenz

Abteilung: BH
Datum: 14.03.20..
Zeichen: we

Produktion von Rollcontainern

Nach eingehender Überprüfung der bestehenden **Produktionskapazitäten** sind wir zu dem Ergebnis gekommen, dass unser Unternehmen über Maschinen und Mitarbeiter verfügt, um jährlich 15 000 Rollcontainer produzieren zu können. Somit stellt die **geplante Produktion** von **jährlich 8 000 Rollcontainern** überhaupt kein Problem dar. Auch entsprechende **Lagerkapazitäten** sind vorhanden. Gemäß Kostenrechnung ist bei Eigenfertigung mit folgenden **Kosten** zu rechnen:

Fixe Gesamtkosten: 260 000,00 EUR pro Jahr
Variable Stückkosten: 340,00 EUR pro Stück

Mit freundlichen Grüßen

Peter Wenz

Material 2: Angebot der Goldberg GmbH

Goldberg GmbH

zuverlässig und kompetent

Schweriner Str. 86 ❖ 33605 Bielefeld

Goldberg GmbH ❖ Schweriner Str. 86 ❖ 33605 Bielefeld
Soester Büromöbel AG
Industriepark 5
59494 Soest

Ihr Zeichen:	be
Ihre Nachricht vom:	13.03.20..
Unser Zeichen:	bau
Unsere Nachricht vom:	
Name:	Heike Baumann
Telefon:	0521 773–75
Telefax:	0521 773–76
E-Mail:	h.baumann@goldberg.de
Datum:	14.03.20..

Angebot Rollcontainer

Sehr geehrte Frau Berg,

für Ihr Interesse an unseren Produkten danken wir Ihnen und bieten Ihnen die gewünschten Rollcontainer zu folgenden Konditionen an:

Rollcontainer RC 960
Holzausführung, hochwertige Qualität, Farbe nach Wunsch
Bestellnummer: 426 489

Listenverkaufspreis (netto): 367,35 EUR je Stück inkl. Verpackung zzgl. USt.[1]

Sie erhalten die Ware frei Haus, d.h., wir übernehmen die Transportkosten. Die Lieferzeit beträgt 14 Tage nach Auftragseingang. Sie haben die Möglichkeit, unsere Rechnungen innerhalb von 14 Tagen nach Rechnungsdatum mit 2 % Skonto oder 60 Tage netto Kasse zu begleichen.

Gern erwarten wir Ihre Bestellung, die wir sorgfältig ausführen werden.

Mit freundlichem Gruß

Goldberg GmbH

i. A. *Heike Baumann*

Heike Baumann

Geschäftsführer:	**Handelsregister:**	**Bankverbindung:**	**Kommunikation:**
Gerd Goldberg	Amtsgericht Bielefeld HRB 12945	Sparkasse Bielefeld	Telefon: 0521 773-0
Monika Siebert	**Finanzamt Bielefeld**	IBAN: DE80 4805 0161 0247 8628 48	Telefax: 0521 773-1
Sitz der Gesellschaft:	Steuernummer: 78886384552	BIC: SPBIDE3BXXX	E-Mail: mail@goldberg.de
Bielefeld	USt-ID-Nummer: DE272666967		

1 Die im Angebot ausgewiesene Umsatzsteuer wird beim Kostenvergleich nicht berücksichtigt. Sie wird zwar zunächst an den Verkäufer überwiesen, jedoch am Ende des Monats von der Steuerschuld des Käufers abgezogen. Es handelt sich somit um einen sogenannten durchlaufenden Posten.

Material 3: Entscheidungstabelle und Grafik

Menge (Stück)	fixe Kosten (gesamt) in EUR	variable Kosten (gesamt) in EUR	Gesamtkosten in EUR	Stückkosten in EUR	Bezugspreis je Stück in EUR	Entscheidung: make or buy
5 000						
6 000						
7 000						
8 000						
9 000						
10 000						
11 000						
12 000						
13 000						
14 000						
15 000						

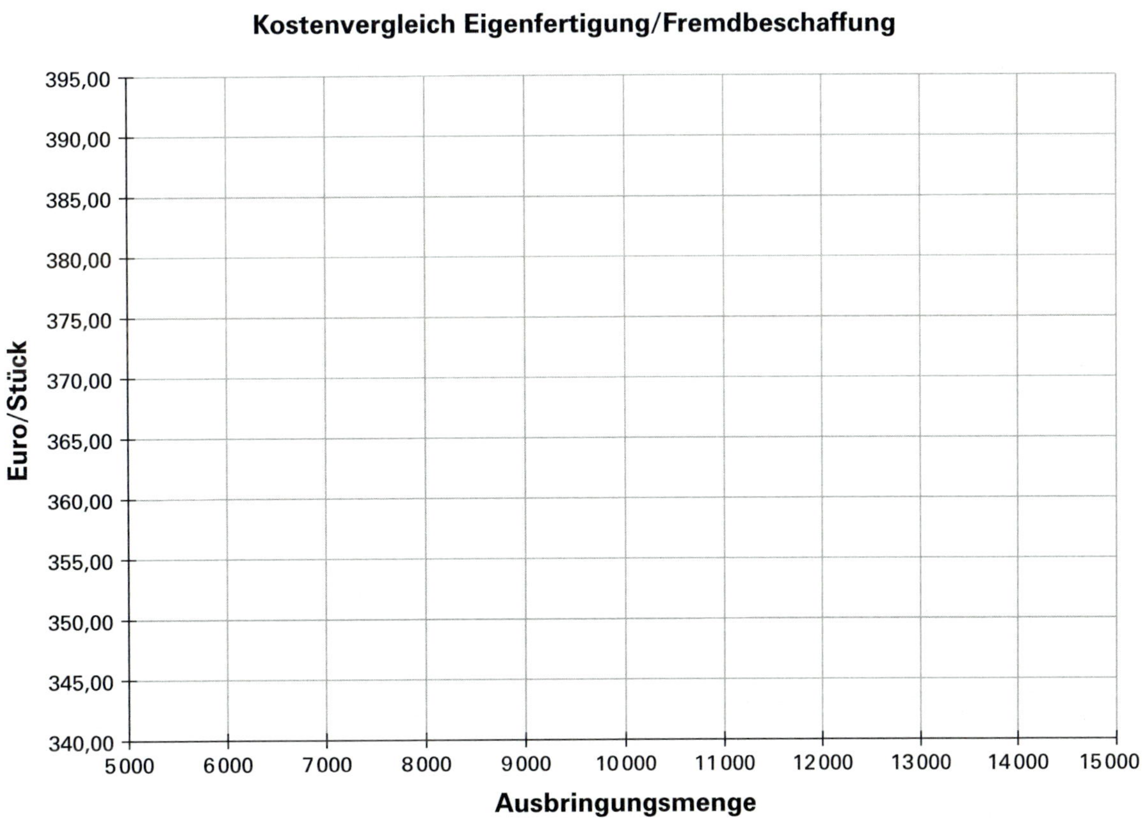

Material 4: Informationsbroschüre der Unternehmensberatung Robert Buschner

Das 1 x 1 der modernen Fertigung

Make or buy? – Outsourcing steht hoch im Kurs

Unternehmen stehen grundsätzlich vor der Entscheidung, ob sie Güter und Dienstleistungen selbst erstellen oder von anderen Unternehmen beziehen sollen. Entscheidet man sich dafür, bisher im eigenen Unternehmen erstellte Leistungen oder auch Leistungen, die bisher gar nicht erstellt wurden, von anderen Unternehmen zu beziehen, spricht man von Fremdbezug oder auch Outsourcing. Werden viele Komponenten eines Erzeugnisses fremdbezogen, spricht man von einer geringen Fertigungstiefe. Die Fertigungstiefe in der Automobilindustrie beträgt beispielsweise nur noch 25 %. Outsourcing findet nicht nur in der Fertigung statt, sondern erstreckt sich auch auf andere Unternehmensbereiche. Grundsätzlich kann man jede Leistung selbst erstellen oder kaufen. Die Entscheidung wird in der Regel aufgrund eines Kostenvergleichs getroffen. Darüber hinaus sind jedoch auch noch andere Kriterien zu berücksichtigen.

Kostenvergleich Eigenfertigung vs. Fremdbezug

Beim Kostenvergleich werden die bei der Eigenfertigung anfallenden Stückkosten mit dem auf dem Beschaffungsmarkt ermittelten Bezugspreis verglichen.

Die Stückkosten erhält man, indem man alle bei der Eigenfertigung anfallenden Kosten, auch Gesamtkosten genannt, durch die Zahl der herzustellenden Einheiten (Ausbringungsmenge) dividiert. Um die Gesamtkosten zu berechnen, müssen die fixen und variablen Kosten addiert werden.

Gesamtkosten

fixe Kosten (gesamt)

Die fixen Kosten (gesamt) sind unabhängig von der Ausbringungsmenge, d. h., sie fallen an, egal wie viel produziert wird.

Beispiel 1: Eine Maschine muss einmal im Jahr gewartet werden, unabhängig davon, wie viel Einheiten auf ihr produziert werden.

Beispiel 2: Für einen Lagerraum von 200 m² fallen Mietkosten an, unabhängig davon, ob 80 oder 800 Erzeugnisse gelagert werden.

variable Kosten (gesamt)

Die variablen Kosten (gesamt) ändern sich mit der Ausbringungsmenge. Je mehr Erzeugnisse man produziert, desto mehr Werkstoffe werden benötigt.

Beispiel: Für 80 Fahrräder benötigt man 160 Räder, für 800 Fahrräder hingegen 1.600 Räder.

Die Ausbringungsmenge, bei der die Kosten von Eigenfertigung und Fremdbezug gleich hoch sind, wird als kritische Menge bezeichnet. Sie kann mithilfe einer Entscheidungstabelle oder folgender Formel berechnet werden:

fixe Kosten (gesamt) + variable Kosten je Stück · Menge = Bezugspreis je Stück · Menge

Weitere Kriterien

Neben den Kosten spielen bei der Entscheidung Eigenfertigung oder Fremdbezug noch weitere Überlegungen eine Rolle, die sich nur schwierig oder indirekt in monetären Größen darstellen lassen würden.

Zieht ein Unternehmen die Eigenfertigung von Produkten in Erwägung, so muss es sich fragen, ob es technologisch, d. h. von der Ingenieursseite her, über die notwendige Kompetenz und Erfahrung verfügt, um das Erzeugnis fertigen zu können. Dies ist insbesondere von Bedeutung, wenn das Erzeugnis mit dem bisherigen Tätigkeitsbereich des Unternehmens nichts zu tun hat.

In diesem Zusammenhang muss der Unternehmer zudem prüfen, inwieweit insbesondere die Mitarbeiter der Fertigung in der Lage sind, diese zusätzlichen und neuen Tätigkeiten auszuführen. Es stellt sich also die Frage, ob die Mitarbeiter bereits über die benötigte Fachkompetenz verfügen oder ob sie erst geschult werden müssen. Ebenso kann es notwendig sein, zusätzliche Mitarbeiter einzustellen. Sofern für die beabsichtigte eigenständige Produktion andere Fertigungsprozesse erforderlich sind als für die bisher im Unternehmen hergestellten Erzeugnisse, müssen möglicherweise spezielle Maschinen und Werkzeuge beschafft werden.

Beim Fremdbezug stellt sich insbesondere das Problem, den oder die richtigen Lieferanten zu finden. Hat sich das Unternehmen für die Fremdfertigung entschieden, so kann es sein, dass die bereits aufgebauten und nun überflüssig werdenden Kapazitäten abgebaut werden müssen. Sollte es zu Lieferschwierigkeiten kommen, dann wäre es für das Unternehmen sehr schwierig, kurzfristig Ersatz für die ausgefallene Lieferung zu beschaffen, da es selbst nicht mehr über die notwendigen Kapazitäten zur Eigenfertigung verfügt. Dies betont die Bedeutung der Zuverlässigkeit des Lieferanten und die große Abhängigkeit, in die sich ein Unternehmen begibt. Die Zuverlässigkeit des Lieferanten muss in vielfältiger Hinsicht überprüft werden. Es liegt im Interesse des Unternehmens, dass die Lieferanten die Aufträge mengen-, termin- und qualitätsgerecht ausführen. Um die Wahrscheinlichkeit der ordnungsgemäßen Lieferung einschätzen zu können, wird man die wirtschaftliche Lage des Lieferanten genau überprüfen.

Sofern das Unternehmen eine langfristige Geschäftsbeziehung anstrebt und/oder in einer stark vom Wandel (Nachfragemenge, Geschmack) betroffenen Branche tätig ist, ist auch die Flexibilität des Lieferanten von großer Bedeutung.

Zudem sollte man sich fragen, ob das Unternehmen durch den Fremdbezug nicht in Abhängigkeit von der Produkt- bzw. Modellpolitik des Lieferanten gerät. Darüber hinaus kann durch den Fremdbezug langfristig Know-how im Unternehmen verloren gehen, welches für den zukünftigen Erfolg eines Unternehmens entscheidend sein kann.

Wenn Unternehmen mit ihren Lieferanten sehr eng zusammenarbeiten, besteht zudem die Gefahr, dass Betriebsgeheimnisse in Kenntnis des Lieferanten gelangen können und dass das Unternehmen mit Aufgabe bestimmter Geschäftsbereiche ein Stück seiner Identität verliert.

Darüber hinaus kann das Ansehen des Unternehmens Schaden nehmen, wenn die vom Lieferanten bezogenen Komponenten nicht die vereinbarte Qualität aufweisen, da Kunden das Erzeugnis in erster Linie mit dem verkaufenden Unternehmen und weniger mit dem Lieferanten verbinden, sofern sie überhaupt wissen, dass das Unternehmen diese Leistung fremdbezieht.

Anforderungssituation 2.2

Schulbuch S. 231–233

1 Die optimale Bestellmenge ermitteln

Situation:

Am Dienstagnachmittag ruft Fabian Weber, Leiter des Einkaufs, seine beiden Mitarbeiter Cornelia Berg und Holger Müller zu einer Lagebesprechung zusammen, um bestehende Probleme zu diskutieren.

Herr Weber: Leider muss ich Ihnen mitteilen, dass unsere derzeitige Auftragslage keinen Anlass zur Freude bietet. Dies ist insbesondere darauf zurückzuführen, dass unsere Konkurrenten mit massiven Preissenkungen versuchen, verloren gegangene Marktanteile zurückzuerobern. Das können wir nicht zulassen, vielmehr müssen auch wir über mögliche Preissenkungen nachdenken. Preissenkungen sind jedoch nur möglich, wenn es uns gelingt, Kosten einzusparen.

Frau Berg: Meiner Meinung nach muss unser besonderes Interesse dabei den innerbetrieblichen Abläufen gelten.

Herr Weber: Sehr richtig, Frau Berg. Denken Sie da an etwas Bestimmtes?

Frau Berg: Nun, wir sollten vor allem unsere Bestellpolitik überprüfen. Nehmen wir z. B. den Metalllack, den wir für die Lackierung unserer Erzeugnisse benötigen. Derzeit bestellen wir dreißigmal im Jahr jeweils 300 l. Bei jeder Bestellung fallen Kosten an, die völlig unabhängig von der bestellten Menge sind. So muss z. B. der Mitarbeiter bezahlt werden und außerdem verursachen Papier, Porto, Telefon etc. weitere Kosten.

Herr Weber: Was schlagen Sie also vor, Frau Berg?

Frau Berg: Wenn wir z. B. stattdessen nur fünfmal im Jahr bestellen würden, könnten erhebliche Kosten eingespart werden.

Herr Weber: Eine gute Idee, Frau Berg.

Herr Müller: Entschuldigen Sie, Herr Weber, da bin ich anderer Meinung. Bedenken Sie, dass bei nur fünf Bestellungen pro Jahr jeweils 1 800 l Metalllack geliefert würden. Wo sollen wir den denn lagern? Denken Sie auch an die zusätzlichen Lagerkosten, die durch die Lagerung einer größeren Menge anfallen.

Herr Weber: Da haben Sie auch wieder recht. Am besten wir vergessen das Ganze.

Herr Müller: Nun, ich glaube, ich habe da eine Idee …

Arbeitsaufträge:

1. Informieren Sie sich im „Handbuch Beschaffung" (Material 1) über die optimale Bestellmenge und ermitteln Sie anhand der Informationen von Material 2 die optimale Bestellmenge für den Metalllack mithilfe

   1.1 der Entscheidungstabelle (Material 3).

1.2 der Andler'schen Berechnungsformel:

$$\sqrt{\frac{200 \cdot \text{Jahresbedarf} \cdot \text{Bestellkosten je Bestellung}}{\text{Einstandspreis je Einheit} \cdot \text{Lagerhaltungskostensatz}^{1}}}$$

2. Nennen Sie vier Gründe, die ein Unternehmen veranlassen können, von der berechneten optimalen Bestellmenge abzuweichen.

Gründe, von der optimalen Bestellmenge abzuweichen	

3. Die Soester Büromöbel AG benötigt pro Jahr 60 000 l Motoröl für ihre Produktionsanlagen. Der Listeneinkaufspreis je l beträgt 8,00 EUR. Der Lieferant gewährt Rabatte, deren Höhe von der Abnahmemenge abhängt. Die Lieferung erfolgt frei Haus, d.h., Transportkosten fallen nicht an. Die Bestellkosten pro Bestellung betragen 100,00 EUR. Die Lagerhaltungskosten machen 10 % des durchschnittlichen Lagerbestands in EUR aus. Bisher wurden 20-mal im Jahr 3 000 l Motoröl bestellt. Der Mindestbestand beträgt 500 l Motoröl.

Mengenrabatte	
ab 4 000 l	10 %
ab 6 000 l	12 %
ab 20 000 l	15 %

Ermitteln Sie die optimale Bestellmenge für das Motoröl mithilfe der folgenden Entscheidungstabelle.

Anzahl der Bestellungen	Bestellmenge in l	Bestellkosten pro Bestellung in EUR	Bestellkosten (gesamt) in EUR	Durchschnittlicher Lagerbestand in l	Durchschnittlicher Lagerbestand in EUR	Lagerhaltungskosten in EUR	Gesamtkosten der Bestellmenge in EUR
25							
20							
15							
10							
5							

optimale Bestellmenge	

1 Den Lagerhaltungskostensatz erhält man, wenn man die Lagerhaltungskosten ins Verhältnis zum durchschnittlichen Lagerbestand in EUR setzt. Er ist generell ein Prozentsatz (z.B. 15 %). Im Rahmen der Andlerschen Berechnungsformel verwendet man jedoch nur ganze Zahlen (z.B. 15).

19 Merkur-Nr. 1620

Material 1: Handbuch Beschaffung

Kapitel Optimale Bestellmenge

Soester Büromöbel AG

Grundlagen

Ist der jährliche Materialbedarf an Werkstoffen anhand der zur Verfügung stehenden Unterlagen (Produktionsprogrammplanung, Stücklisten und Verbrauchsstatistiken) ermittelt, stellt sich die Frage, ob die jährlich benötigte Gesamtmenge eines Werkstoffes auf einmal oder in mehreren Teilmengen bestellt werden soll. Die Beantwortung der Frage ist von den anfallenden Bestell- und Lagerhaltungskosten abhängig.

Ist die Bestellmenge hoch, sind die Bestellkosten gering, da sich der Bestellvorgang nicht so oft wiederholt. Gleichzeitig sind jedoch die Lagerhaltungskosten hoch, da größere Mengen gelagert werden müssen. Ist die Bestellmenge niedrig, sind die Bestellkosten hoch, die Lagerhaltungskosten hingegen niedriger.

Die optimale Bestellmenge ist demnach die Menge, bei der die Summe aus fixen Beschaf-fungskosten (Bestellkosten) und Lagerhaltungskosten am niedrigsten ist.

Kosten, die die Bestellmenge bestimmen

Beschaffungskosten

variable Beschaffungskosten

verändern sich mit der Bestellmenge:

- benötigte Menge · Einstandspreis (= bewerteter Jahresverbrauch)
- Rabatte
- Transport- und Verpackungskosten

fixe Beschaffungskosten (Bestellkosten)

sind unabhängig von der Bestellmenge; Kosten, die bei jeder einzelnen Bestellung anfallen:

- Personalkosten
- Materialkosten
- Sachmittelkosten

Lagerhaltungskosten

- Kapitalbindungskosten
- Löhne & Gehälter
- Arbeitsmittel
- Versicherungsprämien
- Energiekosten
- ...

Berechnungshilfen

Ø Lagerbestand in Einheiten: $\frac{\text{Bestellmenge}}{2} + \text{Mindestbestand}$

Ø Lagerbestand in EUR: Ø Lagerbestand in Einheiten · Einstandspreis je Einheit

Lagerhaltungskosten in EUR: Ø Lagerbestand in EUR · Lagerhaltungskostensatz

Gesamtkosten der Bestellmenge: Bestellkosten (gesamt) + Lagerhaltungskosten

Material 2: Interne Mitteilung

Interne Mitteilung

SB Soester Büromöbel AG

an: Cornelia Berg (Einkauf)
von: Kai Meise

Abteilung: Einkauf
Datum: 26.04.20..
Zeichen: me

Informationen zum Hilfsstoff Metalllack

Jahresbedarf:	9000 l
Einstandspreis (Bezugspreis) je l:	10,60 EUR (Mengenrabatte werden nicht gewährt, Lieferung frei Haus, d.h., Transportkosten trägt der Lieferant)
Bestellkosten pro Bestellung:	90,00 EUR
Lagerhaltungskostensatz:	20 %
Mindestbestand:	50 l

Mit freundlichen Grüßen

Kai Meise

Material 3: Entscheidungstabelle

Anzahl der Bestellungen	Bestellmenge in l	Bestellkosten pro Bestellung in EUR	Bestellkosten (gesamt) in EUR	Durchschnittlicher Lagerbestand in l	Durchschnittlicher Lagerbestand in EUR	Lagerhaltungskosten in EUR	Gesamtkosten der Bestellmenge in EUR
30							
25							
20							
15							
10							
5							
1							

Die optimale Bestellmenge laut Entscheidungstabelle liegt bei ____________ !

Schulbuch
S. 235–245

2 Einen Beschaffungsvorgang durchführen

Situation:

Die Dachser GmbH bestellt bei der Soester Büromöbel AG 200 Bürostühle. Die Bürostühle sollen gemäß Kundenwunsch mit einer speziellen Sitzhöhenverstellung ausgestattet werden, die bislang noch nicht verwendet wurde. Gemäß Fertigungsplanung soll die Produktion der Bürostühle in 4 Wochen beginnen. Cornelia Berg, Einkäuferin der Soester Büromöbel AG, erhält den Auftrag, sich um die benötigte Sitzhöhenverstellung zu kümmern.

Arbeitsaufträge:

1. Der Beschaffungsvorgang „Sitzhöhenverstellung“ vollzieht sich in mehreren Teilschritten. Legen Sie für die aufgeführten Tätigkeiten eine sinnvolle Reihenfolge fest:

   Angebote prüfen – Rechnung bezahlen – Bedarf ermitteln – Bestellung überwachen – Beschaffungsmarkt erforschen – Rechnung prüfen – Anfrage erstellen – Wareneingang kontrollieren – Bestellung drucken und versenden.

Beschaffungsvorgang „Sitzhöhenverstellung“	
Teilschritt	**Tätigkeiten**
1	
2	
3	
4	
5	
6	
7	
8	
9	

2. Gegen Ende des Beschaffungsvorgangs muss die Rechnung des Lieferanten geprüft und bezahlt werden.

   2.1 Informieren Sie sich mithilfe von Material 4 über die Rechnungsprüfung der Soester Büromöbel AG. Stellen Sie danach die Teilschritte „Rechnung prüfen“ und „Rechnung bezahlen“ in Form einer „Ereignisorientierten Prozesskette (EPK)“ grafisch dar. Vervollständigen Sie hierzu die entsprechende Vorlage Material 6. Da hier nur die Abteilung Buchhaltung beteiligt ist, wird aus Gründen der Übersichtlichkeit auf die Organisationssicht verzichtet.

   2.2 Prüfen Sie anhand Material 1, Material 2, Material 3 und Material 5, ob die Rechnung der LINUK GmbH sachlich und rechnerisch korrekt ist. Berichtigen Sie gegebenenfalls den Rechnungsbetrag (brutto) und berechnen Sie den Betrag, der unter Abzug von Skonto zu zahlen ist.

Material 1: Angebot der LINUK GmbH

Linuk GmbH
- improve your life -

Linuk GmbH · Finkenweg 7–14 · 78048 Villingen
Soester Büromöbel AG
Industriepark 5
59494 Soest

Kundennummer: 4955
Ihr Zeichen: be
Ihre Nachricht vom: 26.02.20..
Ihr Ansprechpartner: Kai Ginger
Telefon: 07721 623-76
E-Mail: kai.ginger@linuk.de

Datum: 28.02.20..

Angebot Sitzhöhenverstellung SHM 12

Sehr geehrte Frau Berg,

für Ihr Interesse an unserer Sitzhöhenverstellung für Büromöbel danken wir Ihnen und bieten Ihnen den gewünschten Artikel zu folgenden Konditonen an:

Sitzhöhenverstellung SHM 12
Bestellnummer: 673 459

Listenverkaufspreis (netto): 140,20 EUR je Stück inkl. Verpackung zzgl. 19 % USt.

Ab 150 Stück gewähren wir einen Mengenrabatt von 12 %. Die Transportkosten liegen pauschal bei 800,00 EUR. Die Lieferzeit beträgt 7 Tage nach Auftragseingang.

Sie haben die Möglichkeit, unsere Rechnungen innerhalb von 14 Tagen nach Rechnungsdatum mit 3 % Skonto oder 30 Tage netto Kasse zu begleichen.

Unser Angebot ist bis zum 28.03.20.. gültig.

Gern erwarten wir Ihre Bestellung, die wir sorgfältig ausführen werden.

Mit freundlichen Grüßen

LINUK GmbH

i.A. Kai Ginger

Kai Ginger

Geschäftsführer: Rotraut Schrutka, Mannfred Georgi
Sitz der Gesellschaft: Villingen
Handelsregister: Amtsgericht Villingen HRB 3326
Kommunikation: Telefon: 07721 623-0, Telefax: 07721 623-1, E-Mail: mail@linuk.de
Bankverbindungen: Sparkasse Schwarzwald-Baar, IBAN: DE56 6945 0065 5478 3484 20, BIC: SOLADES1VSS
Finanzamt Villingen Steuernummer: 34886324551, USt-ID-Nummer: DE572446932

Material 2: Bestellung der Soester Büromöbel AG

SB Soester Büromöbel AG

Soester Büromöbel AG · Industriepark 5 · 59494 Soest
LINUK GmbH
Finkenweg 7–14
78048 Villingen

Bei Rückfragen bitte stets angeben:
Anfragenummer: 378 665
Ihre Ansprechpartnerin: Cornelia Berg
Telefon: 02921 3879-46
Datum: 02.03.20..

Bestellung

Sehr geehrter Herr Ginger,

gemäß Ihrem Angebot vom 28.02.20.. bestellen wir folgende Artikel:

200 Sitzhöhenverstellungen
Modell SHM 12
Artikelnummer 673 459
Listenverkaufspreis (netto): 140,20 EUR je Stück inkl. Verpackung zzgl. 19 % USt
Mengenrabatt: 12 %

Wir bitten Sie, die Artikel zu denen von Ihnen im Angebot aufgeführten Transportkosten anzuliefern.

Ihre Rechnungen begleichen wir innerhalb von 14 Tagen nach Rechnungsdatum mit 3 % Skonto oder 30 Tage netto Kasse.

Wir freuen uns auf eine langfristige Zusammenarbeit.

Mit freundlichem Gruß

Soester Büromöbel AG

i.A. Cornelia Berg

Cornelia Berg

Soester Büromöbel AG
Industriepark 5, 59494 Soest
Registergericht Soest HRB 84759
USt-ID Nr. DE 68 837 465
Vorstand: Kai Sörensen (Vorsitzender), Thomas Werner, Helene Sims
Vorsitzende des Aufsichtsrats: Sarah Kern

Bankverbindungen:
Commerzbank Soest
IBAN: DE86 4144 0018 0006 7523 04 BIC: COBADEFF414
Sparkasse Soest
IBAN: DE30 4145 0075 0000 6375 26 BIC: WELADED1SOS

Material 3: Lieferschein der LINUK GmbH

Linuk GmbH
- improve your life -

Die Ware wurde ordnungsgemäß geliefert!
Datum: 12.03.20..
Unterschrift: Lisa Stein

Linuk GmbH · Finkenweg 7–14 · 78048 Villingen
Soester Büromöbel AG
Industriepark 5
59494 Soest

Lieferschein

Nummer:	125 276
Versanddatum:	12.03.20..
Ihr Ansprechpartner:	Kai Ginger
Telefon:	07721 623-76
E-Mail:	kai.ginger@linuk.de
Datum:	11.03.20..

Ihre Bestell-Nr.	Kunden-Nr.	Unsere Auftrags-Nr.	Abteilung
56789	4955	256 276	Versand
Bestelldatum	**Lieferung**	**Versandart**	**Telefon**
02.03.20..	ab Werk	Spedition AXO AG	07721 623-145

Artikel	Bestellmenge	Packstücke	Verpackung
Sitzhöhenverstellung Modell SHM 12 Artikelnummer 673 459	200 Stück	10	1 Palette

Material 4: Handbuch Buchhaltung

Soester Büromöbel AG

Kapitel Rechnungsprüfung

Nach Eingang der Rechnung ist diese zu prüfen. Anhand des Wareneingangsscheins lässt sich feststellen, ob die Ware ordnungsgemäß geliefert wurde. Ein Vergleich mit der Bestellung zeigt, ob der in Rechnung gestellte Betrag korrekt ist. Gibt es nichts zu beanstanden, ist die Rechnung als Verbindlichkeit auf dem Kreditorenkonto zu buchen. Im anderen Fall ist die Rechnung zu reklamieren und die Stellungnahme des Lieferanten abzuwarten.

Im Anschluss an den Buchungsvorgang ist die Rechnung an die Zahlstelle weiterzuleiten. Die Zahlstelle hat die Aufgabe, die Rechnung, ggf. unter Ausnutzung von Skonto, zu begleichen.

Im Anschluss daran ist der Zahlungsvorgang auf dem Kreditorenkonto zu buchen.

Material 5: Rechnung der LINUK GmbH

Linuk GmbH
- improve your life -

Linuk GmbH · Finkenweg 7–14 · 78048 Villingen
Soester Büromöbel AG
Industriepark 5
59494 Soest

Kundennummer:	4955
Ihr Bestelldatum:	02.03.20..
Lieferscheinnummer:	125 276
Lieferdatum:	12.03.20..
Ihr Ansprechpartner:	Kai Ginger
Telefon:	07721 623-76
E-Mail:	kai.ginger@linuk.de
Datum:	14.03.20..

Rechnung Nr. 40225

Artikelbezeichnung	Artikelnummer	Bestellmenge	Einzelpreis	Gesamtpreis
Sitzhöhenverstellung Modell SHM 12	673 459	200 Stück	140,20 EUR	28 040,00 EUR

– Rabatt	2 804,00 EUR
+ Transport	880,00 EUR
= Rechnungsbetrag netto	26 116,00 EUR
+ 19 % USt	4 962,04 EUR
Rechnungsbetrag brutto	**31 078,04 EUR**

Bitte überweisen Sie den entsprechenden Betrag innerhalb von 14 Tagen nach Rechnungsdatum mit 2 % Skonto oder 30 Tage netto Kasse.

Wir danken für Ihren Auftrag!

Feld für mögliche Korrekturen:

Material 6: EPK „Rechnung prüfen, buchen und begleichen ohne Organisationssicht"

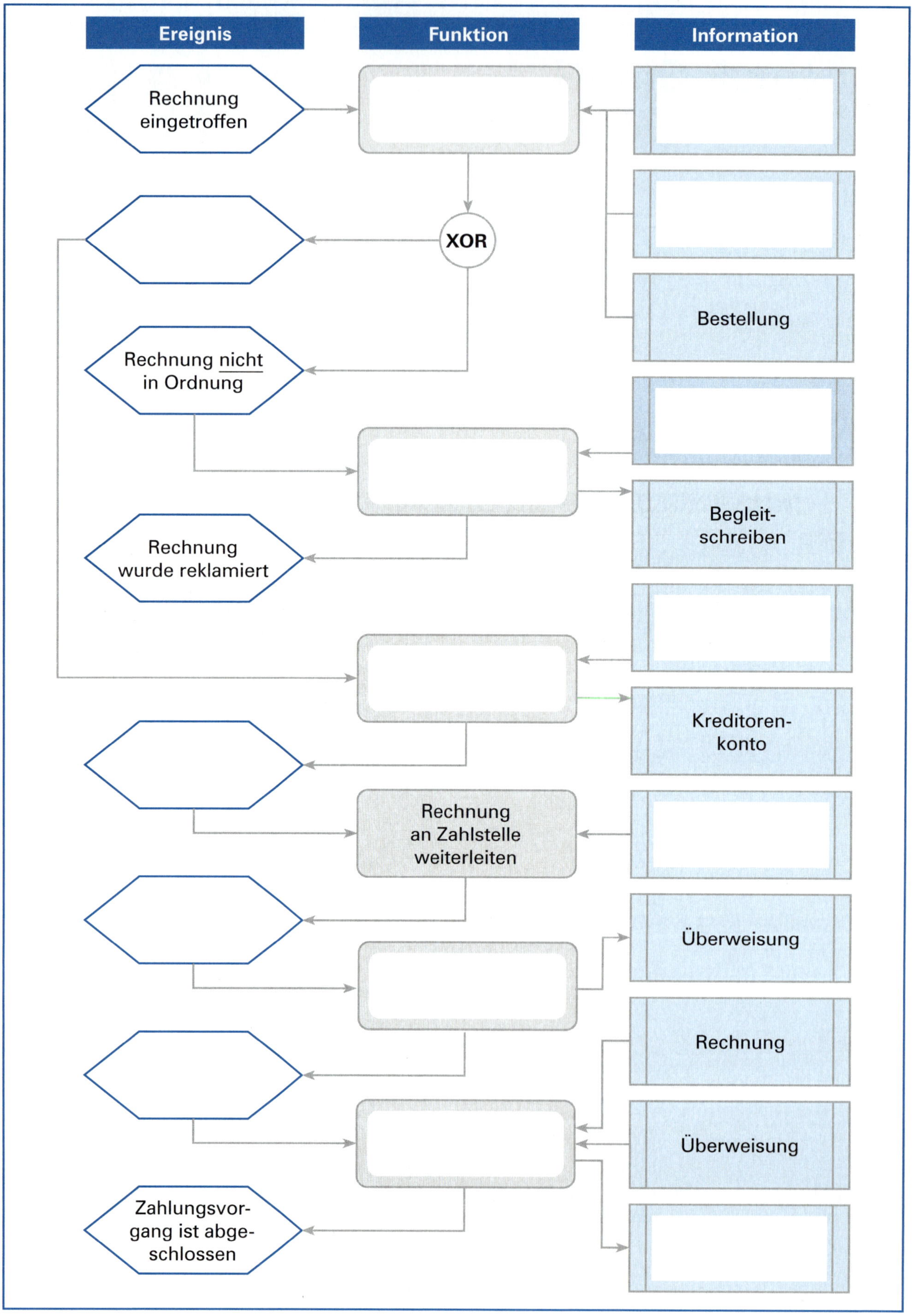

3 Mithilfe der ABC-Analyse Prioritäten setzen

Schulbuch S. 250–252

Situation:

Mittwochnachmittag betritt Holger Müller völlig entnervt das Büro seiner Kollegin Cornelia Berg.

Soester Büromöbel AG

Herr Müller: Also, so geht es beim besten Willen nicht mehr weiter. Ich weiß überhaupt nicht mehr, wo mir der Kopf steht. Die neuen Methoden, die Sie und Herr Weber eingeführt haben, mögen in der Theorie ja ganz nett sein, aber in der Praxis ist das alles gar nicht zu schaffen.

Frau Berg: Wovon sprechen Sie denn jetzt?

Herr Müller: Na dieser ganze Kram: Bezugsquellen ermitteln, Angebote einholen, Bezugspreise ermitteln, qualitative Kriterien berücksichtigen, optimale Bestellmengen ermitteln und so weiter und so fort. Seit ich alles so mache, wie wir es vereinbart haben, sind jeden Tag Überstunden fällig und trotzdem wird der Stapel mit den unerledigten Bestellungen immer höher. Allein für die Bestellung der Dekorschriftzüge für die Büroschränke habe ich den ganzen Vormittag gebraucht.

Frau Berg: Wollen Sie damit sagen, dass Sie einen Angebotsvergleich für Dekorschriftzüge durchgeführt haben?

Herr Müller: Ja, ich habe unter 17 Lieferanten den günstigsten Anbieter herausgefunden und die optimale Bestellmenge errechnet.

Frau Berg: Das darf doch wohl nicht wahr sein. Für so einen Kleinkram lohnt sich ja nicht einmal eine schriftliche Bestellung und Sie vertrödeln den ganzen Vormittag damit.

Herr Müller: War das vielleicht meine Idee? Sie und Herr Weber haben schließlich diese neumodischen Methoden hier eingeführt. Aber ich habe mir ja gleich gedacht, dass alles nur Zeitverschwendung ist.

Arbeitsaufträge:

1. Holger Müller ist bei der Soester Büromöbel AG für die Beschaffung von 19 Materialarten (T1–T19) zuständig. Informieren Sie sich im „Handbuch Beschaffung" (Material 1) über die ABC-Analyse und führen Sie anschließend mithilfe der zur Verfügung stehenden Tabelle (Material 2) gemäß den folgenden Arbeitsschritten eine ABC-Analyse durch, um festzustellen, bei welchen Materialarten ein höherer Aufwand sinnvoll ist.

   Arbeitsschritte:

   1.1 Berechnen Sie den prozentualen Anteil jeder einzelnen Materialart an der gesamten Jahresverbrauchsmenge (257 420 Einheiten).

   1.2 Ermitteln Sie den Jahresverbrauchswert der einzelnen Materialarten.

   1.3 Berechnen Sie den prozentualen Anteil jeder einzelnen Materialart am gesamten Jahresverbrauchswert.

   1.4 Legen Sie für alle Materialarten fest, ob es sich um ein A-, B- oder C-Gut handelt. Die Soester Büromöbel AG arbeitet mit folgenden Grenzwerten: A-Güter: Jahresverbrauchswert ab 10 %, B-Güter: Jahresverbrauchswert ab 5 % bis unter 10 % und C-Güter: Jahresverbrauchswert unter 5 %.

2. Ermitteln Sie, welchen prozentualen Anteil die A-, B- und C-Güter an der gesamten Jahresverbrauchsmenge und am gesamten Jahresverbrauchswert haben. Tragen Sie die Ergebnisse in die zur Verfügung stehende Tabelle ein (Material 3).

3. Stellen Sie die Ergebnisse aus Arbeitsauftrag 2 mithilfe der Vorlage Material 4 grafisch dar. Ermitteln Sie dafür zunächst den kumulierten (summierten) Mengen- und Wertanteil (Material 3). Runden Sie zur Vereinfachung die Ergebnisse auf ganze Zahlen.
4. Nennen Sie beschaffungs- und lagerpolitische Maßnahmen zur Behandlung der A- und C-Güter (Material 5).

Material 1: Handbuch Beschaffung

Kapitel ABC-Analyse

Soester Büromöbel AG

Die ABC-Analyse ist ein Instrument, mit dessen Hilfe diejenigen Werkstoffe identifiziert werden können, denen im Rahmen der Beschaffung und der Lagerhaltung besondere Aufmerksamkeit zuteilwerden sollte. Hierbei werden die Werkstoffe in drei Kategorien eingeteilt: A-Güter, B-Güter und C-Güter.

Die Einteilung der Werkstoffe in A-, B- oder C-Gut liegt im Ermessen der Unternehmen, da es hierfür keine objektiv richtigen Maßstäbe gibt. Die BüroTec GmbH arbeitet mit folgenden Grenzwerten:

- A-Güter: Jahresverbrauchswert ab 10 %
- B-Güter: Jahresverbrauchswert ab 5 % bis unter 10 %
- C-Güter: Jahresverbrauchswert unter 5 %

Wenn man die Prozentanteile sämtlicher Werkstoffe einer Kategorie addiert, ergeben sich erfahrungsgemäß folgende Ergebnisse:

Kategorie	Summierter Anteil am Jahresverbrauchswert	Summierte Anteile an der Jahresverbrauchsmenge
A-Gut	70 %–80 %	geringer Anteil
B-Gut	15 %–20 %	30 %–50 %
C-Gut	5 %–10 %	40 %–50 %
Gesamt	**100 %**	**100 %**

Hieraus ergibt sich exemplarisch folgende grafische Darstellung.

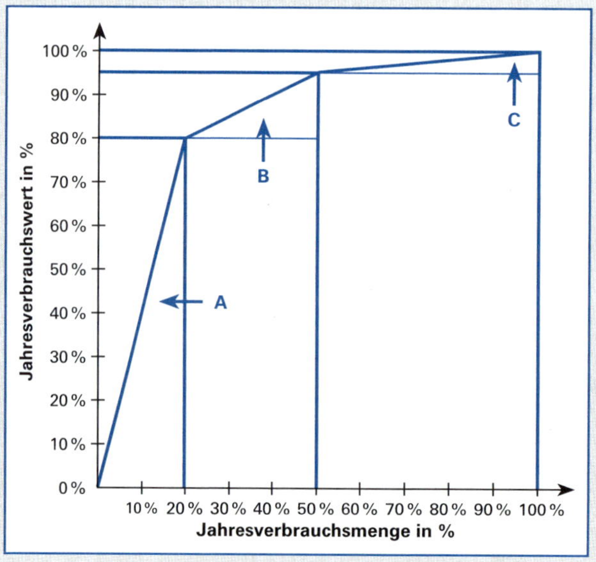

Material 2: Tabellarische Ermittlung der A-, B- und C-Güter

Pos.	Werkstoffe	Jahresverbrauchsmenge in Stück	Anteil an der gesamten Jahresverbrauchsmenge in %	Einstandspreis je Stück in EUR	Jahresverbrauchswert in EUR	Anteil am gesamten Jahresverbrauchswert in %	A-, B- oder C-Güter
1	W1	12000		10,00			
2	W2	4420	1,72	160,00	707.200,00	10,15	A
3	W3	18000		65,00			
4	W4	14000	5,44	3,00	42.000,00	0,60	C
5	W5	25.000		20,00			
6	W6	18000	6,99	5,00	90.000,00	1,29	C
7	W7	10000		90,00			
8	W8	8000	3,11	7,00	56.000,00	0,80	C
9	W9	4000		6,00			
10	W10	6000	2,33	4,00	24.000,00	0,34	C
11	W11	11000		2,00			
12	W12	14000	5,44	6,00	84.000,00	1,21	C
13	W13	31000		2,00			
14	W14	34000	13,21	11,00	374.000,00	5,37	B
15	W15	12000		110,00			
16	W16	1000	0,39	33,00	33.000,00	0,47	C
17	W17	15000		35,00			
18	W18	15000	5,83	0,75	11.250,00	0,16	C
19	W19	5000		180,00			
	Summe	**257420**	**100,00**			**100,00**	

Material 3: Tabelle (kumulierte Anteile der A-, B- und C-Güter)

2. 3.

ABC-Klasse	Materialarten	Kumulierte Anteile an der Jahresverbrauchsmenge in %	Kumulierte Anteile am Jahresverbrauchswert in %	Kumulierter Mengenanteil in % (gerundet)	Kumulierter Wertanteil in % (gerundet)
A-Güter					
B-Güter					
C-Güter					
	Summe	100,00	100,00		

Material 4: Grafische Darstellung

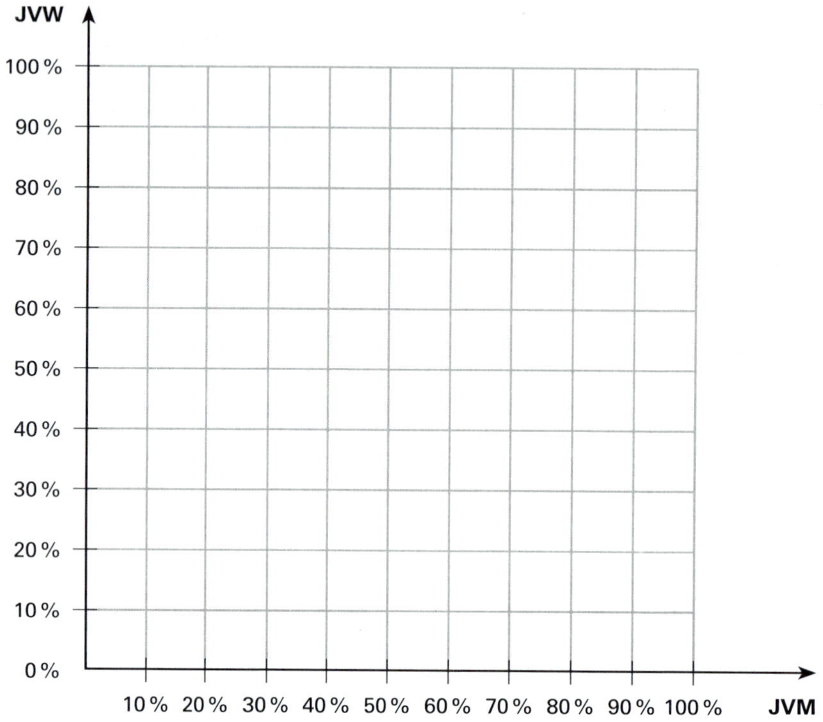

Material 5: Ableitung beschaffungspolitischer Maßnahmen

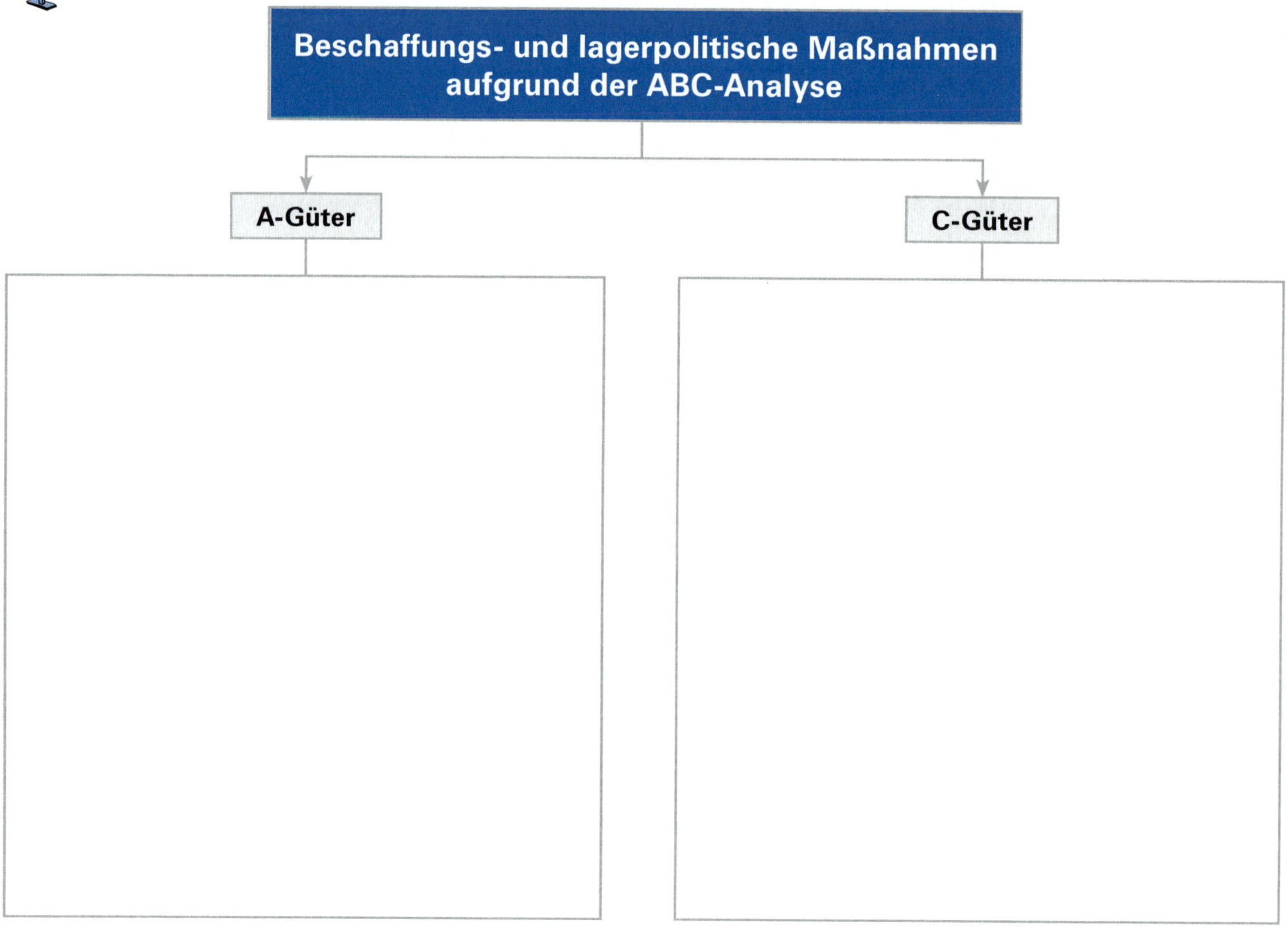

4 Material für die Fertigung bereitstellen

Schulbuch S. 254–258

Situation:

Am Morgen des 19.02.20.. bittet der Lagerleiter Martin Heger seinen Mitarbeiter Jobst Droste zu sich, um die aktuelle Lage zu besprechen.

Herr Heger: Guten Morgen, Herr Droste. Wie Sie wissen, hat die Huber GmbH 200 unserer Standardschreibtische bestellt. Liefertermin ist der 1. April. Da wir etwa 14 Tage für die Herstellung brauchen, soll die Produktion am 6. März beginnen. Haben wir denn genügend Material auf Lager?

Herr Droste: Da müsste ich mal nachsehen. Die Arbeitsplatten und einige Kleinteile müssten eigentlich auf Lager liegen. Bei den anderen Teilen bin ich mir nicht sicher.

Herr Heger: Sie sind gut, Herr Droste. Viel Zeit bleibt uns nicht mehr. Machen Sie sich bitte an die Arbeit. Ich möchte so schnell wie möglich die exakten Zahlen haben.

Arbeitsaufträge:

1. Erläutern Sie, welche Auswirkungen es hat, wenn am 6. März die benötigten Materialien nicht zur Verfügung stehen.

2. Die Soester Büromöbel AG unterhält ein großes Werkstofflager, in dem insbesondere Roh-, Hilfs- und Betriebsstoffe gelagert werden.

   2.1 Nennen Sie die hiermit verbundenen Kosten.

   2.2 Beschreiben Sie, welche Vor- und Nachteile mit hohen Lagerbeständen verbunden sind.

Vorteile	
Nachteile	

Bei geringen Lagerbeständen kehren sich die Vor- und Nachteile um.

3. Nennen Sie auf Büromöbel bezogen jeweils ein Beispiel für Roh-, Hilfs- und Betriebsstoffe.

Materialarten am Beispiel Büromöbel		
Rohstoffe	**Hilfsstoffe**	**Betriebsstoffe**

4. Für die Produktion der bestellten Standardschreibtische werden u. a. die in der Tabelle aufgeführten Teile benötigt. Ermitteln Sie die für den Auftrag benötigte Stückzahl.

Teile	Teile-Nr.	Stück pro Schreibtisch	benötigte Stückzahl
Arbeitsplatte	4120	1	
Fußteil	4114	2	
Schrauben	4119	16	
Winkel	4140	4	

5. Emitteln Sie anhand der Lagerdateien den dispositiven Lagerbestand der benötigten Teile.

Berechnungsschema	Arbeitsplatte Teile-Nr. 4120	Fußteil Teile-Nr. 4114	Schrauben Teile-Nr. 4119	Winkel Teile-Nr. 4140
Effektiver Lagerbestand				
– Mindestbestand				
– reservierter Bestand				
= verfügbarer Lagerbestand				
+ Bestellbestand				
= dispositiver Lagerbestand				

6. Erläutern Sie, welche Konseqenzen sich für den Einkauf der Soester Büromöbel AG aus den obigen Ergebnissen ergeben.

____

____

____

7. Um welche Lagerfunktion handelt es sich in den vorliegenden Fällen:

Fälle	Lagerfunktion
Um die Produktion jederzeit aufrechterhalten zu können, unterhält die Soester Büromöbel AG Sicherheitsbestände, die für drei Tage ausreichen.	
Bevor die aus Baumstämmen geschnittenen Bretter verarbeitet werden können, müssen sie erst austrocknen.	
Da man bei der Soester Büromöbel AG aufgrund des unerwarteten Konjunktureinbruchs mit einem Nachfragerückgang rechnet, wird weniger Material eingekauft.	

Material 1: Auszug aus Lagerdateien vom 19.02.20..

Material	Arbeitsplatte				
Teilenummer	4120				
Lagerplatz-Nr.	3024				
Aktueller Lieferant	Gede GmbH				
Lieferzeit	7 Tage				
Aktueller Bezugspreis	90,00 EUR je Stück				
Reservierter Bestand	40 Stück				
Mindestbestand	50 Stück				
Datum	**Beleg**	**Zugang**	**Abgang**	**Bestand**	**Bestellung**
15.01.	ME 20120		50	340	
25.01.	ME 20127		40	300	150
01.02.	BE 15247	150		450	
05.02.	ME 20133		60	390	
15.02.	ME 20150		40	350	
19.02.	ME 20165		30	320	150

Material	Schrauben				
Teilenummer	4119				
Lagerplatz-Nr.	3033				
Aktueller Lieferant	Färber AG				
Lieferzeit	14 Tage				
Aktueller Bezugspreis	0,50 EUR je Stück				
Reservierter Bestand	200 Stück				
Mindestbestand	300 Stück				
Datum	**Beleg**	**Zugang**	**Abgang**	**Bestand**	**Bestellung**
11.01.	ME 20015		500	3.000	
15.01.	ME 20122		400	2.600	
22.01.	BE 20124	400		3.000	
25.01.	ME 20126		600	2.400	
17.02.	ME 20158		400	2.000	
19.02.	ME 20167		500	1.500	400

Material	Fußteil				
Teilenummer	4114				
Lagerplatz-Nr.	1818				
Aktueller Lieferant	Freier OHG				
Lieferzeit	8 Tage				
Aktueller Bezugspreis	2,20 EUR je Stück				
Reservierter Bestand	100 Stück				
Mindestbestand	500 Stück				
Datum	**Beleg**	**Zugang**	**Abgang**	**Bestand**	**Bestellung**
28.01.	ME 20346		140	2.040	300
02.02.	ME 20131		200	1.840	
05.02.	BE 15260	400		2.240	
06.02.	ME 20138		200	2.040	
08.02.	ME 20143		160	1.880	
19.02.	ME 20160		80	1.800	300

Material	Winkel				
Teilenummer	4140				
Lagerplatz-Nr.	2002				
Aktueller Lieferant	Böllmann KG				
Lieferzeit	5 Tage				
Aktueller Bezugspreis	1,20 EUR je Stück				
Reservierter Bestand	400 Stück				
Mindestbestand	200 Stück				
Datum	**Beleg**	**Zugang**	**Abgang**	**Bestand**	**Bestellung**
15.01.	ME 20121		120	2.600	
26.01.	ME 20130		300	2.300	
04.02.	ME 20132		400	1.900	
07.02.	ME 20139		200	1.700	
16.02.	ME 20157		700	1.000	
19.02.	ME 20169		300	700	600

ME = Materialentnahme für die Produktion   BE = Bestellung beim Lieferanten

Schulbuch S. 261–270

5 Eingangsrechnungen bearbeiten

Situation:

Ina Sebert, Mitarbeiterin der Buchhaltung, bearbeitet bei der Soester Büromöbel AG die eingehenden Rechnungen. Nachdem sie die Rechnung der Holz Becker KG am 16.03.20.. auf sachliche und rechnerische Richtigkeit geprüft und für korrekt befunden hat, leitet sie die Rechnung am gleichen Tag an Nora Klug weiter, die für die Anweisung der Zahlung zuständig ist. Am nächsten Morgen kümmert sie sich um den Buchungsvorgang.

Arbeitsaufträge:

1. Buchen Sie die Eingangsrechnung der Holz Becker KG (Material 1) unter folgenden Annahmen:
   - Die Arbeitsplatten sind unbehandelt und werden im eigenen Hause zugeschnitten.
   - Die Soester Büromöbel AG verzichtet auf die Ausnutzung von Skonto.

   Tragen Sie die Buchungssätze in das Grundbuch ein. Richten Sie anschließend die benötigten Konten im Hauptbuch ein und buchen Sie entsprechend.

   Grundbuch:

Konto-Nr.	Konto	Soll	Haben

   Hauptbuch:

   S H

   S H

   S H

   S H

2. Nehmen Sie an, die Mitarbeiter der Qualitätssicherung stellen eine Woche nach Rechnungseingang fest, dass 10 Arbeitsplatten im Wert von insgesamt 880,00 EUR netto zzgl. 19 % USt beschädigt sind. Die Arbeitsplatten werden von der Holz Becker KG abgeholt. Da die bestellten Arbeitsplatten bei der Holz Becker KG ausverkauft sind, kann die Lieferung der fehlenden Arbeitsplatten erst mehrere Woche später erfolgen. Buchen Sie die **Rücksendung an den Lieferer.** Tragen Sie die Buchungssätze in das Grundbuch ein. Richten Sie anschließend die benötigten Konten im Hauptbuch ein, übernehmen Sie die Ergebnisse aus Arbeitsauftrag 1 und buchen Sie entsprechend.

Grundbuch:

Konto-Nr.	Konto	Soll	Haben

Hauptbuch:

S H S H

S H S H

3. Lassen Sie den Arbeitsauftrag 2 außer Acht und buchen Sie die Zahlung der Eingangsrechnung der Holz Becker KG unter folgender Annahme: Die Soester Büromöbel AG zahlt innerhalb von 14 Tagen nach Rechnungseingang per Banküberweisung und nimmt daher den **Preisnachlass** für frühzeitige Zahlung (Skonto) in Anspruch. Tragen Sie die Buchungssätze in das Grundbuch ein. Richten Sie anschließend die benötigten Konten im Hauptbuch ein, übernehmen Sie die benötigten Ergebnisse aus Arbeitsauftrag 1 und buchen Sie entsprechend.

Grundbuch:

Konto-Nr.	Konto	Soll	Haben

Hauptbuch:

S H S H

S H S H

4. Schlussendlich müssen noch die Konten Bezugskosten und Nachlässe für Rohstoffe abgeschlossen werden. Beide Konten sind Unterkonten des Hauptkontos Aufwendungen für Rohstoffe und werden daher über dieses Konto abgeschlossen. Lassen Sie auch hier den Arbeitsauftrag 2 außer Acht und schließen Sie die Unterkonten und das Hauptkonto ab.

   Tragen Sie die beiden Buchungssätze in das Grundbuch ein. Übernehmen Sie anschließend die benötigten Ergebnisse aus Arbeitsauftrag 1 und 3 und buchen Sie entsprechend.

   Grundbuch:

Konto-Nr.	Konto	Soll	Haben

Konto-Nr.	Konto	Soll	Haben

   Hauptbuch:

S	6000 Aufw. f. Rohstoffe	H

S	6001 Bezugskosten	H

S	6002 Nachlässe f. Rohstoffe	H

5. Nennen Sie das Konto, auf das der Saldo des Kontos Aufwendungen für Rohstoffe übertragen werden muss.

Konto-Nr.	Konto

Material 1: Rechnung der Holz Becker KG

Holz Becker

Holz Becker KG · Klausenstraße 55 · 74389 Freudenstadt
Soester Büromöbel AG
Industriepark 5
59494 Soest

Kunden-Nr.:	5494
Ihr Bestelldatum:	10.03.20..
Lieferschein-Nr.:	625 276
Lieferdatum:	14.03.20..
Ihr Ansprechpartner:	Chris Konrad
Telefon:	07441 5560-72
E-Mail:	konrad@holzbecker.de
Datum:	14.03.20..

EINGEGANGEN AM
16.03.20..
Soester Büromöbel AG

Rechnung Nr. 34-056

Sehr geehrte Frau Berg,

gemäß Ihrer Bestellung haben wir Ihnen folgende Artikel geliefert:

Bestell-nummer	Artikelbezeichnung	Menge	Einzelpreis	Gesamtpreis
653 676	Arbeitsplatte Buche massiv unbehandelt 200 x 100 x 3,5	1 200 St.	88,00 EUR	105 600,00 EUR
	– 12 % Rabatt			12 672,00 EUR
	+ Frachtkostenpauschale			200,00 EUR
	= Rechnungsbetrag netto			93 128,00 EUR
	+ 19 % USt			17 694,32 EUR
	= **Rechnungsbetrag brutto**			**110 822,32 EUR**

Bitte überweisen Sie den entsprechenden Betrag innerhalb von 14 Tagen nach Rechnungsdatum mit 2 % Skonto oder 30 Tagen netto Kasse.

Mit freundlichem Gruß

Holz Becker KG

i. A. *Chris Konrad*

Chris Konrad

Geschäftsführung:
Peter Becker
Klaus Becker

Sitz der Gesellschaft:
Freudenstadt

Handelsregister:
Amtsgericht Freudenstadt
HRA 4568

Kommunikation:
Telefon: 07441 5560-0
Telefax: 07441 5560-1
E-Mail: info@holzbecker.de

Bankverbindungen:
Dresdner Bank Freudenstadt
IBAN: DE53600800000148835842
BIC: DRESDEFF600
Deutsche Bank Freudenstadt
IBAN: DE26640700850323698136
BIC: DEUTDESS640

Finanzamt HN:
Steuernummer:
62456325933
USt-ID-Nummer:
DE 516127385

Anforderungssituation 3.1

Schulbuch S. 279–288

1 Neue Produkte entwickeln

Situation:

Neu auf der Orgatec:

Sitzkultur auf höchstem Niveau – der Bürodrehstuhl Tergo

Köln – Soester Büromöbel AG, Experte für Bürowelten, antwortet mit einem innovativen Sitzmöbel auf die Trends im Büro. Auf der Orgatec, der internationalen Fachmesse für Planung, Einrichtung und Management von Businesswelten in Köln, präsentierte die Soester Büromöbel AG erstmals den neuen Bürodrehstuhl Tergo. Die hochwertige Material- und Fertigungsqualität sowie der herausragende Sitzkomfort verbunden mit einem eleganten Design machen den Tergo zur ersten Wahl im Bereich der Bürositzmöbel. Mehr als 50 Jahre Garantie, verteilt auf die einzelnen Komponenten, können sich in Verbindung mit einem interessanten Preis-Leistungs-Verhältnis sehen lassen. Der Tergo ist ab März lieferbar. Produktion und Zentrale des 1990 gegründeten Unternehmens befinden sich in Soest in Ostwestfalen. Das Unternehmen erwirtschaftete im aktuellen Geschäftsjahr mit rund 400 Mitarbeitern einen Umsatz von 25 Mio. EUR.

Arbeitsaufträge:

1. Verschaffen Sie sich mithilfe von Material 1 einen Überblick über die Planungs- und Entwicklungsschritte, die der neue Bürodrehstuhl Tergo im Rahmen des Innovationsprozesses durchlaufen musste, bevor er zur Marktreife gelangen konnte. Nutzen Sie hierzu die vorgegebene Struktur (Material 2).

2. Innovationsanlässe und damit die Gründe für die Entwicklung neuer Produkte sind vielfältig. Man unterscheidet zwischen internen und vom Markt angeregten Auslösern. Nennen Sie jeweils zwei Beispiele.

Interne Auslöser	Vom Markt angeregte Auslöser

3. Bei der Produktgestaltung sind viele Aspekte zu berücksichtigen. Nennen Sie je zwei Eigenschaften, die der neue Bürodrehstuhl Tergo aus Ihrer Sicht in wirtschaftlicher, technischer und ökologischer Hinsicht aufweisen sollte.

Produkteigenschaften aus		
wirtschaftlicher Sicht	technischer Sicht	ökologischer Sicht

4. Das Produktionsprogramm der Soester Büromöbel AG ist mit den drei Produktfeldern Schreibtische, Büroschränke und Bürostühle im Vergleich mit den Wettbewerbern sehr beschränkt. Der Vorstand will nun entschieden gegensteuern. Neue Produkte sollen die Soester Büromöbel AG noch erfolgreicher machen.

   4.1 Sammeln Sie mithilfe der Methode 6-3-5 Ideen für neue Produkte, die die Soester Büromöbel AG in ihr Produktionsprogramm aufnehmen könnte. Lassen Sie hierbei Ihrer Fantasie freien Lauf und denken Sie **auch** an Produkte, die über Büromöbel hinausgehen, aber zu ihnen passen könnten.

   4.2 Treffen Sie im Plenum per Abstimmung eine Entscheidung darüber, welche drei Ideen weiterverfolgt werden sollten.

Ablauf der Methode 6-3-5 (Brainwriting)

- Bilden Sie ein Team aus 6 Personen.
- Jedes Teammitglied erhält das vorstrukturierte Formular.
- Tragen Sie in die erste Zeile 3 Ideen ein. Hierzu haben Sie 5 Minuten Zeit.
- Nun wird das Formular an das nächste Mitglied weitergereicht, das wiederum 5 Minuten Zeit hat, weitere drei Lösungsvorschläge zu notieren.
- Beachten Sie: Man kann sich ausdrücklich von den Ideen seines Vorgängers inspirieren lassen und diese weiterentwickeln oder aber eigene ganz andere Ideen notieren.
- Wiederholen Sie diesen Schritt 5-mal.
- Jetzt liegen im optimalen Fall 6 Formulare mit jeweils 18 Lösungsvorschlägen vor.

Methode 6-3-5 (Brainwriting)					
Ideensammlung: Neue Produkte für das Absatzprogramm der Soester Büromöbel AG					
1		2		3	
4		5		6	
7		8		9	
10		11		12	
13		14		15	
16		17		18	

Material 1: Auszug aus dem Lexikon der Wirtschaft

I

Lexikon der Wirtschaft

Innovationsprozess

Die Unternehmensführung legt im Rahmen der langfristigen Produktionsprogrammplanung fest, welche Produkte grundsätzlich hergestellt werden sollen, z. B. Schreibtische, Büroschränke und Bürostühle. Man spricht in diesem Zusammenhang auch von Produktfeldern. Im Anschluss daran müssen die verschiedenen Modelle der einzelnen Produktfelder entwickelt werden, z. B. die verschiedenen Schreibtischmodelle für das entsprechende Produktfeld. Dies ist Aufgabe der mittelfristigen Produktionsprogrammplanung. Da Produkte mit der Zeit aus der Mode kommen, sind die Unternehmen gezwungen, immer wieder neue Produkte auf den Markt zu bringen. Man spricht von sogenannten Produktinnovationen. Innovationsprozesse sind entweder auf interne (Technology Push) oder auf vom Markt angeregte Auslöser (Market Pull) zurückzuführen.

Der erste Schritt im Innovationsprozess ist die Bestimmung des Zielmarktes, d. h., man muss überlegen, für welche Zielgruppe die neuen Produkte entwickelt werden sollen.

Der zweite Schritt ist die Suche nach neuen Produktideen. Neue Produktideen können durch passive Ideenfindung und/oder durch aktive Ideensuche unter Anwendung bestimmter Kreativitätstechniken gefunden werden. Bei der passiven Ideenfindung kommen die Ideen z. B. von eigenen Mitarbeitern oder aber man lässt sich von Konkurrenzprodukten inspirieren. Bei der aktiven Ideensuche werden spezielle Kreativitätstechniken, wie z. B. das Brainstorming oder das Brainwriting eingesetzt.

Im Anschluss daran müssen die Produktideen bewertet werden. Hierzu werden häufig sogenannte Produktbewertungsprofile erstellt, anhand derer diejenigen Produktideen ausgewählt werden, die weiterverfolgt werden sollen.

Hat man sich dazu entschieden, einen oder mehrere Produktvorschläge zu realisieren, erhält die Konstruktionsabteilung, meist in enger Zusammenarbeit mit dem Marketing, die Aufgabe, ein fertigungs- und funktionsgerechtes Produkt zu gestalten. So wird zunächst festgelegt, welche wirtschaftlichen, technischen und ökologischen Eigenschaften das Produkt aufweisen sollte, um auf dem Markt erfolgreich zu sein. Nun werden das endgültige Produktdesign (Form, Farbe, Qualität, Verpackung) festgelegt, Baugruppen und Einzelteile ausgearbeitet, Maße festgelegt, das zu verwendende Material ausgewählt sowie Fertigungsunterlagen, wie z. B. Konstruktionszeichnungen und Stücklisten, erstellt.

Ist die Produktgestaltungsphase abgeschlossen, wird häufig ein Prototyp gefertigt und einer intensiven Qualitätskontrolle unterzogen.

Ist das Ergebnis zufriedenstellend, wird das Produkt in der Realität erprobt, d. h., das Produkt wird auf einem möglichst repräsentativen Testmarkt eingeführt, um zu überprüfen, wie es bei den Kunden ankommt.

Hat das Produkt auf dem Testmarkt die Erwartungen erfüllt, kann das Produkt als marktreif angesehen werden. Der Innovationsprozess ist abgeschlossen. Die Produktion kann beginnen.

Material 2: Innovationsprozess

P R O D U K T I O N

Der Innovationsprozess

	Phasen	Erläuterungen
1		
2		
3		
4		
5		
6		

I N N O V A T I O N S A N L Ä S S E

Schulbuch S. 292–298

2 Fertigungsunterlagen erstellen

Situation:

Die Soester Büromöbel AG erhält von der Pro Secura AG, einer großen Versicherungsgesellschaft, eine Anfrage über die Lieferung von zehn Schreibtischen. Hierbei handelt es sich um Schreibtische, die nach speziellen Wünschen der Pro Secura AG gefertigt werden sollen. Noch am gleichen Tag setzt sich Ralf Richter, Bereichsleiter Absatz, mit dem Bereichsleiter der Produktion, Peer Klein, und einigen Abteilungsleitern zusammen, um die Lage zu erörtern.

Herr Richter: Herr Klein, wie bewerten Sie die Anfrage der Pro Secura AG? Können wir den Kundenwünschen gerecht werden?

Herr Klein: Da sehe ich keine großen Probleme. Mit Spezialanfertigungen haben wir ja reichlich Erfahrung.

Herr Richter: Wann sollen die Schreibtische denn geliefert werden, Frau Özdemir?

Frau Özdemir: Nun, die Pro Secura AG beabsichtigt, am 01.05.20.. eine große Zweigstelle in Köln zu eröffnen. Aus diesem Grund erwartet man die Lieferung so früh wie möglich, spätestens aber am 26.04.20..

Herr Richter: Können wir den Termin realisieren, Herr Stamm? Wie man der Anfrage entnehmen kann, könnte die Pro Secura AG zu einem wichtigen Kunden werden.

Herr Stamm: Genau durchgerechnet habe ich das natürlich noch nicht, aber grob über den Daumen gepeilt würde ich sagen, das müsste machbar sein!

Herr Richter: Können wir denn auch in puncto Preis mit der Konkurrenz mithalten? Sie wissen ja, die Konkurrenz schläft nicht.

Frau Özdemir: Genaue Berechnungen können wir natürlich erst durchführen, wenn die Konstruktionsergebnisse vorliegen. Aber bislang brauchten wir uns in puncto Preis-Leistungs-Verhältnis nicht zu verstecken.

Herr Richter: Gut, ich denke, es gibt viel zu tun. Packen wir es an.

Arbeitsaufträge:

1. Nennen Sie die Abteilung der Soester Büromöbel AG, welche die Kundenanfrage entgegengenommen haben wird.

Abteilung	

2. Schätzen Sie die Situation gemäß der Anfrage (Material 1) ein. Begründen Sie, ob die Pro Secura AG zu einem wichtigen Kunden werden könnte.

3. Soll ein Produkt nach speziellen Vorstellungen des Kunden gefertigt werden, muss zunächst die Machbarkeit geprüft werden. Beschreiben Sie, welche Aspekte in diesem Zusammenhang zu berücksichtigen sind.

➤ ______________________________

____

➤ ______________________________

____

➤ ______________________________

____

➤ ______________________________

____

➤ ______________________________

____

➤ ______________________________

____

4. Nennen Sie die Abteilung, an welche der Verkauf den Vorgang weiterleiten muss, um insbesondere die technische Machbarkeit zu prüfen.

Abteilung	

5. Erläutern Sie, wie die Soester Büromöbel AG reagieren sollte, wenn die Kundenwünsche nicht erfüllt werden können.

____

____

____

____

____

____

____

Fortsetzung der Situation:

Sascha Stamm, seines Zeichens Leiter der Abteilung Konstruktion, begibt sich mit seinen Mitarbeitern sofort an die Arbeit und beginnt mit der Umsetzung der Kundenwünsche in eine technische Lösung. Das Projekt „Pro Secura" erhält die Projektnummer P-23486.

6. Geben Sie an, welche Produktdokumente im Rahmen des Konstruktionsprozesses erstellt werden müssen. Greifen Sie hierzu auf den Auszug aus dem Lexikon der Technik (Material 2) zurück.

Produktdokumente			
1		3	
2		4	

7. In Material 3 werden verschiedene Konstruktionszeichnungen dargestellt. Nutzen Sie auch Material 4 und benennen Sie die in Material 3 dargestellten Zeichnungsvarianten. Wählen Sie aus folgenden Arten aus:

   Einzelteilzeichnung (zweidimensional) – Gesamtzeichnung (dreidimensional, explosiv) – Baugruppenzeichnung[1] (zweidimensional) – Gesamtzeichnung (dreidimensional).

   Hinweis: Berücksichtigen Sie, dass ein Begriff auch doppelt vorkommen kann!

8. Erstellen Sie mithilfe des grafischen Baums (Material 4) die Struktur- und Mengenübersichtsstückliste (Material 5) für den Schreibtisch „Pro Secura".

9. Ermitteln Sie, wie viel Mengeneinheiten der beispielhaft aufgeführten Materialien für den Auftrag benötigt werden. Nennen Sie die Stückliste, aus der sich diese Information entnehmen lässt.

Material	Menge
Verbindung 1	
Stahlringe	
Halterungen	

Stückliste

10. Nennen Sie die Einzelteile, die auf der Fertigungsstufe 2 gefertigt werden. Geben Sie an, aus welcher Stückliste sich dies ablesen lässt.

Einzelteile

Stückliste

1 Eine Baugruppe besteht aus mindestens zwei Einzelteilen oder weiteren Baugruppen.

11. In der heutigen Zeit werden im Rahmen der Konstruktion vorwiegend CAD-Systeme eingesetzt. Erläutern Sie, welche Vorteile mit dem Einsatz eines solchen Systems verbunden sind.

12. Der Büroschrank „Standard", ein Serienerzeugnis der Soester Büromöbel AG, weist die unter Material 7 gegebene Erzeugnisstruktur auf. Erstellen Sie die dazugehörige Struktur- und Mengenübersichtsstückliste.

13. Nachdem die Konstruktionsabteilung Zeichnungen und Stücklisten erstellt hat, muss ein Arbeitsplan erstellt werden. Der Arbeitsplan sagt den Mitarbeitern in der Fertigung, wie der Schreibtisch zusammengebaut werden muss. Vervollständigen Sie den vorliegenden Arbeitsplan (Material 6), indem Sie die folgenden Arbeitsgänge an der entsprechenden Stelle eintragen:

    Frontblende bohren / Arbeitsplatte und Frontblende mit Tischbeinen verbinden / Arbeitsplatte und Ablage zuschneiden / Gewinde in Stahlringe fräsen / Arbeitsplatte und Ablage schleifen / Frontblende lackieren und trocknen.

14. Die Belegungszeit auf einer Fertigungsmaschine setzt sich aus der Rüstzeit und der Bearbeitungszeit (Stückzeit) zusammen. Ermitteln Sie exemplarisch, wie viel Zeit man, bezogen auf die gesamte Auftragsmenge von 10 Schreibtischen, für die Arbeitsgänge 1 und 6 benötigt.

Arbeitsgang 1	
Arbeitsgang 6	

Material 1: Anfrage Pro Secura AG

Pro Secura AG
Versicherungsgesellschaft

Ihr Zeichen:
Ihre Nachricht vom:
Unser Zeichen:
Unsere Nachricht vom:

Pro Secura AG | Theresienstraße 30 | 90403 Nürnberg
Soester Büromöbel AG
Industriepark 5
59494 Soest

Name:	Werner Wolf
Telefon:	0911 463–45
Telefax:	0911 463-10
E-Mail:	w.wolf@prosecura.de
Datum:	08.03.20..

Anfrage

Sehr geehrte Damen und Herren,

durch die Empfehlung eines unserer Stammkunden sind wir auf Ihr Unternehmen aufmerksam geworden.

Wir sind eine erfolgreiche expandierende Versicherungsgesellschaft mit Stammsitz in Nürnberg.

Unsere neue Zweigstelle in Köln, die am 01.05.20.. eröffnet wird, möchten wir mit zehn zeitlos eleganten Sachbearbeitungsplätzen ausstatten, die hohen gestalterischen Ansprüchen genügen sollen.

Wir erwarten:
- eine hohe Verarbeitungsqualität
- Arbeitsplatte aus Massivholz in den Maßen 190 x 90 x 3,5
- Gestell aus gebürstetem Edelstahl
- Frontblende als Sichtschutz
- Verzicht auf Kunststoffteile
- leichte Demontage

Wir beabsichtigen, in nächster Zeit alle unsere 500 Zweigstellen einheitlich auszustatten, und können Ihnen daher weitere Aufträge in Aussicht stellen, wenn Ihr Produkt unseren Vorstellungen entsprechen sollte.

Bitte unterbreiten Sie uns ein ausführliches Angebot unter Angabe Ihrer Lieferungs- und Zahlungsbedingungen. Die Lieferung sollte so früh wie möglich, spätestens aber am 26.04.20.. erfolgen.

Mit freundlichen Grüßen

Pro Secura AG

i.A. *Werner Wolf*

Werner Wolf

Pro Secura AG | Versicherungsgesellschaft mit Sitz in Nürnberg | Vorstand: Peter Börner, Klaus Brumme
Theresienstraße 30 | 90403 Nürnberg | Fon 0911-463-0 | Fax 0911-463-1
www.prosecura.de | mail@prosecura.de | Sparkasse Nürnberg | IBAN DE78760501010547834842 | BIC SSKNDE77XXX
Amtsgericht Nürnberg HRB 7376 | Steuernummer: 64776544579 | USt-ID-Nr.: DE77437538

Material 2: Auszug aus dem Lexikon der Technik

F

Lexikon der Technik

Fertigungsunterlagen
(Konstruktionszeichnungen, Erzeugnisstruktur und Stücklisten)

Bei den **Konstruktionszeichnungen** ist zwischen verschiedenen Zeichnungsvarianten zu unterscheiden. Die Gesamtzeichnung zeigt maßstabsgetreu das Produkt im gesamten Aufbau, seine Zusammensetzung aus Baugruppen und Einzelteilen sowie deren Lage zueinander. Die (Bau-)Gruppenzeichnung hingegen zeigt maßstäblich den Aufbau und die Zusammensetzung einer Baugruppe. Die sogenannte Einzelteilzeichnung zeigt maßstabsgetreu ein Einzelteil ohne räumliche Zuordnung zu anderen Teilen. Alle drei Varianten können sowohl zwei- als auch dreidimensional dargestellt werden. Die zweidimensionalen Darstellungen sind i.d.R. technische Zeichnungen. Sie enthalten insbesondere die Maße des Werkstücks. Bei den dreidimensionalen Darstellungen handelt es sich demgegenüber um Modellabbildungen. Die Explosionszeichnung ist eine besondere Art der dreidimensionalen Gesamt- oder Gruppenzeichnung, die alle Baugruppen und Einzelteile so darstellt, als ob sie durch eine Explosion auseinandergerissen wären.

Anhand der Konstruktionszeichnungen wird die **Erzeugnisstruktur** festgelegt. Sie veranschaulicht den fertigungstechnischen Aufbau des Erzeugnisses:

Erzeugnisstruktur:

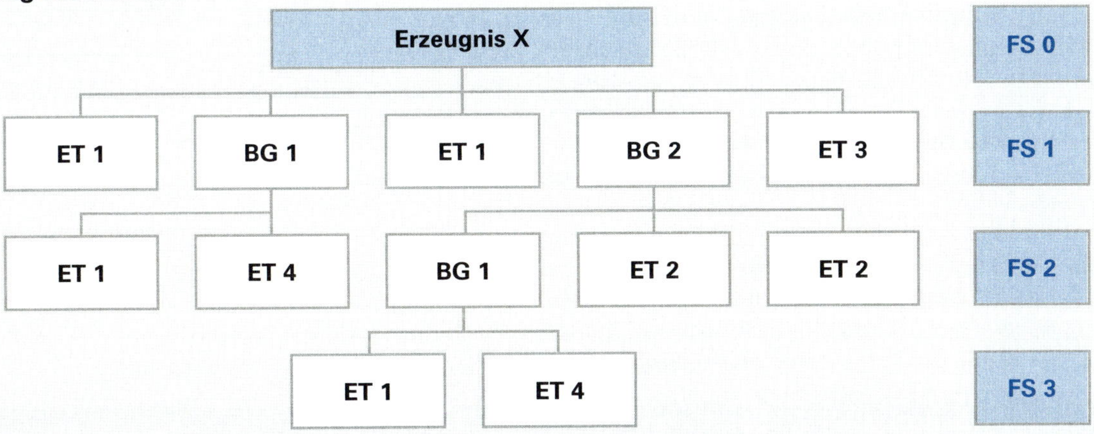

Legende:
FS = Fertigungsstufe
ET = Einzelteil
BG = Baugruppe (Hinweis: Eine Baugruppe besteht aus mehreren Einzelteilen und/oder Baugruppen.)

Auf der Grundlage der Konstruktionszeichnungen und der Erzeugnisstruktur werden sogenannte **Stücklisten** erstellt. Stücklisten geben Auskunft darüber, aus welchen Baugruppen (BG) und Einzelteilen (ET) ein Erzeugnis besteht.

Fortsetzung

Sie stellen sozusagen das Bindeglied zwischen dem technischen und kaufmännischen Bereich eines Unternehmens dar. Auf der Basis der Konstruktionsstücklisten sind drei verschiedene Stücklistentypen zu unterscheiden. Jeder Stücklistentyp dient anderen betrieblichen Zwecken.

- Strukturstücklisten
- Mengenübersichtsstücklisten
- Baukastenstücklisten

Die **Strukturstückliste** ergibt sich direkt aus der Erzeugnisstruktur. Diese Art der Stückliste zeigt für jede Fertigungsstufe sämtliche Baugruppen und Einzelteile. Der Fertigungsablauf ist erkennbar. So wird bspw. in der nebenstehenden Stückliste direkt ersichtlich, dass BG 1 aus ET 1 und ET 4 besteht. Teile, die auf einer Fertigungsstufe mehrfach vorkommen, werden in der Stückliste zusammengefasst (z. B. ET 1). Kommt ein Teil auf verschiedenen Fertigungsstufen vor, wird es in der Stückliste jedes Mal wieder neu aufgeführt (z. B. ET 4 auf den Fertigungsstufen 2 und 3). Die Strukturstückliste dient der Arbeitsvorbereitung zur Erstellung der Arbeitspläne und zur Berechnung der Durchlaufzeiten.

Strukturstückliste				
Gegenstand:			Erzeugnis X	
F-Stufe			Bestandteile	Menge
1	2	3		
X			ET 1	2
X			BG 1	1
	X		ET 1	1
	X		ET 4	1
X			BG 2	1
	X		BG 1	1
		X	ET 1	1
		X	ET 4	1
	X		ET 2	2
X			ET 3	1

Die **Mengenübersichtsstückliste** gibt die Mengen sämtlicher Baugruppen und Einzelteile an. Mehrfach verwendete Baugruppen und Einzelteile werden nur einmal (mit der Gesamtmenge) ausgewiesen. Die Mengenübersichtsstückliste wird insbesondere für die Bedarfsermittlung im Rahmen der Materialbeschaffung verwendet.

Mengenübersichtsstückliste	
Gegenstand:	Erzeugnis X
Bestandteile:	Menge
BG 1	2
BG 2	1
ET 1	4
ET 2	2
ET 3	1
ET 4	2

Die **Baukastenstücklisten** enthalten für eine bestimmte Baugruppe nur die Baugruppen und Einzelteile, die ihr direkt untergeordnet sind. Kommen Baugruppen und Einzelteile auf verschiedenen Ebenen mehrfach vor, muss die Baukastenstückliste nur einmal erstellt werden. Diese Stücklisten dienen in erster Linie der Produktionssteuerung bei Anwendung des Baukastenprinzips.

Baukastenstückliste	
Gegenstand:	Erzeugnis X
Bestandteile:	Menge
ET 1	2
BG 1	1
BG 2	1
ET 3	1

Baukastenstückliste	
Gegenstand:	B 61
Bestandteile:	Menge
ET 1	1
ET 4	1

Baukastenstückliste	
Gegenstand:	B 62
Bestandteile:	Menge
B 61	1
ET 2	2

Während in früheren Zeiten die Stücklisten per Hand erstellt wurden, sorgen heute leistungsfähige Stücklistenauflösungsprogramme dafür, dass sich aus der Konstruktionsstückliste ohne großen Aufwand Struktur-, Mengenübersichts- sowie Baukastenstücklisten erstellen lassen.

Material 3: Zeichnungen

Zeichnung 1:

Zeichnung 2:

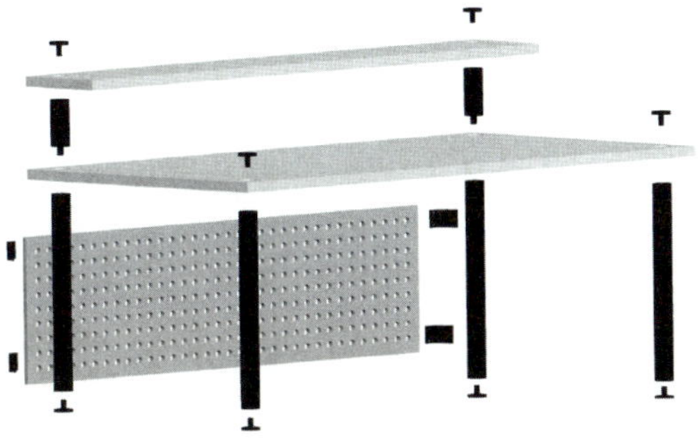

Zeichnung 3:

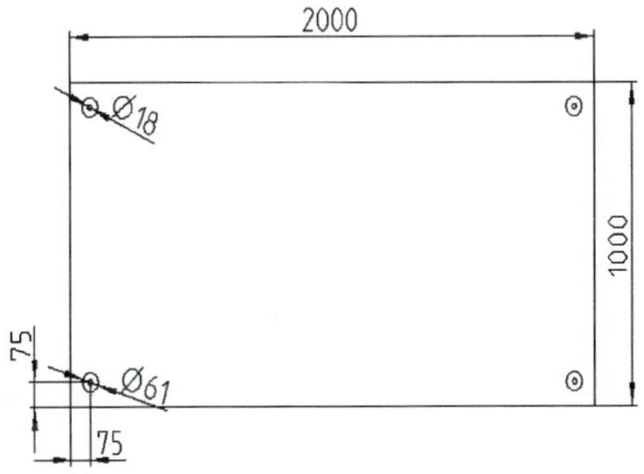

Zeichnung 4:

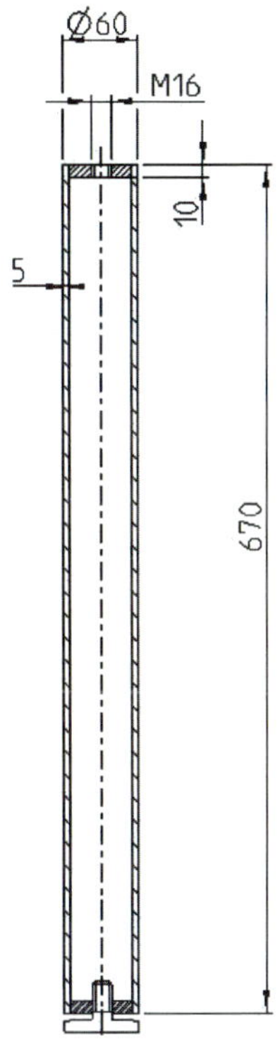

Zeichnung 5:

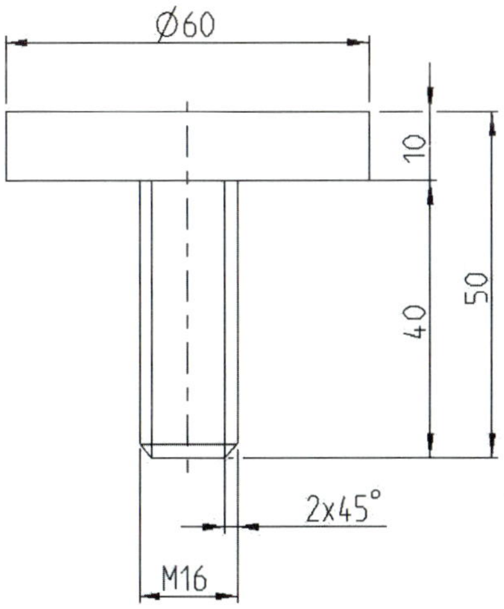

Material 4: Grafischer Baum (Erzeugnisstruktur)

Erzeugnisstruktur: Schreibtisch „Pro Secura“, Projekt-Nr. P-23486

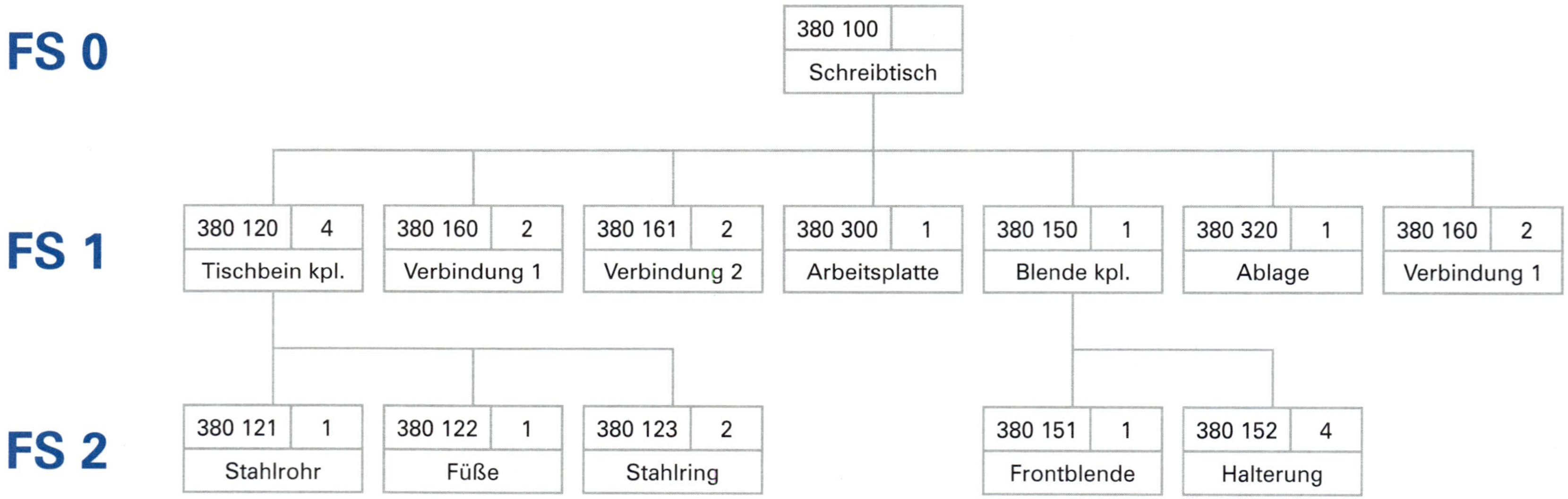

Hinweise:

1. FS = Fertigungsstufe
2. Die Mengenangaben beziehen sich immer auf eine Einheit der übergeordneten Baugruppe (z. B. Tischbein komplett).
3. Die Arbeitsplatte bzw. Ablage wird mithilfe der (Schraub-) Verbindungen mit den Tischbeinen verbunden.

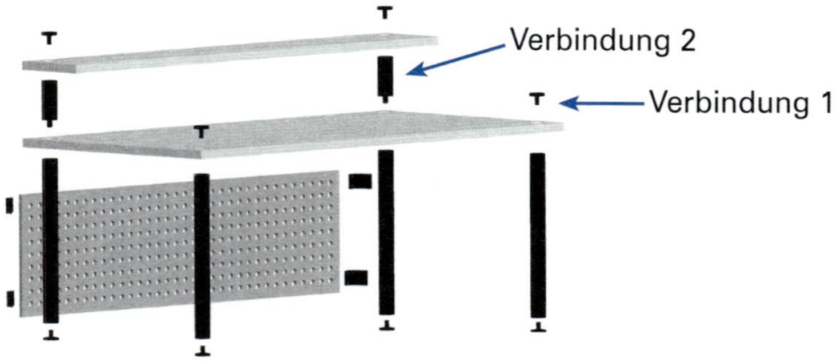

Material 5: Stücklisten

Strukturstückliste							
Teilenummer:							
Gegenstand:							
F-Stufe					Teile-Nr.	Bezeichnung	Menge*
1	2	3	4	5			

Mengenübersichtsstückliste		
Teilenummer:		
Gegenstand:		
Teile-Nr.	Bezeichnung	Menge

* **Hinweis:** Bei der Erzeugnisstruktur beziehen sich die Mengenangaben immer auf eine Einheit der übergeordneten Baugruppe. Demzufolge benötigt man zur Fertigung von einem Tischbein 2 Stahlringe. Dies ist bei der Strukturstückliste **nicht** so. Hier beziehen sich die Angaben auf die insgesamt benötigte Menge. Demzufolge benötigt man zur Fertigung von 4 Tischbeinen 8 Stahlringe.

Material 6: Arbeitsplan

Arbeitsplan					
Schreibtisch „Pro Secura" Projekt-Nr. P-23486					
Arbeitsplannummer AP-1002.500					
Nr.	Arbeitsvorgänge	Werkstatt	RZ (Min.)	SZ (Min.)	LG
1		Sägen	4	4	2
2	Arbeitsplatte und Ablage hobeln	Hobeln	3	4	2
3	Arbeitsplatte und Ablage bohren	Bohren	3	1	2
4		Schleifen	4	4	2
5	Arbeitsplatte und Ablage lackieren und trocknen	Lackieren	5	4	3
6	Tischbeine zuschneiden*	Sägen	2	3	2
7	Stahlringe bohren	Bohren	4	2	2
8		Fräsen	3	2	2
9	Tischbeine und Stahlringe verschweißen*	Schweißen	2	3	2
10	Tischbeine inkl. Stahlringe schleifen*	Schleifen	2	4	2
11	Frontblende zuschneiden	Sägen	3	3	2
12	Frontblende hobeln	Hobeln	4	2	2
13		Bohren	4	3	2
14	Frontblende schleifen	Schleifen	3	4	2
15		Lackieren	2	3	3
16	Halterungen mit Frontblende verbinden	Montieren	4	2	1
17	Füße in Tischbeine schrauben*	Montieren	4	1	1
18		Montieren	3	3	1
19	Ablage mit Arbeitsplatte verbinden	Montieren	2	2	1

* **Hinweis:** Die Bearbeitungszeit von 3 Minuten für den Arbeitsgang Nr. 6 bedeutet z. B., dass man 3 Minuten benötigt, um **alle** Tischbeine für **einen** Schreibtisch zuzuschneiden.

Legende: RZ = Rüstzeit – SZ = Stückzeit (Bearbeitungszeit) – LG = Lohngruppe

Material 7: Erzeugnisstruktur Büroschrank „Standard“

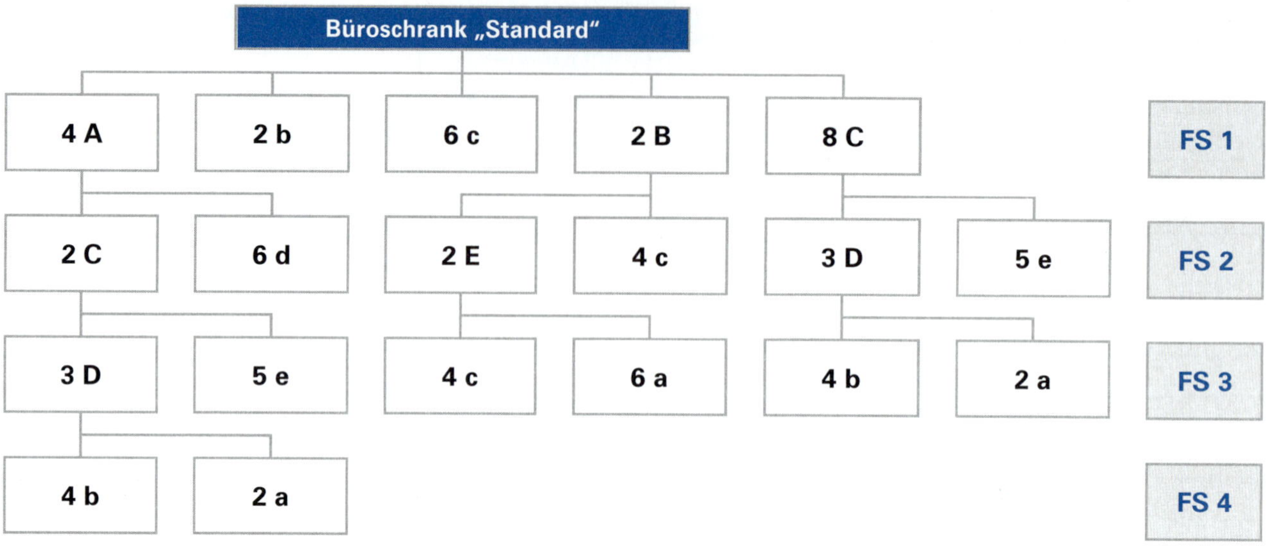

Legende:

- Großbuchstaben = Baugruppe – Kleinbuchstaben = Einzelteil.
- 4 A = es wird 4-mal die Baugruppe A benötigt.
- Die Mengenangaben beziehen sich immer auf eine Einheit der übergeordneten Baugruppe.

Strukturstückliste						
Gegenstand: Büroschrank „Standard“						
F-Stufe					Bezeichnung	Menge
1	2	3	4	5		

Mengenübersichtsstückliste	
Gegenstand: Büroschrank „Standard“	
Bezeichnung	Menge

Anforderungssituation 3.2

1 Fertigungstechnische Rahmenbedingungen festlegen

Schulbuch S. 302–309

Situation:

Wie jeden Montag sitzen die Bereichsleiter der Soester Büromöbel AG sowie die Leiterin der Abteilung Finanzen, Pia Wernecke, zusammen, um die aktuelle Lage zu besprechen.

Ausschnitt aus dem Gespräch:

Herr Klein: Ich habe keine guten Nachrichten. Wir kommen mit der Produktion einfach nicht nach. Wir können die zugesagten Liefertermine unmöglich einhalten.

Herr Richter: Das darf doch wohl nicht wahr sein. Was sollen wir unseren Kunden sagen?

Frau Wernecke: Woran liegt es denn? Sind unsere Mitarbeiter nicht motiviert genug oder haben wir Materialengpässe?

Herr Klein: Weder noch, Frau Wernecke. So wie wir die Fertigung seit Jahren organisiert haben, geht eben alles etwas langsamer und bei der Vielzahl an unterschiedlichen Aufträgen verliert man ab und an den Überblick.

Herr Richter: Können wir unsere Fertigung denn dann nicht anders organisieren?

Herr Klein: Möglich wäre es.

Frau Wernecke: Meine Herren, bevor wir eine so schwerwiegende Entscheidung treffen, sollten wir die Alternativen eingehend unter die Lupe nehmen. Fehlentscheidungen können uns teuer zu stehen kommen.

Arbeitsaufträge:

1. Die Soester Büromöbel AG hat sich vor einigen Jahren für den Organisationstyp Werkstättenfertigung entschieden. Informieren Sie sich über die Werkstättenfertigung und halten Sie die wesentlichen Merkmale in der zur Verfügung stehenden Struktur fest (Material 1).

2. Informieren Sie sich über mögliche Alternativen. Benennen und beschreiben Sie in diesem Zusammenhang die unter Material 2 abgebildeten Organisationstypen.

3. Die Arbeit am Fließband wird aus arbeitsmedizinischer Sicht häufig kritisch betrachtet. Dennoch sind z. B. die Arbeitsplätze an den Fließbändern der Automobilindustrie sehr begehrt. Diskutieren Sie mögliche Gründe für die beiden unterschiedlichen Sichtweisen.

4. Halten Sie die Vor- und Nachteile der einzelnen Organisationstypen in der nachfolgenden Tabelle fest, indem Sie die Organisationstypen hinsichtlich der vorgegebenen Merkmale beurteilen.

Merkmale	Werkstätten-fertigung	Reihen-fertigung	Fließband-fertigung
Anpassungsfähigkeit an Nachfrageände-rungen			
Transportkosten aufgrund langer Transportwege			
Qualifikation der Mitarbeiter			
Lohnkosten			
Kosten für Zwischenlagerung			
Kosten der Arbeitsvorbereitung			

5. Unterbreiten Sie der Soester Büromöbel AG einen Handlungsvorschlag für ein geeignetes Fertigungsverfahren. Begründen Sie, ob die Werkstättenfertigung beibehalten werden sollte oder ein anderer Organisationstyp unter folgenden Annahmen zweckmäßiger erscheint: Die Soester Büromöbel AG fertigt Schreibtische, Büroschränke und Bürostühle in verschiedenen Ausführungen und in begrenzten Stückzahlen (Kleinserie). Zudem fertigt man auch nach ganz speziellen Wünschen der Kunden. Der Anteil der Spezialanfertigungen beträgt ca. 40 % des Auftragsvolumens.

6. Ordnen Sie die folgenden Fertigungstypen (Fertigungsverfahren nach der Häufigkeit der Prozesswiederholung) den unten aufgeführten Fällen zu:
   - Einzelfertigung
   - Serienfertigung
   - Sortenfertigung
   - Massenfertigung

1	Der Getränkehersteller Hoffmann KG produziert zusätzlich zur traditionellen Limonade eine kalorienarme Version.	
2	Die Brauer GmbH produziert Schrauben in sehr hohen Stückzahlen.	
3	Die Borgmann GmbH baut für einen Multimillionär nach dessen Vorstellungen eine Luxusjacht.	
4	Das Bauunternehmen Bullinger AG erstellt in der Nähe von Düsseldorf eine neue Autobahnbrücke.	
5	Bei der Adam Opel AG in Rüsselsheim wird sowohl der Insignia als auch der Zafira gefertigt.	
6	Die Stollberg GmbH produziert in sehr großen Mengen Recyclingpapier für Kopiergeräte.	
7	Bei der Scheider AG werden sowohl DVD-Player als auch Blu-Ray-Player produziert.	

7. Die Entscheidung, welche Form der Fertigungsorganisation sinnvoll ist, ist eng mit der Frage nach dem Fertigungstyp verknüpft. Entscheiden Sie, welche Fertigungsorganisationen für die einzelnen Fertigungstypen in Betracht kommen.

Fertigungstypen	Fertigungsorganisation
Einzelfertigung & Kleinserienfertigung	
Serienfertigung (überwiegend Großserien)	
Großserienfertigung & Massenfertigung	
Serienfertigung (kleine & größere Serien)	

8. Welche Merkmale weist die Gruppenfertigung auf? Kreuzen Sie Zutreffendes an.

A	Es kommen nur Spezialmaschinen zum Einsatz.	
B	Größere Teileinheiten eines Produkts werden auf jeweils einer Fertigungsinsel bearbeitet.	
C	Die Gruppenfertigung kommt vor allem bei der Massenproduktion zum Einsatz.	
D	Es handelt sich um eine Kombination aus Werkstätten- und Fließfertigung.	

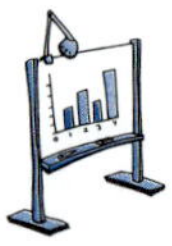

Material 1: Schaubild „Werkstättenfertigung“

Organisationstyp 1: Werkstättenfertigung

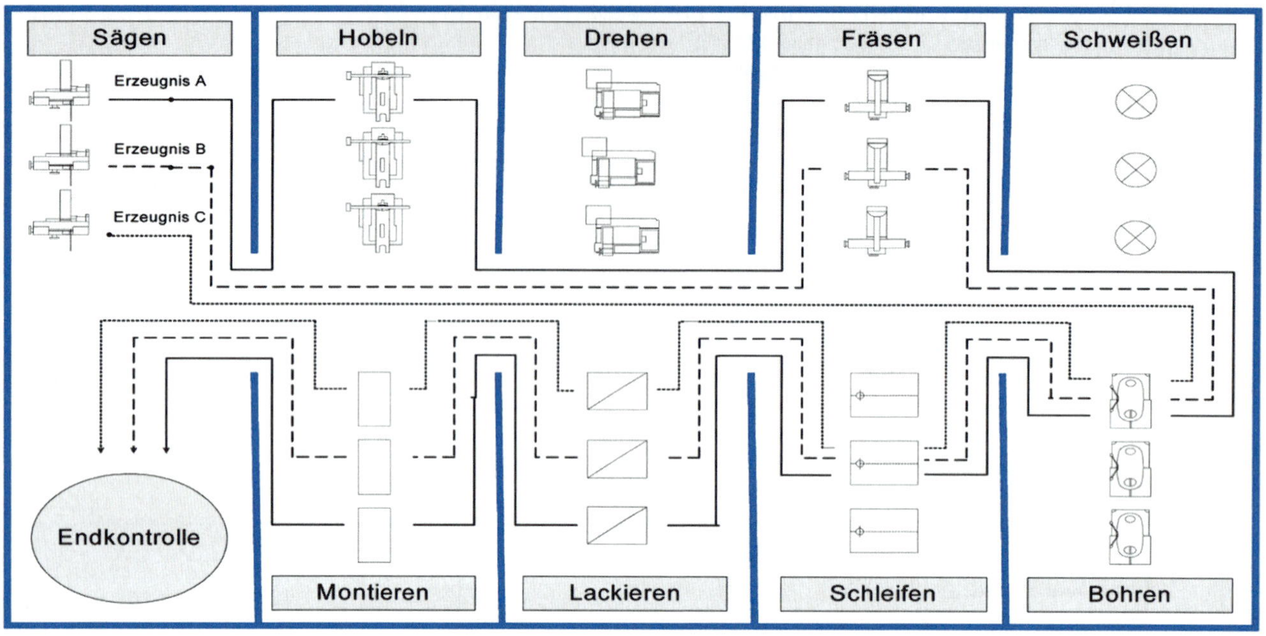

Wie sind die Fertigungsmaschinen und -einrichtungen angeordnet?

Welche Maschinenart wird verwendet?

Welche Qualifikation benötigen die Mitarbeiter?

Material 2: Weitere Organisationstypen

Organisationstyp 2: ______________________________

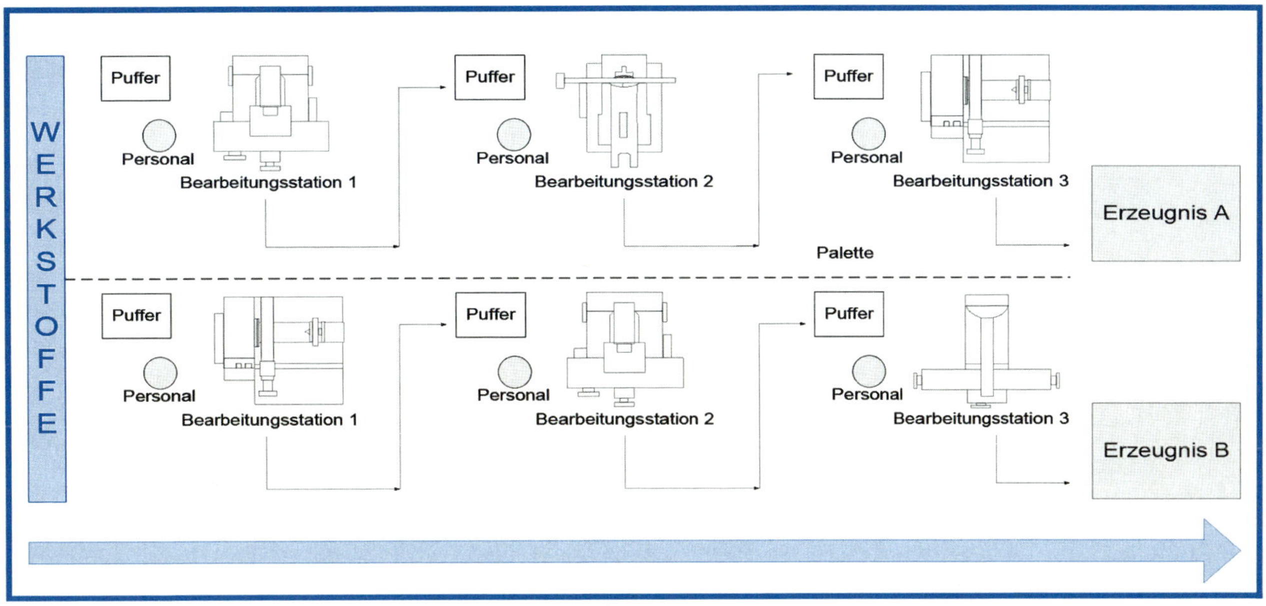

Wie sind die Fertigungsmaschinen und -einrichtungen angeordnet?

Welche Maschinenart wird verwendet?

Welche Qualifikation benötigen die Mitarbeiter?

Material 2: Fortsetzung

Organisationstyp 3: ______________________________

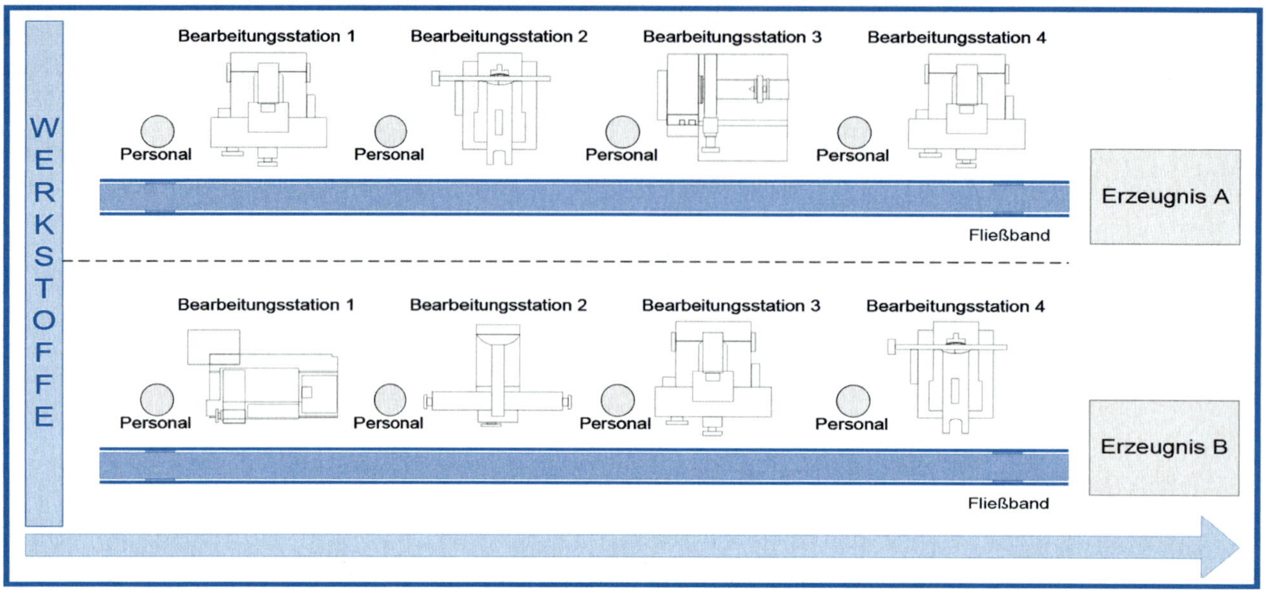

Wie sind die Fertigungsmaschinen und -einrichtungen angeordnet?

Welche Maschinenart wird verwendet?

Welche Qualifikation benötigen die Mitarbeiter?

Material 2: Fortsetzung

Organisationstyp 4: ______________________________

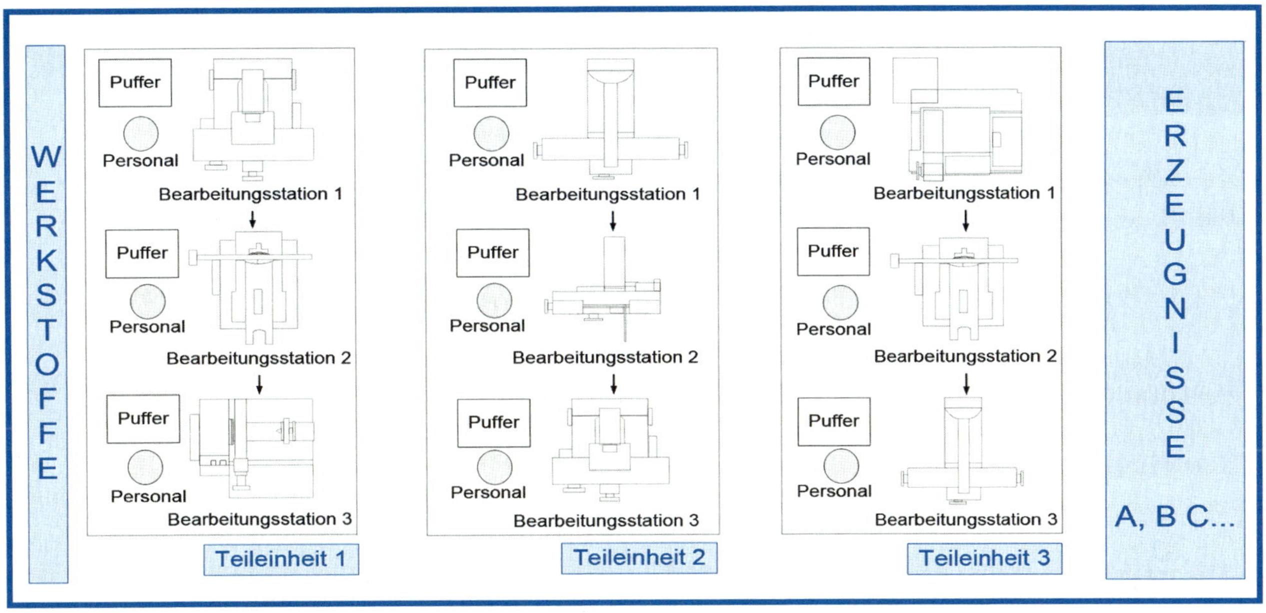

Wie sind die Fertigungsmaschinen und -einrichtungen angeordnet?

Welche Maschinenart wird verwendet?

Welche Qualifikation benötigen die Mitarbeiter?

Schulbuch S. 309–312

2 Die optimale Losgröße ermitteln

Situation:

Einige Wochen bevor der neue Bürodrehstuhl Tergo gefertigt werden soll, sitzen Herr Klein, Bereichsleiter Produktion der Soester Büromöbel AG, und zwei Abteilungsleiter zusammen, um anstehende Probleme zu besprechen.

Herr Klein: Meine Herren, nun ist es endlich so weit. Der Bürodrehstuhl Tergo kann in Serie gehen. Alle Vorarbeiten sind erledigt.

Herr Misevic: Wie viel Einheiten sollen denn im laufenden Jahr hergestellt werden?

Herr Klein: Unser Marketingleiter, Herr Frei, geht von einer Absatzprognose von 2000 Einheiten pro Jahr aus.

Herr Misevic: Aus diesem Grund schlage ich vor, dass wir zunächst 500 Stühle am Stück produzieren und auf Lager legen. Zu Quartalsbeginn produzieren wir dann jeweils die übrigen Teilmengen.

Herr Briatore: Herr Misevic, das halte ich nun wirklich für keine gute Idee. Wissen Sie, wie viel Lagerkosten anfallen, wenn ich 500 Stühle auf Lager nehme?

Herr Misevic: Schön und gut, Herr Briatore. Aber bedenken Sie bitte, dass wir, wenn die Serien häufiger gewechselt und damit kleinere Stückzahlen gefertigt werden, die Maschinen jedes Mal neu einstellen müssen. Das verursacht enorme Kosten.

Herr Klein: Meine Herren, hier handelt es sich eindeutig um ein Optimierungsproblem. Was schlagen Sie vor?

Arbeitsaufträge:

1. Informieren Sie sich zunächst im „Handbuch Produktion" (Material 3) über die optimale Bestellmenge. Ermitteln Sie anschließend unter Berücksichtigung der internen Mitteilung (Material 1) die optimale Losgröße für den Bürodrehstuhl Tergo mithilfe der Entscheidungstabelle (Material 2).

Material 1: Interne Mitteilung

Interne Mitteilung

Soester Büromöbel AG

an: Marco Misevic (Fertigung)
von: Tim Stenger

Abteilung: Fertigung
Datum: 05.05.20..
Zeichen: stg

Informationen zum Bürodrehstuhl Tergo

Jährliche Produktionsmenge:	2000 Stück
Selbstkosten je Stück:	600,00 EUR
Rüstkosten je Wechsel:	320,00 EUR
Lagerhaltungskostensatz:	20 %

Mit freundlichen Grüßen

Tim Stenger

Material 2: Entscheidungstabelle

Losgröße	Auflagenhäufigkeit	Rüstkosten pro Jahr in EUR	∅ Lagerbestand in Stück	∅ Lagerbestand in EUR	Lagerhaltungskosten in EUR	Gesamtkosten der Losgröße in EUR
2000						
1000						
500						
400						
200						
100						
50						
20						
10						

optimale Losgröße	

2. Vervollständigen Sie folgende Merksätze:

Merksatz 1

Eine __________ Losgröße hat eine ____________ Anzahl von Losen zur Folge. Daher sind die Rüstkosten __________, die ________________ hingegen hoch.

Merksatz 2

Eine ____________ Losgröße hat eine _________ Anzahl von Losen zur Folge. Die _____________ sind daher hoch, die Lagerhaltungskosten dagegen ___________.

Material: Handbuch Produktion

Soester Büromöbel AG

Kapitel Optimale Losgröße

Die Ermittlung der optimalen Losgröße

Werden Erzeugnisse in Serienfertigung hergestellt und ist die jährliche Fertigungsmenge bekannt, stellt sich die Frage, ob sie auf einmal oder in mehreren Teilmengen gefertigt werden soll. Die pro Fertigungsgang hergestellte Menge bezeichnet man als Losgröße. Die Beantwortung der eingangs gestellten Frage ist aus Kostengesichtspunkten von den anfallenden Rüst- und Lagerhaltungskosten abhängig. Rüstkosten, auch Loswechselkosten genannt, entstehen, wenn die Fertigungsmaschinen auf die Erfordernisse der neu zu fertigenden Serie umgestellt werden. Ist die Losgröße hoch, sind die Rüstkosten gering, da sich der Loswechsel nicht so oft wiederholt. Gleichzeitig sind jedoch die Lagerhaltungskosten hoch, da größere Mengen gelagert werden müssen. Ist die Losgröße niedrig, sind die Rüstkosten hoch, die Lagerhaltungskosten hingegen niedriger. Die optimale Losgröße ist demnach die Menge, bei der die Summe aus Rüstkosten und Lagerhaltungskosten am niedrigsten ist.

Kosten, die die Bestellmenge bestimmen

Rüstkosten

Lohn-, Material- und Werkzeugkosten, die durch die Einrichtung und Reinigung der Fertigungsmaschinen entstehen

→ **losfixe Kosten**

Lagerhaltungskosten

- Zinsen für das im Lagerbestand investierte Kapital (Kapitalbindungskosten)
- Löhne & Gehälter
- Arbeitsmittel
- Versicherungsprämien
- Verderb
- ...

→ **losvariable Kosten**[1]

Die **optimale Losgröße** kann auf zweifache Weise ermittelt werden:

1. Tabellarisch unter Anwendung folgender Berechnungshilfen:

Ø Lagerbestand in Einheiten: $\frac{\text{Losgröße}}{2}$

Ø Lagerbestand in EUR: Ø Lagerbestand in Einheiten · Herstellkosten je Einheit

Lagerhaltungskosten in EUR: Ø Lagerbestand in EUR · Lagerhaltungskostensatz[2]

2. Rechnerisch nach folgender Formel:

$$\sqrt{\frac{200 \cdot \text{jährliche Fertigungsmenge} \cdot \text{Rüstkosten}}{\text{Herstellkosten je Einheit} \cdot \text{Lagerhaltungskostensatz}}}$$

1 In den Lagerhaltungskosten sind sowohl variable als auch fixe Kostenbestandteile enthalten. Wenn die Lagerhaltungskosten als %-Satz (Lagerhaltungskostensatz) vom Ø Lagerbestand berechnet werden, handelt es sich jedoch um variable Kosten, da ja die Höhe des Ø Lagerbestands die ausschlaggebende Größe ist.

2 Den Lagerhaltungskostensatz erhält man, wenn man die Lagerhaltungskosten ins Verhältnis zum durchschnittlichen Lagerbestand in EUR setzt. Er ist generell ein Prozentsatz (beispielsweise 15 %). Im Rahmen der Berechnungsformel verwendet man jedoch nur ganze Zahlen (beispielsweise 15).

Schulbuch S. 319–322

Anforderungssituation 3.3

1 Die Qualität sicherstellen

Situation:

Die Soester Büromöbel AG hat seit einigen Monaten erhebliche Probleme mit der Qualität der von ihr hergestellten Produkte. Der Vorstand hat daher die Bereichsleiter aufgefordert, die Ursachen für die Probleme zu untersuchen und Vorschläge zu entwickeln, wie die Qualität der Produkte verbessert werden kann. Die Bereichsleiter sitzen heute zusammen, um die weitere Vorgehensweise zu besprechen.

Herr Merk: Meine Herren, der gute Ruf unseres Unternehmens, den wir uns hart erarbeitet haben, steht auf dem Spiel. Wir müssen endlich handeln.

Herr Richter: Ganz meine Meinung. Die Kundenreklamationen wegen der unzureichenden Qualität unserer Produkte sind in den letzten Monaten dramatisch gestiegen. Hier möchte ich einmal beispielhaft das Produktfeld „Bürostühle" herausgreifen. Immer wieder hören wir Klagen über schlecht verarbeitete Nähte. Auch die Mechanik bei der Sitzhöhenverstellung arbeitet nicht einwandfrei.

Herr Klein: Damit nicht genug. Schon bei der Produktion haben wir enorme Probleme. Die Ausschussquote ist im Vergleich zum Vorjahr deutlich höher.

Herr Merk: Das geht so nicht weiter. Wir müssen endlich gegensteuern.

Arbeitsaufträge:

1. Notieren Sie die beiden in der Einstiegssituation genannten Problemfelder.

Problemfeld 1	
Problemfeld 2	

2. Nennen Sie Ursachen für die beschriebenen Qualitätsprobleme.

Ursachen für Qualitätsprobleme		

3. Heutzutage werden viele Maßnahmen ergriffen, um Qualität sicherzustellen. Informieren Sie sich mithilfe von Material 1 bis Material 4 über die verschiedenen Aspekte des Total Quality Managements (TQM) und halten Sie die wesentlichen Merkmale in der vorliegenden Struktur fest (Material 5).

4. Vervollständigen Sie folgenden Lückentext:

Das Qualitätsmanagement hat die Aufgabe, ______________ zu vermeiden. Darüber hinaus soll im Rahmen eines ______________________ Verbesserungsprozesses ein beständig ______________ Qualitätsniveau erreicht werden.

5. In der beschriebenen Situation sind es die Kunden, die die Soester Büromöbel AG dazu bewegen, Qualitätssicherungsmaßnahmen zu ergreifen. Nennen Sie weitere Gründe, die ein Unternehmen veranlassen könnte, mehr in Qualität zu investieren.

Gründe, in Qualitätsmaßnahmen zu investieren		

6. Beschreiben Sie die Auswirkungen für ein Unternehmen, wenn Produkte minderer Qualität ausgeliefert werden (Fehlerfolgekosten).

Fehlerfolgekosten	

7. Um Fehlerfolgekosten zu vermeiden, investieren die Unternehmen sowohl in Maßnahmen zur Fehlerverhütung als auch in aufwendige Prüfverfahren viel Geld. Sämtliche Kosten, die in Verbindung mit Qualität anfallen, werden als Qualitätskosten bezeichnet.

7.1 Nennen Sie Beispiele für Fehlerverhütungs- und Prüfkosten.

Fehlerverhütungskosten	Prüfkosten

7.2 Zwischen den Fehlerverhütungs- und Prüfkosten auf der einen und den Fehlerfolgekosten auf der anderen Seite besteht eine Wechselwirkung. Vervollständigen Sie in dem Zusammenhang folgenden Merksatz.

Je höher die ______________________________, desto geringer die ____________________!

7.3 Ermitteln Sie anhand des folgenden Zahlenmaterials aus der Abteilung Controlling die aus Kostensicht optimale Fehlerquote.

Fehlerquote in %	Fehlerfolgekosten in EUR	Fehlerverhütungs- und Prüfkosten in EUR	Gesamtkosten in EUR
0	0,00	220 000,00	
3	50 000,00	180 000,00	
6	80 000,00	120 000,00	
9	100 000,00	60 000,00	
12	140 000,00	40 000,00	

Ergebnis: ______________________________

____

____

Material 1: Quality Circle

Q

Lexikon der Wirtschaft

Quality-Circle

Ein Unternehmen, das nicht danach strebt, die Qualität seiner Produkte ständig zu verbessern, läuft in der heutigen Wettbewerbssituation jederzeit Gefahr, seine Marktstellung zu verlieren. Eine Möglichkeit, den Qualitätsstandard kontinuierlich zu verbessern (KVP = Kontinuierlicher Verbesserungsprozess) ist in dem Quality-Circle-Konzept zu sehen.

Ein Quality-Circle ist eine Gruppe von ca. 6–10 Mitarbeitern aus demselben Arbeitsbereich (z. B. Konstruktion, Einkauf, Montage etc.), die sich freiwillig und regelmäßig während der regulären Arbeitszeit treffen, um Probleme und Schwachstellen ihres Arbeitsbereichs unter der Anleitung eines Moderators aufzudecken. Im Anschluss daran erarbeiten die Teilnehmer gemeinsam oder in Kleingruppen Lösungsvorschläge zur Überwindung der Probleme und bewerten sie. Anschließend werden die Lösungsvorschläge (in Abstimmung mit dem Management) im betreffenden Arbeitsbereich umgesetzt.

Zum heutigen Zeitpunkt werden Quality-Circles überwiegend im Produktionsbereich eingesetzt, denkbar ist jedoch auch eine Anwendung im kaufmännischen Bereich. Der Einsatz von Quality-Circles führt nicht nur direkt, sondern auch indirekt zu einer höheren Qualität der Produkte. Dies ist damit zu begründen, dass sich die stärkere Beteiligung der Mitarbeiter an betrieblichen Entscheidungen i. d. R. positiv auf die Arbeitszufriedenheit und Arbeitsmotivation auswirken wird, was sozusagen auf indirektem Weg zu einer Verbesserung der Produktqualität beitragen kann.

Es sollte allerdings nicht verschwiegen werden, dass das Quality-Circle-Konzept recht hohe Anforderungen an die Qualifikation der Mitarbeiter stellt. Hierbei reichen fachliche Qualifikationen jedoch nicht aus. Die Teilnehmer müssen beispielsweise in der Lage sein, gemeinsam in Gruppen zu arbeiten, Vorschläge einzelner Teilnehmer oder Kleingruppen kontrovers, aber sachlich zu diskutieren oder auch Arbeitsergebnisse übersichtlich und ansprechend zu präsentieren. Aus diesem Grund bieten viele Unternehmen entsprechende Weiterbildungsangebote an.

Material 2: CAQ

Lexikon der Wirtschaft

CAQ (Computer Aided Quality Assurance)

Während in früheren Zeiten die Qualitätskontrolle am Ende des Fertigungsprozesses im Vordergrund stand, bemüht man sich in der heutigen Zeit verstärkt darum, erst gar keine fehlerhaften Produkte zu produzieren.

Ein Schritt in die richtige Richtung ist die „Automatisierte Qualitätssicherung" (Computer Aided Quality Assurance – CAQ). Hierbei wird z. B. eine CNC-Bohrmaschine und das auf dieser Maschine zu bearbeitende Werkstück durch automatische Mess- und Prüfsysteme ständig überwacht. Diese Mess- und Prüfsysteme können beispielsweise frühzeitig erkennen, ob der eingesetzte Bohrer Gefahr läuft, sich abzunutzen, oder sogar ein Bruch bevorsteht. Ist dies der Fall, sorgen die Mess- und Regelsysteme dafür, dass sich die Maschine automatisch abschaltet. Das bearbeitete Werkstück bleibt unbeschädigt. Der defekte Bohrer kann nun vom zuständigen Mitarbeiter ausgetauscht werden. Durch den Einsatz von CAQ-Systemen kann der Ausschuss enorm verringert werden.

Material 3: Qualität und Mitarbeiter

„Der Mitarbeiter – die entscheidende Größe für den Erfolg eines umfassenden Qualitätsmanagements"

Dr. Peter Krug, Professor der BWL, im Gespräch mit dem Rheinischen Boten

RB: In der heutigen Zeit sind die Unternehmen mehr und mehr gezwungen, qualitativ hochwertige Produkte anzubieten, um auf dem Markt langfristig bestehen zu können. Welche Maßnahmen sollen Unternehmen ergreifen, um die Qualität ihrer Produkte sicherzustellen?

Krug: Nun, mit der Durchführung von Qualitätsaudits, der Einrichtung von Quality-Circlen und der automatisierten Qualitätskontrolle sind wichtige Schritte getan. Allerdings ist zu bemängeln, dass bei diesen Konzepten die Mitarbeiter, die ja entscheidenden Einfluss auf die Qualität der Produkte haben, noch zu wenig berücksichtigt werden.

RB: Wie meinen Sie das? Schließlich ist es doch der Mitarbeiter, der z.B. im Rahmen des Quality-Circle-Konzepts die Verbesserungsvorschläge macht.

Krug: Richtig, aber engagiert mitarbeiten wird doch nur derjenige Mitarbeiter, der um die zunehmende Bedeutung der Qualität für sein Unternehmen und damit für seinen Arbeitsplatz weiß. Im Sinne eines umfassenden Qualitätsmanagements, auch Total Quality Management (TQM) genannt, muss daher neben den oben genannten Maßnahmen zunächst das Qualitätsbewusstsein der Mitarbeiter gefördert werden. Hierzu ist es nötig, für alle Mitarbeiter auf sämtlichen Hierarchiestufen Seminare zu veranstalten, in denen die Bedeutung des Erfolgsfaktors Qualität zur Erhaltung der Wettbewerbsfähigkeit und damit für den Fortbestand des Unternehmens verdeutlicht wird. Jedem Mitarbeiter muss klar werden, welche Bedeutung die Arbeit des Einzelnen für die Qualität des Endprodukts hat. Dem Einkaufssachbearbeiter muss z.B. bewusst sein, welche gravierenden Auswirkungen die Auswahl eines unzuverlässigen Lieferanten haben kann. Darüber hinaus ist sicherlich die Qualifikation der Mitarbeiter von großer Wichtigkeit. Hier ist darauf zu achten, dass zum einen qualifizierte Mitarbeiter eingestellt werden und zum anderen die schon vorhandenen Mitarbeiter im Rahmen der Weiterbildung so geschult werden, dass sie den Anforderungen am Arbeitsplatz gerecht werden. Unqualifizierte Mitarbeiter machen zwangsläufig Fehler, die dann zu hohen Ausschusskosten oder aber zu fehlerhaften Produkten führen.

RB: Ist nicht auch die Motivation der Mitarbeiter ein entscheidender Faktor?

Krug: Sehr richtig. Ein weiterer wichtiger Aspekt ist sicherlich die Motivation der Mitarbeiter. Wie werden die Beiträge einzelner Mitarbeiter zur Qualitätssteigerung honoriert? Werden Qualitätsprämien gezahlt? Neben diesen finanziellen Anreizen trägt es sicherlich zur Motivation der Mitarbeiter bei, wenn den Mitarbeitern die Bedeutung ihrer eigenen Arbeit für die Qualität der Produkte bewusst wird und ihnen Gelegenheit gegeben wird, sich an den Überlegungen zur Qualitätssicherung zu beteiligen. Darüber hinaus ist ein gutes Betriebsklima sicherlich Grundvoraussetzung für die Leistungsbereitschaft der Mitarbeiter. Qualitätsbewusste, qualifizierte und motivierte Mitarbeiter können entscheidend dazu beitragen, die Qualität der Produkte zu verbessern.

RB: Herr Krug, wir danken Ihnen für das Gespräch.

Material 4: Zertifizierung (Qualitätsaudit)

Das Qualitätsaudit (Zertifizierung nach ISO 9000 – ein wichtiger Schritt zu mehr Qualität)

Die Qualität der angebotenen Produkte ist entscheidend, um langfristig am Markt bestehen zu können. Aus diesem Grund hat die Internationale Standardisierungs-Organisation (ISO) schon 1987 konkrete Schritte zur Einführung eines Qualitätsmanagementsystems (QM-System) erarbeitet und in einer Norm, der ISO 9000 festgehalten. Die ISO 9000 ist branchenübergreifend und wird mittlerweile in ganz Europa und in vielen anderen Ländern der Welt anerkannt. Die Norm ist auch unter dem Namen Qualitätsaudit bekannt (Audit = Überprüfung).

Das Ziel besteht darin, Fehler und Mängel nicht erst am Ende des Fertigungsprozesses bei der Endkontrolle festzustellen und zu beheben, sondern soweit wie möglich von vornherein zu vermeiden. Da die Ursachen für Qualitätsmängel nicht nur in der Fertigung zu suchen sind, sondern beispielsweise in hohem Maße auch auf Planungsfehler in der Konstruktion oder auf fehlerhafte Materialien der Zulieferer zurückzuführen sind, soll sich das Qualitätsmanagementsystem auf praktisch alle Abteilungen des Unternehmens erstrecken.

Das Unternehmen, das sich zertifizieren lassen möchte, muss ein QM-System entwickeln und dieses in einem QM-Handbuch niederlegen. Darin sollen entsprechend der Norm alle notwendigen Prozesse zur Erfüllung der Kundenwünsche festgelegt werden. U. a. werden folgende Aspekte behandelt:

- Welche Ziele in puncto Qualität haben wir?
- Wie ist das Qualitätsmanagementsystem aufgebaut?
- Wer ist für die Einhaltung der Vorgaben verantwortlich?
- Welche Maßnahmen werden in den einzelnen Abteilungen durchgeführt?
  - Konstruktion
  - Beschaffung
  - Fertigung
  - Vertrieb
  - After-Sales-Service
- Wie wird die Durchführung interner Qualitätsaudits organisiert?
- Welche Konsequenzen ergeben sich aus den Ergebnissen der internen Qualitätsaudits?

Beispiele: Im Bereich „Qualitätsmanagement in der Beschaffung" soll unter anderem beschrieben werden, wie die Beschaffung einwandfreier Materialien gewährleistet werden soll. Neben einer detaillierten Beschreibung des Beschaffungsvorgangs z. B. in Form einer Ereignisorientierten Prozesskette (EPK), kann z. B. festgelegt sein, dass bei der Vergabe von Aufträgen nur noch Lieferanten berücksichtigt werden, die einen Nachweis über die Einführung und Anwendung eines Qualitätsmanagementsystems gemäß ISO 9000 nachweisen können. Im Abschnitt „Qualitätsmanagement in der Fertigung" soll beispielsweise aufgeführt werden, mit welchen Prüfmitteln (Sichtkontrolle vs. Materialkontrolle) und in welchem Umfang (100 % Kontrolle vs. Stichprobenkontrolle) die Wareneingangs-, Zwischen- und Endkontrolle durchgeführt wird. Darüber hinaus wird festgelegt, welche Maßnahmen beim Auftreten fehlerhafter Werkstoffe bzw. Endprodukte einzuleiten sind.

Um den Qualitätsstandard des Unternehmens nach außen zu dokumentieren, kann sich ein Unternehmen die Erfüllung der ISO 9000 durch ein Zertifikat eines unabhängigen Prüfers (z. B. TÜV oder Dekra) bestätigen lassen. Diese Überprüfung wird auch Zertifizierung genannt.

Die Prüfer beurteilen zunächst das Qualitätsmanagementhandbuch und kontrollieren dann die konkrete Umsetzung an Ort und Stelle (sogenanntes externes Audit).

An dieser Stelle ist noch einmal zu betonen, dass nicht das konkrete Produkt hinsichtlich seiner Qualität, sondern das Qualitätsmanagementsystem überprüft wird. Sind alle Normen erfüllt, erhält das Unternehmen das Zertifikat. Es gilt für drei Jahre. In dieser Zeit werden jährlich Überwachungsaudits angesetzt, die vom Umfang deutlich unter den „Zertifizierungsaudits" liegen. Nach drei Jahren erfolgt ein Wiederholungsaudit, dessen Umfang sich nach den Abweichungen der vorangegangenen Audits richtet.

Material 5: Übersicht Total Quality Management

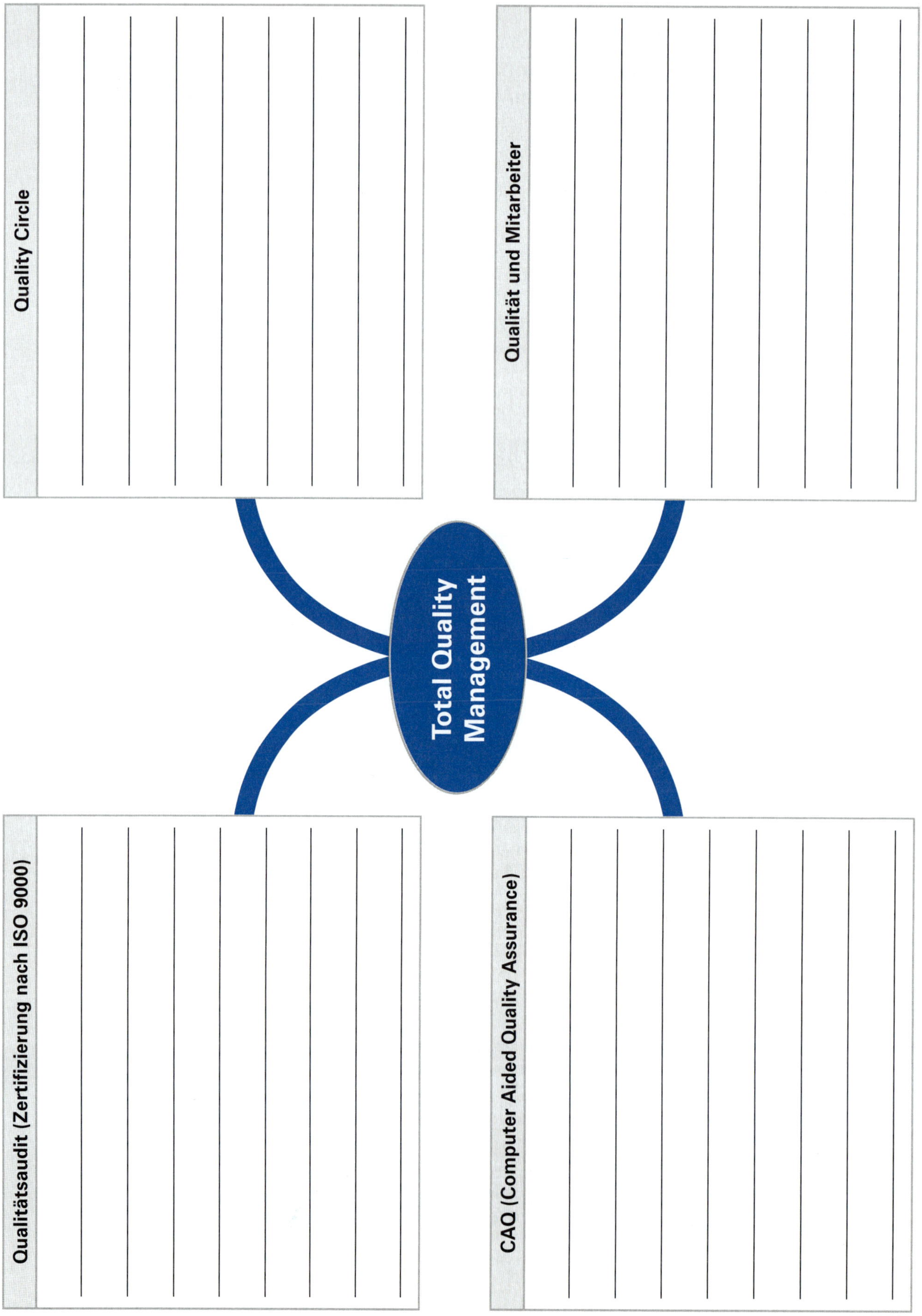

2 Produktionscontrolling

Schulbuch S. 324–327

Situation:

Aufgrund des zunehmenden Wettbewerbsdrucks in der Büromöbelbranche hat die Soester Büromöbel AG im abgelaufenen Geschäftsjahr vielfältige Maßnahmen ergriffen, um die Produktionsprozesse zu optimieren. Im Rahmen eines Anfang Januar stattfindenden Produktionscontrollings soll nun überprüft werden, ob die Maßnahmen erfolgreich waren. Zu diesem Zweck sind verschiedene Kennzahlen zu ermitteln und mit den Zahlen aus dem Vorjahr zu vergleichen.

Arbeitsaufträge:

1. Ermitteln Sie unter Zuhilfenahme von Material 1 und 2 im Rahmen des Produktionscontrollings sowohl für das abgelaufene aktuelle Geschäftsjahr (Jahr 02) als auch für das Vorjahr (Jahr 01) die unten aufgeführten Kennzahlen. Berechnen Sie, um wie viel % die Soester Büromöbel AG im Vergleich zum Vorjahr besser oder schlechter abschneidet.

   Hinweis: Runden Sie die Ergebnisse auf zwei Stellen hinter dem Komma (Ausnahmen: Arbeitsproduktivität und Kapitalproduktivität auf vier Stellen hinter dem Komma). Nehmen Sie zur Berechnung das „Handbuch Produktion“ (Material 3) zu Hilfe.

Kennzahlen	Jahr 01	Jahr 02	Ergebnis des Vergleichs in %
Arbeitsproduktivität			
Kapitalproduktivität			
Wirtschaftlichkeit			
Eigenkapitalrentabilität			
Gesamtkapitalrentabilität			
Zeitgerecht ausgeführte Fertigungsaufträge			

Fazit	

2. Die Soester Büromöbel AG hat über den Bundesverband der Büromöbelindustrie die Zahlen der Branche in Erfahrung gebracht (Material 1). Vergleichen Sie die Ergebnisse der Soester Büromöbel AG mit den Durchschnittswerten der Büromöbelbranche im Jahr 02. Berechnen Sie, um wie viel % die Soester Büromöbel AG besser oder schlechter abschneidet.

Kennzahlen	Branche 02	Ergebnis des Vergleichs
Arbeitsproduktivität		
Kapitalproduktivität		
Wirtschaftlichkeit		
Eigenkapitalrentabilität		
Gesamtkapitalrentabilität		

Fazit	

3. Begründen Sie, ob die Wirtschaftlichkeit sinken kann, obwohl die Umsatzerlöse gestiegen sind.

4. Stellen Sie zwei grundlegende Möglichkeiten dar, höhere Umsatzerlöse zu erzielen.

   ➤

   ➤

5. Erläutern Sie die Auswirkungen von Kostensenkungsmaßnahmen auf die Wirtschaftlichkeit.

6. Der Einzelunternehmer Bernd Klein e.K., 2 Mitarbeiter, und die Berg AG, ein Großunternehmen mit deutschlandweit 15400 Mitarbeitern, haben beide im aktuellen Geschäftsjahr 100000,00 EUR Gewinn erwirtschaftet. Prüfen Sie, ob beide Unternehmen gleich erfolgreich waren.

Material 1: Interne Mitteilungen

Interne Mitteilung

SB Soester Büromöbel AG

an: Peer Klein (Produktion)
von: Victor Castro

Abteilung: Controlling
Datum: 10.01.20..
Zeichen: cas

Informationen Personal

Unsere 420 Mitarbeiter fertigten im Jahr 01 insgesamt 20500 Büromöbel. Im Jahr 02 belief sich die Produktionsmenge bei unverändertem Personalbestand auf 21400 Einheiten. Unsere Mitarbeiter waren in beiden Jahren jeweils 46 Wochen im Einsatz. Gearbeitet wurde an 5 Tagen pro Woche. Die tägliche Arbeitszeit betrug 8 Stunden.

Informationen Büromöbelbranche

Der Bundesverband der Büromöbelindustrie hat im Geschäftsbericht 02 folgende Zahlen veröffentlicht: In vergleichbaren mittelständischen Unternehmen liegt die Arbeitsproduktivität bei 0,0269, die Kapitalproduktivität bei 0,0054, die Wirtschaftlichkeit bei 1,07, die Eigenkapitalrentabilität bei 14,90 % und die Gesamtkapitalrentabilität bei 10,70 %. Vergleichsdaten zur Prozessqualität liegen leider nicht vor.

Informationen Fertigungsaufträge

Im Jahr 01 wurden 1980 Fertigungsaufträge veranlasst, davon wurden 1700 Aufträge zeitgerecht ausgeführt. Im Jahr 02 wurden 2050 Fertigungsaufträge veranlasst. Die Zahl der zeitgerecht ausgeführten Fertigungsaufträge erhöhte sich auf 2020.

Material 2: Bilanzen und Gewinn- und Verlustrechnungen der Soester Büromöbel AG

Bilanz 01 (Vorjahr – in EUR)

Aktiva		Passiva	
Anlagevermögen		**Eigenkapital**	
Grundstücke und Bauten	6 000 000,00	Gezeichnetes Kapital	9 500 000,00
Maschinen und Werkzeuge	3 900 000,00	Gewinnrücklagen	600 000,00
BGA	1 800 000,00	Bilanzgewinn	900 000,00
Umlaufvermögen		**Fremdkapital**	
Vorräte	2 000 000,00	Langfristiges Darlehen	2 800 000,00
Fertige Erzeugnisse	400 000,00	Verbindlichkeiten a. L. u. L.	5 800 000,00
Forderungen	4 100 000,00		
Kasse	200 000,00		
Bank	1 200 000,00		
	19 600 000,00		19 600 000,00

Bilanz 02 (abgelaufenes aktuelles Geschäftsjahr – in EUR)

Aktiva		Passiva	
Anlagevermögen		**Eigenkapital**	
Grundstücke und Bauten	6 000 000,00	Gezeichnetes Kapital	10 300 000,00
Maschinen und Werkzeuge	4 000 000,00	Gewinnrücklagen	700 000,00
BGA	2 000 000,00	Bilanzgewinn	1 000 000,00
Umlaufvermögen		**Fremdkapital**	
Vorräte	1 800 000,00	Langfristiges Darlehen	3 000 000,00
Fertige Erzeugnisse	500 000,00	Verbindlichkeiten a. L. u. L.	5 200 000,00
Forderungen	4 200 000,00		
Kasse	400 000,00		
Bank	1 300 000,00		
	20 200 000,00		20 200 000,00

GuV 01 (Vorjahr – in EUR)

Aufwendungen[1]		Erträge	
Aufwendungen für Rohstoffe	5 900 000,00	Umsatzerlöse	20 000 000,00
Aufwendungen für Hilfsstoffe	1 000 000,00		
Aufwendungen für Betriebsstoffe	1 300 000,00		
Abschreibungen	400 000,00		
Zinsaufwendungen (Fremdkapitalzinsen)	300 000,00		
Löhne und Gehälter	7 500 000,00		
Sonstige Aufwendungen	2 100 000,00		
Gewinn	1 500 000,00		
	20 000 000,00		20 000 000,00

GuV 02 (abgelaufenes aktuelles Geschäftsjahr – in EUR)

Aufwendungen[1]		Erträge	
Aufwendungen für Rohstoffe	6 500 000,00	Umsatzerlöse	22 070 000,00
Aufwendungen für Hilfsstoffe	1 200 000,00		
Aufwendungen für Betriebsstoffe	1 300 000,00		
Abschreibungen	500 000,00		
Zinsaufwendungen (Fremdkapitalzinsen)	370 000,00		
Löhne und Gehälter	7 700 000,00		
Sonstige Aufwendungen	2 700 000,00		
Gewinn	1 800 000,00		
	22 070 000,00		22 070 000,00

1 Bei den aufgeführten Aufwendungen handelt es sich in allen Fällen um Kosten.

Material 3: Handbuch Produktion

Soester Büromöbel AG

Kapitel Produktionscontrolling

Die Aufgabe des Produktionscontrollings besteht u. a. darin, anhand von **Kennzahlen** zu prüfen, ob die Maßnahmen zur Optimierung der Produktionsprozesse erfolgreich waren. Anhand von Vergleichen mit Wettbewerbern, innerbetrieblichen Vergleichen mehrerer Geschäftsjahre oder auch zukunftsgerichteten Soll-Ist-Vergleichen lassen sich wertvolle Informationen für die Optimierung produktionsbezogener Entscheidungen ableiten.

Im Folgenden sollen einige ausgewählte Kennzahlen näher betrachtet werden.

Die **Produktivität** gibt Auskunft über die technische Ergiebigkeit des Produktionsprozesses. Sie stellt das mengenmäßige Produktionsergebnis (Ausbringungsmenge) im Verhältnis zum mengenmäßigen Einsatz an Produktionsfaktoren dar. Als Einsatzmengen verwendet man normalerweise die geleisteten Arbeitsstunden, die vorhandenen Mitarbeiter oder das eingesetzte Sachkapital (hiermit sind die eingesetzten Maschinen & Werkzeuge gemeint).

Arbeitsproduktivität	$\frac{\text{Ausbringungsmenge}}{\text{Arbeitsstunden}}$
Kapitalproduktivität	$\frac{\text{Ausbringungsmenge}}{\text{Sachkapital}}$

Die **Wirtschaftlichkeit** ist das Verhältnis der wertmäßig erbrachten Erträge (i. d. R. die Umsatzerlöse) zum Wert der für diese Erträge eingesetzten Produktionsfaktoren (Aufwendungen).

Wirtschaftlichkeit	$\frac{\text{Erträge}}{\text{Aufwendungen}}$

Die wichtigste Kennzahl ist der Gewinn. Da jedes Unternehmen jedoch in Bezug auf Größe, Kapitalausstattung etc. andere Bedingungen aufweist, sagt die absolute Höhe des Gewinns nur wenig aus. Um eine vergleichbare Aussage über den Erfolg eines Unternehmens machen zu können, muss der Gewinn prozentual in Beziehung zum eingesetzten Kapital gebracht werden. Hierbei ist zwischen der **Eigen- und der Gesamtkapitalrentabilität**[1] zu unterscheiden.

Eigenkapitalrentabilität	$\frac{\text{erwirtschafteter Gewinn} \cdot 100}{\text{Eigenkapital}}$
Gesamtkapitalrentabilität	$\frac{(\text{erwirtschafteter Gewinn} + \text{Zinsaufwendungen}) \cdot 100}{\text{Gesamtkapital}}$

Die obigen Kennziffern sagen wenig darüber aus, ob Prozessabläufe in der Produktion verbessert werden konnten. Die **Prozessqualität** in der Produktion muss sich aber daran messen lassen, inwieweit Fortschritte im Bereich Einhaltung der Liefertermintreue oder Minimierung der Durchlaufzeiten erzielt wurden.

Ein Beispiel für eine prozessorientierte Kennzahl sind die zeitgerecht ausgeführten Fertigungsaufträge:

zeitgerecht ausgeführte Fertigungsaufträge	$\frac{\text{zeitgerecht ausgeführte Fertigungsaufträge} \cdot 100}{\text{veranlasste Fertigungsaufträge}}$

1 Bei der Analyse des Jahresabschlusses wird bei den Rentabilitätskennziffern häufig mit dem durchschnittlich eingesetzten Eigen- und Fremdkapital gerechnet. Aus Vereinfachungsgründen wird hier darauf verzichtet.

Anforderungssituation 4.1

Schulbuch S. 331–339

1 Marktforschung betreiben

Situation:

Anfang Februar trifft sich der Vorstand der Soester Büromöbel AG, um das vergangene Geschäftsjahr Revue passieren zu lassen. Anwesend sind Herr Sörensen, Herr Werner und Frau Sims.

Herr Sörensen: Herr Werner, Frau Sims, die Zahlen, die ich heute Morgen von Herrn Castro, unserem Mann fürs Controlling, bekommen habe, sind wirklich alles andere als erfreulich.

Herr Werner: In der Tat, eine derart negative Entwicklung bei unseren Schreibtischen habe ich nicht erwartet.

Frau Sims: Ein solcher Gewinneinbruch kommt auch für mich überraschend.

Herr Sörensen: Wir müssen umgehend handeln. Ich schlage vor, wir verdoppeln unser Werbebudget.

Herr Werner: Herr Sörensen, bevor wir solche Ausgaben tätigen, sollten wir uns das Ganze doch mal genauer anschauen.

Arbeitsaufträge:

1. Nennen Sie das Problem, mit dem die Soester Büromöbel AG derzeit zu kämpfen hat.

Problem	

2. Erläutern Sie, was Herr Werner mit seinem Einwand meint.

3. Führen Sie Gründe an, die zu dem Gewinneinbruch geführt haben könnten.

mögliche Gründe für den Gewinneinbruch		

4. Nennen Sie vier Konsequenzen, die sich für die Soester Büromöbel AG aus dem Gewinneinbruch ergeben.

➤

➤ ______________________________

➤ ______________________________

➤ ______________________________

Fortsetzung der Situation:

Einige Tage später trifft sich die Führungsriege der Soester Büromöbel AG, um die weitere Vorgehensweise zu besprechen.

Herr Sörensen: Ich bin froh, dass wir die Ursache für unsere Probleme finden konnten.

Herr Werner: Das ist richtig, Herr Sörensen. Nur so können wir Erfolg versprechende Gegenmaßnahmen einleiten.

Frau Sims: Ganz meine Meinung. Da unsere Schreibtische scheinbar als altmodisch wahrgenommen werden, sollten wir schnellstens modernere Schreibtische auf den Markt bringen.

Herr Sörensen: Das sehe ich auch so. Unsere Konstrukteure sind bereits mit der Angelegenheit beauftragt. Ich hoffe, dass sie den Geschmack der Kunden treffen.

Herr Werner: Nun, darauf alleine sollten wir uns aber nicht verlassen.

5. Erklären Sie, was Herr Werner im Sinn hat, wenn er sich nicht allein auf seine Konstrukteure verlassen möchte.

6. Um einen marktgerechten Schreibtisch entwickeln und auf den Markt bringen zu können, sollen die Kunden befragt werden.

   6.1 Überlegen Sie sich vier zweckmäßige Fragen, die ausgewählten Kunden im Rahmen einer schriftlichen Fragebogenaktion gestellt werden könnten.

Nr.	Zweckmäßige Fragestellungen
1	
2	
3	
4	

6.2 Um die Auswertung zu vereinfachen, soll der Fragebogen ausschließlich Fragen mit vorgegebenen Antworten enthalten. Wählen Sie eine der unter 6.1 erarbeiteten Fragen aus und konzipieren Sie sinnvolle Antwortalternativen. (Zutreffendes bitte ankreuzen!)

Frage			
Antworten	a)		
	b)		
	c)		
	d)		

6.3 Die Rücklaufquote von Fragebogenaktionen ist häufig sehr gering. Unterbreiten Sie Vorschläge, die sich positiv auf die Rücklaufquote auswirken können.

7. Die Soester Büromöbel AG unterhält Geschäftsbeziehungen zu 20 000 Unternehmen. Die Befragung sämtlicher Kunden wäre zu aufwendig und zu teuer. Aus diesem Grund sollen im Rahmen einer Stichprobe 8 % der Kunden befragt werden.

Timo Frei, Marketingleiter der Soester Büromöbel AG, vertritt die Auffassung, dass der Firmensitz und die Größe des Unternehmens Einfluss auf die Entscheidung über die Anschaffung neuer Büromöbel haben.

Daher soll die Stichprobe repräsentativ sein.

Ermitteln Sie unter Berücksichtigung der folgend aufgeführten Kundendaten, wie viele und welche Unternehmen befragt werden sollen. Runden Sie wenn nötig auf zwei Stellen nach dem Komma auf.

Zu befragende Unternehmen		**West**	**Ost**
Zahl der zu befragenden Unternehmen (insgesamt)			
Zahl der zu befragenden Unternehmen (West/Ost)			
Großunternehmen	insgesamt		
Mittlere Unternehmen	insgesamt		
Kleinunternehmen	insgesamt		

Interne Mitteilung

Soester Büromöbel AG

an: Timo Frei (Marketing)
von: Victor Castro

Abteilung: Controlling
Datum: 16.02.20..
Zeichen: cas

Kunden der Soester Büromöbel AG im Jahr 20..

Zahl der Kunden	Großunternehmen	mittlere Unternehmen	Kleinunternehmen
West	1200	8400	2400
Ost	800	6000	1200

8. Erstellen Sie eine Übersicht (Material 1) zum Thema Marktforschung.

9. Überlegen Sie, wie die unten aufgeführten Informationen beschafft werden können (A) und welches Datenerhebungsverfahren (B) angewandt wird.

A: 1 = eigene Statistiken
2 = Veröffentlichungen des Bundesverbands der Büromöbelindustrie
3 = Kataloge der Konkurrenten
4 = Fragebogenaktion
5 = Geschäftsberichte der Konkurrenten
6 = Internetauftritt der Konkurrenten

B: 1 = Primärforschung
2 = Sekundärforschung

Nr.	Informationen über ...	A	B
1	Einkaufsvolumen einzelner Kunden		
2	Marktwachstum der Büromöbelbranche		
3	Kaufmotive der Kunden		
4	Marktanteile der Wettbewerber		
5	Kundenwünsche		
6	Reklamationsquote bei der Soester Büromöbel AG		
7	Marktvolumen der Büromöbelbranche		
8	Preisvorstellungen der Kunden		
9	Auftragslage in der Büromöbelbranche		
10	Umsatz und Gewinn großer Konkurrenten		
11	Produkte der Konkurrenten		

Material 1: Übersicht zur Marktforschung

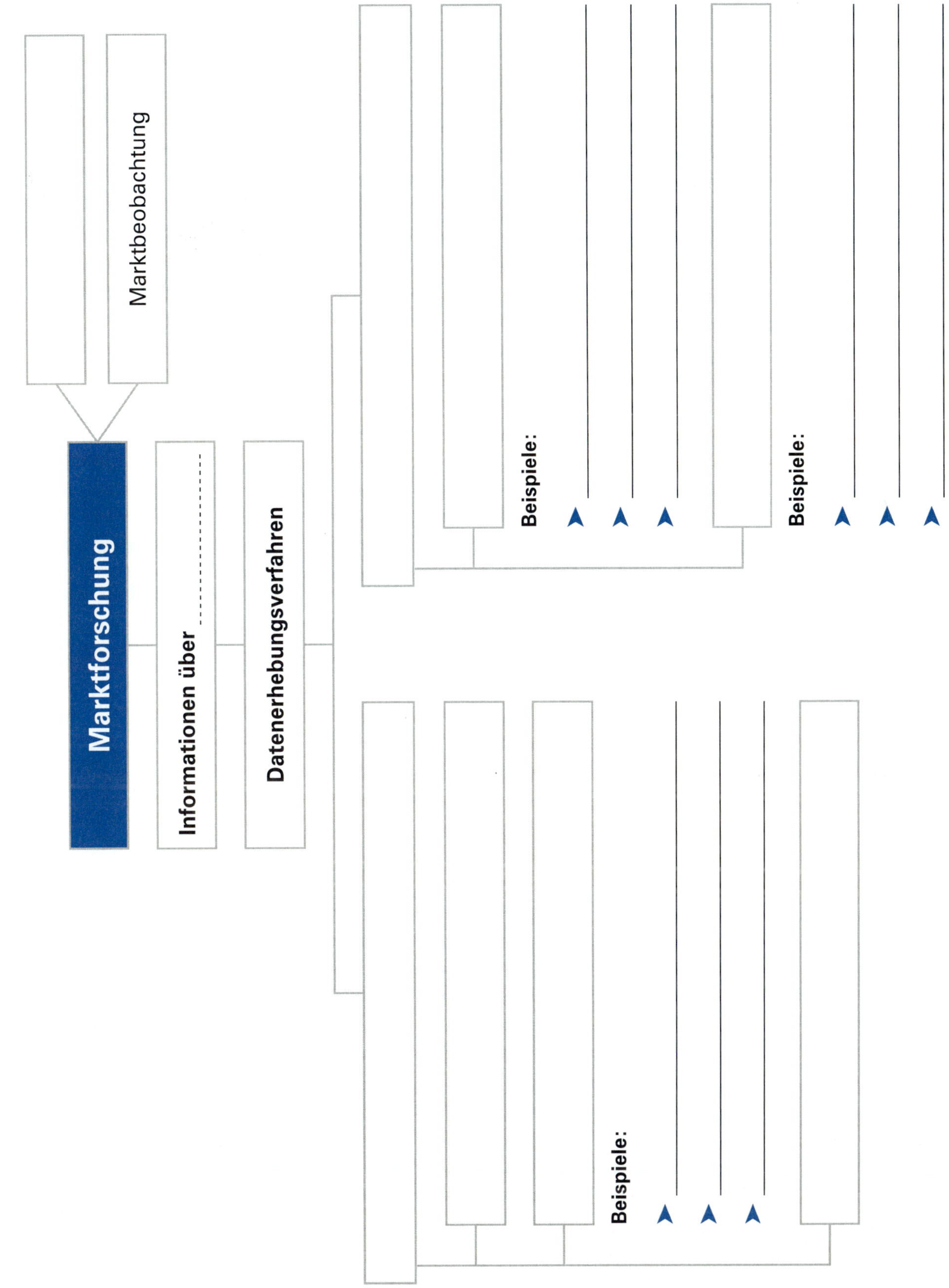

Schulbuch S. 350–363

2 Das Produktprogramm bewerten und ändern

Situation:

Die Probleme im Produktfeld Schreibtische hatten den Vorstand der Soester Büromöbel AG dazu veranlasst, einen neuen Schreibtisch Deluxe zu entwickeln und auf den Markt zu bringen. Nun, **ein Jahr später,** will man über das gesamte Produktprogramm nachdenken. Sämtliche Produkte sollen auf den Prüfstand, um Probleme frühzeitig erkennen und rechtzeitig gegensteuern zu können. Hierbei will man auf das Produkt-Lebenszykluskonzept und die Portfolio-Analyse zurückgreifen.

Arbeitsaufträge:

1. Verschaffen Sie sich einen Überblick über die Positionierung der Produkte der Soester Büromöbel AG auf dem Markt, indem Sie im ersten Schritt eine **Portfolio-Analyse** (Material 1) durchführen. Zu diesem Zweck hat Ihnen die Controlling-Abteilung Informationen über die einzelnen Produkte zukommen lassen (siehe Tabelle). Nur die Zahlen für die beiden Schreibtischmodelle fehlen noch.

Produkte	Eigener Marktanteil	Marktanteil des Hauptkonkurrenten	Relativer Marktanteil	Markt-wachstum	Eigener Umsatz in EUR
Büroschrank Standard (A)	12 %	20 %	0,6	12 %	3 Mio.
Büroschrank Deluxe (B)	24 %	15 %	1,6	16 %	6 Mio.
Bürostuhl Standard (C)	18 %	15 %	1,2	6 %	9 Mio.
Bürostuhl Deluxe (D)	36 %	20 %	1,8	8 %	5 Mio.
Schreibtisch Standard (E)					
Schreibtisch Deluxe (F)					

1.1 Ermitteln Sie mithilfe von Material 4 die fehlenden Werte und vervollständigen Sie die obige Tabelle.

1.2 Positionieren Sie die sechs Produkte in der Portfoliomatrix (Material 2).

1.3 Geben Sie für jedes Produkt eine Strategieempfehlung ab und benennen Sie das Ziel, das im Rahmen dieser Strategie in puncto Marktanteil verfolgt wird (Material 2).

2. Stellen Sie im zweiten Schritt fest, in welcher **Lebensphase** sich die einzelnen Produkte der Soester Büromöbel AG befinden (Material 1 und Material 3). Gehen Sie hierbei wie folgt vor:

2.1 Nennen Sie die Phasen des Produktlebens-Zyklus.

2.2 Legen Sie anhand der Umsatzzahlen (Material 5) fest, in welcher Phase sich die einzelnen Produkte der Soester Büromöbel AG befinden und positionieren Sie die sechs Produkte jeweils in der Produkt-Lebenszyklus-Grafik.

2.3 Unterbreiten Sie Vorschläge, welche absatzpolitischen Maßnahmen in den einzelnen Phasen ergriffen werden sollten.

3. Die Ergebnisse der Portfolio-Analyse und des Produkt-Lebenszykluskonzepts sollen die Frage klären, ob das Produktprogramm überarbeitet werden muss. Informieren Sie sich über mögliche produktpolitische Maßnahmen und vervollständigen Sie das Schaubild (Material 6). Verwenden Sie an den betreffenden Stellen **eigene** Beispiele.

4. Entscheiden Sie, um welche produktpolitischen Maßnahmen es sich in folgenden Fällen handelt.

Fall A:

Ein großer Getränkehersteller nimmt aufgrund anhaltender Absatzschwierigkeiten eine vor zwei Jahren eingeführte Limonade vom Markt.

produktpolitische Maßnahme	

Fall B:

Ein amerikanischer Hersteller von Unterhaltungselektronik hat seinen MP3-Player Xenon bislang mit 8- und 16-GB-Flash-Laufwerken angeboten. 2000 bzw. 4000 Songs können gespeichert werden. Mitte des Jahres soll der Xenon auch mit einem 32-GB-Flash-Laufwerk erhältlich sein.

produktpolitische Maßnahme	

Fall C:

Ein europäischer Automobilhersteller bietet derzeit Limousinen, Kombis und Vans an. Nächstes Jahr soll das Produktprogramm um einen Geländewagen erweitert werden.

produktpolitische Maßnahme	

Fall D:

Eine amerikanische Fast-Food-Kette unterhält seit kurzem eigene landwirtschaftliche Betriebe, um größeren Einfluss auf die Qualität der Erzeugnisse zu gewinnen.

produktpolitische Maßnahme	

Fall E:

Einem deutschen Hersteller von Nutzfahrzeugen ist es gelungen, den Dieselverbrauch seiner Lkw zu senken. Die neuen Fahrzeuge sollen die alten Fahrzeuge Mitte des Jahres ersetzen.

produktpolitische Maßnahme	

Fall F:

Ein japanisches Unternehmen produziert seit Jahren Sportartikel, Motorboote und Motorräder. Zukünftig sollen darüber hinaus Musikinstrumente vertrieben werden.

produktpolitische Maßnahme	

Material 1: Auszug aus dem ABC des Marketings

P

ABC des Marketings

Produktprogrammbewertung

Die Portfolioanalyse

Die von der amerikanischen Unternehmensberatung „Boston Consulting Group", kurz BCG, entwickelte Portfoliomatrix vergleicht das Marktwachstum von Produktgruppen mit dem relativen Marktanteil, den ein Unternehmen auf diesem Markt innehat.

Auf der senkrechten Achse wird als unternehmensexterne Größe das Marktwachstum, d.h. der Anstieg der Nachfrage (bzw. infolgedessen auch des Umsatzes) nach der jeweiligen Produktgruppe in Prozent angegeben. Die Grenze zwischen einem tendenziell hohen und einem niedrigen Wachstum liegt bei **10 %**. Das bedeutet, dass ein Markt, der ein Wachstum von mehr als 10 % hat, ein Wachstumsmarkt ist. (Beispiel: Im Jahr 01 werden auf dem Markt für Standardbürostühle 100 Mio. EUR umgesetzt. Im Jahr 02 liegt der Umsatz bei 120 Mio. EUR → Marktwachstum 20 %).

Die waagerechte Achse gibt als unternehmensinterne Größe den relativen Marktanteil eines Unternehmens in Bezug auf den stärksten Konkurrenten an. Hier wird die Grenze bei **100 %** gezogen, dort ist der Umsatz beider Unternehmen gleich groß. Links davon ist der relative Marktanteil kleiner als 100 %, d.h., das eigene Unternehmen verkauft weniger als der Konkurrent.

Beispiel: Die BüroTec GmbH macht mit Produkt X einen Umsatz von 30 Mio. EUR und der stärkste Konkurrent macht mit einem vergleichbaren Produkt einen Umsatz von 60 Mio. EUR. Das heißt, der relative Marktanteil der BüroTec GmbH (hier: 50 %) ist kleiner als der des Konkurrenten.

Der relative Marktanteil wird wie folgt berechnet:

$$\text{relativer Marktanteil} = \frac{\text{Umsatz} \cdot 100}{\text{Umsatz des größten Konkurrenten}}$$

Alternativ kann man den relativen Marktanteil auch berechnen, indem man den eigenen Marktanteil durch den Marktanteil des größten Konkurrenten teilt.

Durch diese Einteilung lassen sich vier Felder bilden, die unterschiedliche Eigenschaften aufweisen.

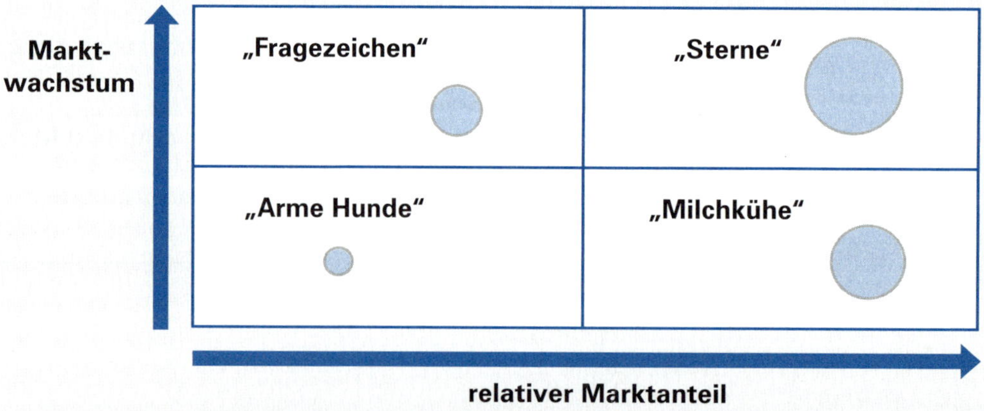

Die Produkte werden in Form von Kreisen in den jeweiligen Feldern dargestellt, wobei die Kreisgröße die Höhe des Umsatzes angibt, der mit diesem Produkt erzielt wird.

Nachdem ein Unternehmen seine Produkte in diese einzelnen Felder eingeordnet hat, lassen sich daraus strategische (= planerische) Entscheidungen ableiten. Im Folgenden werden die vier Produktfelder erklärt und mögliche strategische Maßnahmen aufgezeigt.

Allgemeine Strategieempfehlungen der Boston Consulting Group (= Normstrategien)

Fragezeichen (question marks)	„Fragezeichen" sind durch ein hohes Marktwachstum und einen geringen Marktanteil gekennzeichnet. Aufgrund des hohen Marktwachstums besteht jedoch die Aussicht, den Absatz und den Marktanteil zu erhöhen. Für ein Unternehmen stellt sich jeweils die Frage, ob es sich lohnt, in ein Fragezeichen zu investieren. Aus diesem Grund sollten diese Produkte genau beobachtet werden, um zu entscheiden, ob sie entweder stark gefördert (Offensivstrategie) oder aber aus dem Absatzprogramm gestrichen werden sollen.
Sterne (stars)	„Starprodukte" leuchten am Markt. Sie haben ein hohes Wachstum und einen relativ hohen Marktanteil. Das Unternehmen ist mit diesen Produkten Marktführer. Die Strategie für „stars" lautet, den Marktanteil mindestens auf seinem gegenwärtigen Stand zu halten oder nach Möglichkeit durch starke Investitionen auszubauen (Investitionsstrategie).
Milchkühe (cash cows)	„Milchkühe" haben einen hohen relativen Marktanteil und sind Marktführer. Das Wachstum ist jedoch gering. Die Bezeichnung „Milchkühe" kommt daher, dass sich die Produkte „melken" lassen. Das heißt, sie werfen hohe Gewinne ab. Wird eine „Milchkuh" auch in Zukunft noch als erfolgversprechend angesehen, so sollte der Marktanteil gehalten werden (Abschöpfungsstrategie). Bestehen dagegen eher trübe Zukunftsaussichten, sollte man aus diesen Produkten jetzt so viel wie möglich an Gewinnen herausholen.
Arme Hunde (poor dogs)	Die „Armen Hunde" sind die Problemprodukte eines Unternehmens. Sie besitzen einen niedrigen Marktanteil und ihr Markt wächst wenig oder gar nicht. Diese Produkte erwirtschaften in der Regel niedrige Gewinne oder schreiben sogar rote Zahlen. Aus diesem Grunde sollte sich ein Unternehmen fragen, ob es solche Produkte nicht aus dem Markt nimmt und keine Investitionen mehr in diese Produkte steckt (Desinvestitionsstrategie). Zusammenfassend lässt sich sagen, dass sich aus der Portfolioanalyse erste wichtige Hinweise und Ansatzpunkte für absatzpolitische Maßnahmen ableiten lassen. Die Portfolioanalyse ist somit auch Steuerungsinstrument im Rahmen des Absatzcontrollings. Bevor jedoch endgültige absatzpolitische Entscheidungen getroffen werden, sollten unbedingt weitere Überlegungen angestellt werden.

Das Produktlebenszyklus-Konzept

Ein Produkt lebt nicht ewig. Nahezu alle Produkte durchlaufen einen betriebswirtschaftlichen Lebenszyklus. Dieser reicht von der Produkteinführung bis zum Ausscheiden aus dem Markt. Grundsätzlich wird zwischen vier verschiedenen **Phasen** unterschieden.

- In der **Einführungsphase werden** zunächst geringe Umsätze erzielt. Die meisten Konsumenten werden erst vorsichtig auf das neue Produkt reagieren. In dieser Phase bedarf es großer Verkaufsanstrengungen.
- Ist das Produkt bekannt geworden und setzt eine starke Nachfrage ein, spricht man von der **Wachstumsphase.** Der Umsatz nimmt stark zu. Nun werden aber, wegen des Markterfolgs des Produktes, auch Wettbewerber versuchen, mit Nachahmungen auf den Markt zu treten.
- In der **Reifephase/Sättigungsphase** hat sich das Produkt einen festen Platz am Markt erobert. Der Umsatz steigt weiter an bis er den höchsten Punkt erreicht hat. Die Umsatzsteigerung ist jedoch nicht mehr so stark wie in der Wachstumsphase. Der Wettbewerbsdruck nimmt weiter zu. Im weiteren Verlauf dieser Phase stagniert der Umsatz. Es können keine Neukunden mehr hinzugewonnen werden. Am Ende dieser Phase beginnt der Umsatz langsam zu sinken.
- In der **Degenerationsphase** geht der Umsatz stark zurück. Unter Umständen können Wettbewerbsprodukte die Kundenwünsche besser befriedigen oder die Kundenwünsche haben sich verändert.

Zusammenfassend ist festzuhalten, dass die Lebensdauer von Produkten sehr unterschiedlich ist. Manche Produkte halten sich jahrzehntelang, während andere schon nach wenigen Jahren oder sogar Monaten vom Markt verschwinden.

Material 2: Portfolio-Analyse

Portfolio-Analyse

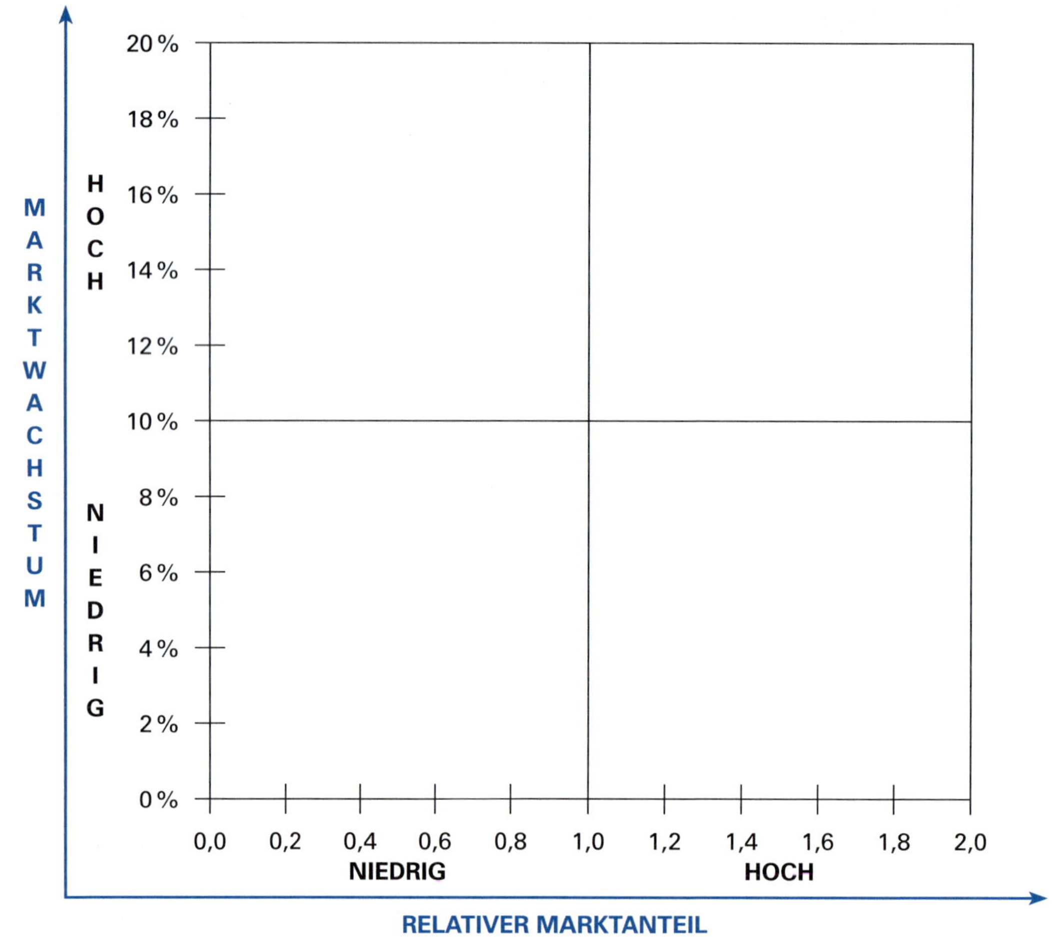

Produkte	Feld	Strategieempfehlung	Marketingziel (in punkto Marktanteile)
Büroschrank Standard (A)			
Büroschrank Deluxe (B)			
Bürostuhl Standard (C)			
Bürostuhl Deluxe (D)			
Schreibtisch Standard (E)			
Schreibtisch Deluxe (F)			

Material 3: Produkt-Lebenszyklus

Produkt-Lebenszyklus

Büroschrank Standard (A)

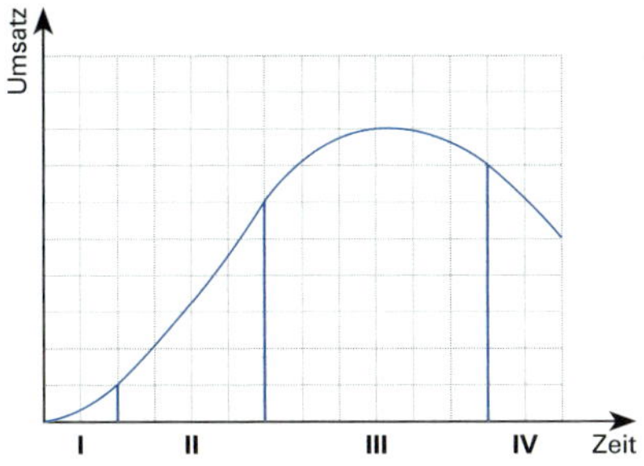

Bürostuhl Standard (C)

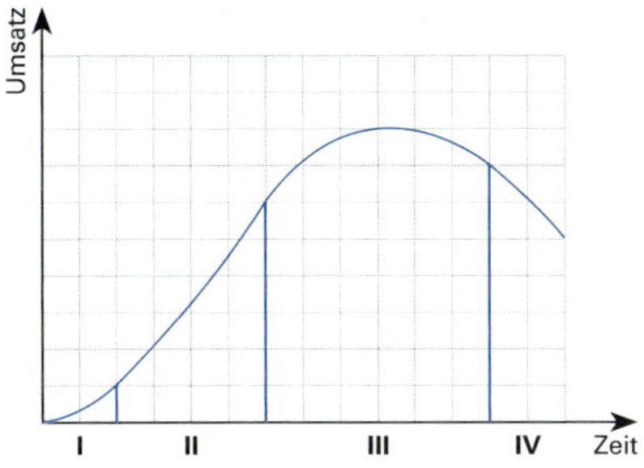

Schreibtisch Standard (E)

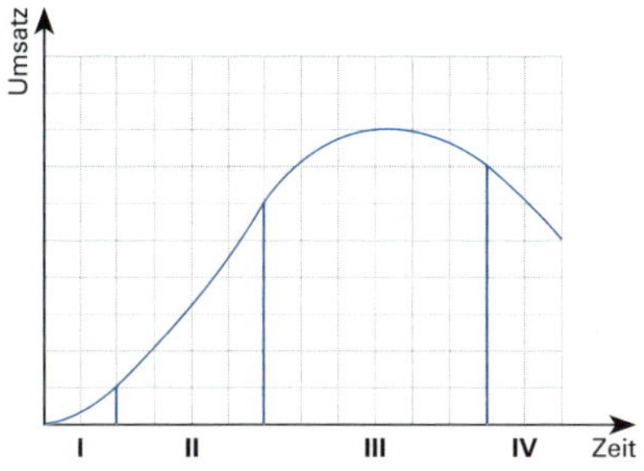

Büroschrank Deluxe (B)

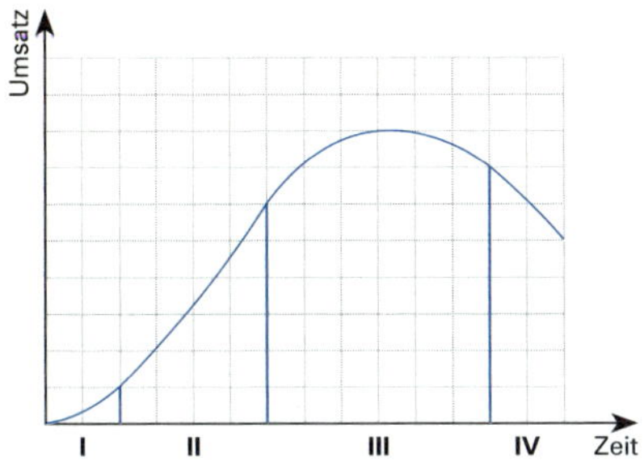

Bürostuhl Deluxe (D)

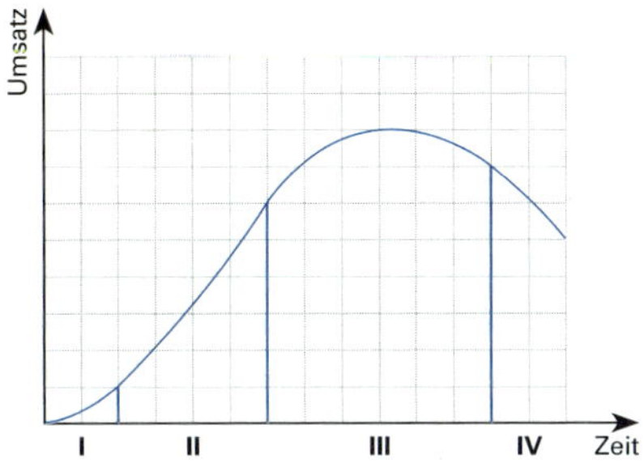

Schreibtisch Deluxe (F)

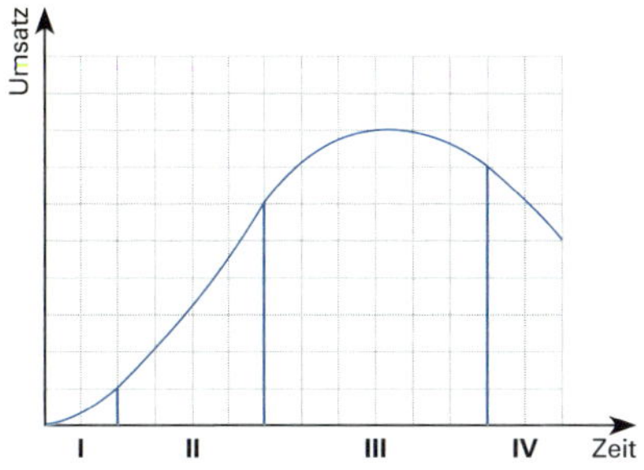

Phase I		**Phase III**	
Phase II		**Phase IV**	

Produkte	Phase	Absatzpolitische Maßnahmen
Büroschrank Standard (A)		
Büroschrank Deluxe (B)		
Bürostuhl Standard (C)		
Bürostuhl Deluxe (D)		
Schreibtisch Standard (E)		
Schreibtisch Deluxe (F)		

Material 4: Informationen Marktforschungsinstitut

BBDO GmbH ◆ Königsallee 22 ◆ 40212 Düsseldorf

Soester Büromöbel AG
Industriepark 5
59494 Soest

BBDO

Ihr Zeichen, Ihre Nachricht vom	Unser Zeichen, unsere Nachricht vom	Telefon, Name 0211 623-	Datum
fr, 13.12.20..	we	05, Pia Wegmann	20.12.20..

Branchenreport Büromöbel

Schreibtische

Wettbewerber	Umsatz im Jahr 08 „Standard-Ausführung“
Soester BM AG	1 500 000,00 EUR
König & Klever AG	7 500 000,00 EUR
Fleischer KG	2 900 000,00 EUR
Auermannn OHG	3 500 000,00 EUR
Pro Office AG	5 800 000,00 EUR
KW Bürosysteme KG	2 200 000,00 EUR
EGS GmbH	1 600 000,00 EUR
Gesamtumsatz	**25 000 000,00 EUR**

Wettbewerber	Umsatz im Jahr 08 „Deluxe-Ausführung“
Soester BM AG	3 200 000,00 EUR
König & Klever AG	16 000 000,00 EUR
Fleischer KG	4 600 000,00 EUR
Auermannn OHG	5 700 000,00 EUR
Pro Office AG	10 000 000,00 EUR
KW Bürosysteme KG	5 100 000,00 EUR
EGS GmbH	5 400 000,00 EUR
Gesamtumsatz	**50 000 000,00 EUR**

In dem Marktsegment Schreibtische „Standardausführung“ gehen wir davon aus, dass das Marktvolumen auf 25 500 000,00 EUR steigt. Im Marktsegment Schreibtische „gehobene Ansprüche“ ist mit einer Steigerung des Marktvolumens auf 57 000 000,00 EUR zu rechnen.

Material 5: Interne Mitteilung

Interne Mitteilung

SB Soester Büromöbel AG

an: Timo Frei (Marketing)
von: Kai King

Abteilung: RW
Datum: 16.02.20..
Zeichen: ki

Umsatz der Soester Büromöbel AG im Jahr 20..:

Jahr	Büroschrank Standard	Büroschrank Deluxe	Bürostuhl Standard	Bürostuhl Deluxe	Schreibtisch Standard	Schreibtisch Deluxe
00	–	–	3 549 295 EUR	2 501 153 EUR	1 000 000 EUR	–
01	–	–	3 726 760 EUR	2 601 199 EUR	1 050 000 EUR	–
02	–	–	3 913 098 EUR	2 705 247 EUR	1 102 500 EUR	–
03	–	–	4 304 408 EUR	2 975 772 EUR	1 267 875 EUR	–
04	–	3 935 458 EUR	5 165 289 EUR	3 273 349 EUR	1 521 450 EUR	–
05	2 473 717 EUR	4 132 231 EUR	6 198 347 EUR	3 764 352 EUR	1 673 595 EUR	–
06	2 597 403 EUR	4 545 455 EUR	7 438 017 EUR	4 329 004 EUR	1 757 275 EUR	–
07	2 727 273 EUR	5 000 000 EUR	8 181 818 EUR	4 761 905 EUR	1 657 275 EUR	–
08	3 000 000 EUR	6 000 000 EUR	9 000 000 EUR	5 000 000 EUR	1 500 000 EUR	3 200 000 EUR

Material 6: Übersicht „Produktpolitische Maßnahmen"

Produktpolitische Maßnahmen

1 Produktinnovation

➤ Allgemein: Änderung des ____________ durch ____________ Aufnahme ____________ Produkte.

a Produktdifferenzierung

➤ Ein Produkt wird hinsichtlich einzelner Produktmerkmale ____________. Das neue Produkt wird ____________ zu dem alten Produkt angeboten.

Beispiel: ____________

____

b Produktdiversifikation

➤ ____________ des Produktprogramms durch ____________ weiterer Produkte.

Beispiel: ____________

____

____

2 Produktmodifikation (Produktvariation)

➤ Ein Produkt wird hinsichtlich einzelner Produktmerkmale ____________. Das ursprüngliche Produkt wird vom Markt ____________.

Beispiel: ____________

____

3 Produkteliminierung

➤ Ein Produkt wird aus dem Produktprogramm ____________.

Beispiel: ____________

____

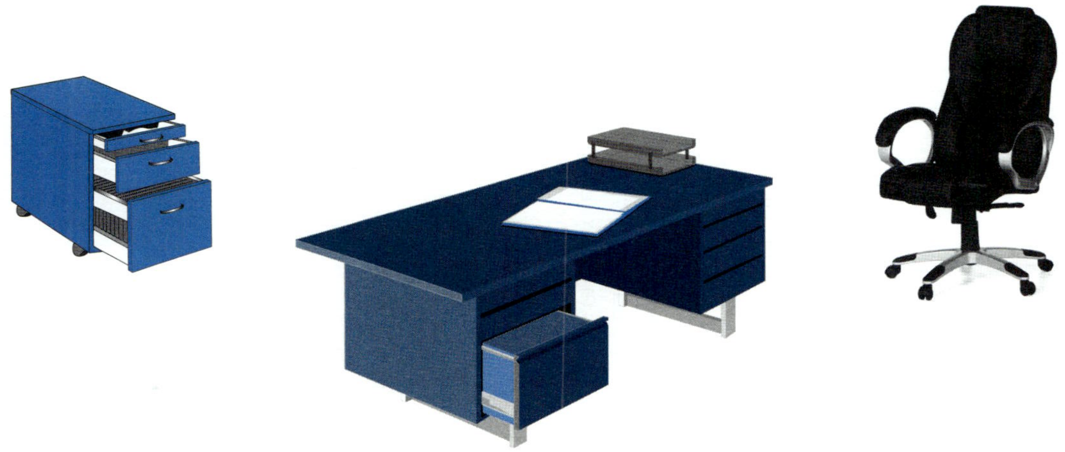

Schulbuch S. 365–371

3 Die Verkaufspreise festlegen

Situation:

Der neue Schreibtisch Deluxe ist seit einem Jahr auf dem Markt eingeführt. Bis dahin war es ein langer Weg. Kurz nachdem die Produktentwicklung abgeschlossen war, traf sich die Führungsriege der Soester Büromöbel AG, um die weitere Vorgehensweise abzustimmen.

Herr Sörensen: Gratuliere, meine Herren, Sie und Ihre Mitarbeiter haben wirklich ganze Arbeit geleistet. Ich denke, wir können sehr zufrieden sein. Unser neuer Schreibtisch Deluxe erfüllt alle Voraussetzungen, um auf dem Markt erfolgreich zu sein.

Herr Frei: Vielen Dank, Herr Sörensen, die von uns zum ersten Mal eingesetzten Kreativitätstechniken haben eine Menge guter Ideen hervorgebracht.

Frau Sims: Zweifellos, wie man am gelungenen Produkt sehen kann. Mir erscheinen allerdings auch andere Ideen vielversprechend. Vielleicht können wir sie zu einem späteren Zeitpunkt realisieren. Jetzt sollten wir uns aber auf die Vermarktung unseres neuen Schreibtisches konzentrieren.

Herr Sörensen: Ganz meine Meinung, Frau Sims. Wir müssen überlegen, zu welchem Preis wir unser neues Produkt am Markt anbieten wollen.

Herr Castro: Nun, ich habe schon die nötigen Schritte in die Wege geleitet. Mein Mitarbeiter, Herr Hartmann, hat alle anfallenden Kosten zusammengetragen und ist dabei, den Verkaufspreis zu kalkulieren. Morgen früh liegt das Ergebnis auf Ihrem Tisch.

Herr Frei: Einen Moment, bitte ...

Arbeitsaufträge:

Die Soester Büromöbel AG möchte mit dem neuen Schreibtisch an den Erfolg der früheren Modelle anknüpfen. Die Führungsriege weiß, dass oftmals der Preis über den Erfolg oder Misserfolg eines Produktes entscheidet. Aus diesem Grund möchte man bei der Festlegung des Verkaufspreises sämtliche Aspekte berücksichtigen.

1. Ermitteln Sie daher zunächst anhand der anfallenden Kosten (Material 1) mithilfe des vorgegebenen Kalkulationsschemas (Material 2) den Listenverkaufspreis netto.

Material 1: Interne Mitteilung

Interne Mitteilung

Soester Büromöbel AG

an: Peter Hartmann (Buchhaltung)
von: Frank Heim

Abteilung: Buchhaltung
Datum: 21.03.20..
Zeichen: hei

Kalkulation Schreibtisch Deluxe

Je Schreibtisch ist mit folgenden Einzelkosten zu rechnen:

Fertigungsmaterial: 440,00 EUR / Fertigungslöhne: 120,00 EUR

Die Zuschlagssätze betragen:

Materialgemeinkosten:	20 %	Gewinnzuschlag:	20 %
Fertigungsgemeinkosten:	80 %	Kundenrabatt:	10 %
Verw.- und Vertr.-Gemeinkosten (insg.)	20 %	Kundenskonto:	3 %

Material 2: Kalkulationsschema

Kostenorientierte Preisfestsetzung		
Soester Büromöbel AG Kalkulationsschema	**Schreibtisch Deluxe**	**Bemerkungen (z. B. „vom Hundert" oder „im Hundert")**
Fertigungsmaterial		
+ Materialgemeinkosten		
= **Materialkosten**		
Fertigungslöhne		
+ Fertigungsgemeinkosten		
= **Fertigungskosten**		
= **Herstellkosten**		
+ Verwaltungs- und Vertriebsgemeinkosten		
= **Selbstkosten**		
+ Gewinnzuschlag		
= **Barverkaufspreis**		
+ Kundenskonto		
= **Zielverkaufspreis**		
+ Kundenrabatt		
= **Listenverkaufspreis (netto)**		

Nebenrechnungen:

Fortsetzung der Situation:

Die Geschäftsführung der Soester Büromöbel AG ist sich darüber im Klaren, dass der Verkaufspreis nicht festgelegt werden kann, ohne die Wettbewerbssituation zu berücksichtigen. Aus diesem Grund bittet Timo Frei, Leiter des Marketings, seine Mitarbeiterin Claudia Larisch, die Verkaufspreise der Wettbewerber zu ermitteln. Zusätzlich wurde für die Soester Büromöbel AG und ihre Wettbewerber eine Stärken-Schwächen-Analyse durchgeführt. Die Ergebnisse der Marktforschung liegen nun vor.

2. Unterbreiten Sie unter Berücksichtigung der internen Mitteilung (Material 3) einen Vorschlag, zu welchem Preis der Schreibtisch Deluxe aufgrund von wettbewerbsorientierten Überlegungen am Markt angeboten werden sollte.

Wettbewerbsorientierte Preisfestlegung

Schritt 1 →

Leitpreise (Preis des Marktführers, Ø-Branchenpreis)	
Preisführer	
Ø-Branchenpreis	

Nebenrechnungen:

Schritt 2 →

Stärken-Schwächen-Analyse		
Wettbewerber	**Punktzahl**	**Rang**
Soester Büromöbel AG		
König & Klever AG		
Fleischer KG		
Auermann OHG		
Pro Office AG		
EGS GmbH		

Schritt 3 →

Verkaufspreis (Vorschlag)	

Begründung:

Material 3: Interne Mitteilung

Interne Mitteilung

SB Soester Büromöbel AG

an: Timo Frei (Marketing)
von: Claudia Larisch

Abteilung: Marketing
Datum: 27.03.20..
Zeichen: la

Wettbewerbsanalyse

I. Listenverkaufspreis (netto) wichtiger Wettbewerber

Unternehmen	Listenverkaufspreis (netto)	Unternehmen	Listenverkaufspreis (netto)
Soester BM AG	noch offen	Auermannn OHG	1 100,00 EUR
König & Klever AG	1 300,00 EUR	Pro Office AG	1 000,00 EUR
Fleischer KG	1 150,00 EUR	EGS GmbH	1 200,00 EUR

II. Stärken-Schwächen-Analyse der Wettbewerber (Segment: Deluxe)

Stärken-Schwächen-Analyse	Soester Büromöbel AG						König & Klever AG						Fleischer KG					
	mittel			gut			mittel			gut			mittel			gut		
	1	2	3	4	5	6	1	2	3	4	5	6	1	2	3	4	5	6
Design					X							X					X	
Verarbeitungsqualität						X						X					X	
Image						X						X					X	
Beratung					X						X						X	

Stärken-Schwächen-Analyse	Auermann OHG						Pro Office AG						EGS GmbH					
	mittel			gut			mittel			gut			mittel			gut		
	1	2	3	4	5	6	1	2	3	4	5	6	1	2	3	4	5	6
Design				X						X							X	
Verarbeitungsqualität					X						X						X	
Image					X						X							X
Beratung					X				X								X	

Mit freundlichen Grüßen

Claudia Larisch

Fortsetzung der Situation:

Die Soester Büromöbel AG hat intensiv darüber nachgedacht, wie hoch der Verkaufspreis für den neuen Schreibtisch Deluxe aus kosten- und wettbewerbsorientierter Sicht sein sollte. Um zu einer noch fundierteren Entscheidung zu gelangen, hat die Geschäftsführung der Soester Büromöbel AG das Marktforschungsinstitut Merk KG damit beauftragt, einen Preistest durchzuführen. Potenzielle Kunden wurden anhand von Hochglanzbroschüren und einer Videosequenz befragt, wie viel sie für den Schreibtisch Deluxe bezahlen würden. Die Ergebnisse liegen nun vor.

3. Arbeiten Sie heraus, zu welchem Nettolistenverkaufspreis (LVP netto) der Schreibtisch Deluxe aufgrund von nachfrageorientierten Überlegungen am Markt angeboten werden sollte. Nutzen Sie hierzu die Ergebnisse des Preistests, der von dem Marktforschungsinstitut, das die Soester Büromöbel AG beauftragt hatte, durchgeführt wurde (Material 4).

Nachfrageorientierte Preisfestsetzung						
LVP netto je Stück	absetzbare Menge	Umsatz	fixe Kosten	variable Kosten	Gesamtkosten	Gewinn

Der Nettolistenverkaufspreis, der den höchsten Gewinn verspricht, liegt bei:	

Nebenrechnungen:

Material 4: Interne Mitteilung

Interne Mitteilung

Soester Büromöbel AG

an: Timo Frei (Marketing)
von: Claudia Larisch

Abteilung: Marketing
Datum: 02.04.20..
Zeichen: la

I. Marktforschungsergebnisse

Unsere in Auftrag gegebene Untersuchung zum Produkt Schreibtisch Deluxe hat folgendes Ergebnis gebracht. Führungskräfte in ausgewählten Unternehmen wurden anhand von Hochglanzbroschüren und einer Videosequenz befragt, wie viel EUR sie für unseren Schreibtisch ausgeben würden. Der Hochrechnung zufolge ergeben sich folgende Werte:

Erlös je Stück in EUR	1 050,00	1 100,00	1 150,00	1 200,00	1 250,00	1 300,00
Absetzbare Menge	6 000	5 500	5 300	4 800	4 200	3 500

II. Kosten

Für den Schreibtisch sind 1 800 000,00 EUR fixe Kosten und 600,00 EUR variable Kosten je Stück zu veranschlagen.

4. Sie haben sich intensiv mit den verschiedenen Möglichkeiten, Preise festzulegen, auseinandergesetzt. Unterbreiten Sie nun einen begründeten Vorschlag, zu welchem Preis der neue Schreibtisch letztlich am Markt angeboten werden soll.

kostenorientierter Verkaufspreis

wettbewerbsorientierter Verkaufspreis

nachfrageorientierter Verkaufspreis

Entscheidung

Begründung:

5. Entscheiden Sie, welche Preisstrategie die Soester Büromöbel AG für ein Qualitätsprodukt wie den Schreibtisch Deluxe verfolgen sollte.

Preisstrategie

Schulbuch S. 369–370

4 Die Preise flexibel gestalten

Situation:

Unmittelbar nach Ende der Orgatec, einer großen Büromöbelmesse in Köln, bei der auch die Soester Büromöbel AG mit ihren Produkten vertreten war, kommen Frau Özdemir, Leiterin der Verkaufsabteilung, Herr Frei, Leiter des Marketings, und Frau Sims, Vorstandsmitglied der Soester Büromöbel AG, zusammen, um die Messetage Revue passieren zu lassen.

Frau Sims: Liebe Frau Özdemir, lieber Herr Frei, schön dass Sie wieder bei uns sind. Die Messetage waren sicherlich sehr anstrengend.

Herr Frei: Ja, durchaus, Frau Sims, aber auch sehr erfolgreich.

Frau Özdemir: Da kann ich nur zustimmen. Unsere neuen Produkte sind auf der Messe sehr gut angenommen worden.

Herr Frei: Insbesondere gab es viele interessante Gespräche mit Behördenvertretern. Nicht wenige Städte und Gemeinden beabsichtigen, ihre Ämter mit neuen Büromöbeln auszustatten. Ich glaube, da können wir mit einigen Aufträgen rechnen.

Frau Özdemir: Da bin ich etwas skeptischer. Auch in der Vergangenheit haben wir mehrfach gute Gespräche geführt. Bestellt wurde dann aber doch woanders.

Frau Sims: Woran kann das Ihrer Meinung nach liegen?

Frau Özdemir: Die finanzielle Lage der Städte und Gemeinden ist i. d. R. derart angespannt, dass auf günstigere Anbieter zurückgegriffen wird.

Herr Frei: Nun, ich glaube, ich habe da eine Idee ...

Arbeitsaufträge:

1. Erläutern Sie, welche Idee Herrn Frei wohl vorschwebt, und nennen Sie den Fachbegriff für eine derartige Maßnahme.

2. Analysieren Sie anhand der Absatzprognose, welche Auswirkung die geplante Preisdifferenzierung auf den Gewinn haben würde (Material 1).

Ergebnis:

3. Nennen Sie die Möglichkeiten der Preisdifferenzierung, die die Unternehmen in den nachfolgend aufgeführten Fällen (Material 2) gewählt haben.

Material 1: Interne Mitteilung

Interne Mitteilung

SB Soester Büromöbel AG

an: Gül Özdemir (Verkauf)
von: Frank Heim

Abteilung: Buchhaltung
Datum: 21.07.20..
Zeichen: hei

Absatzprognose

1. Bei einem durchschnittlichen Verkaufspreis von 540,00 EUR je Stück für unsere Standardschreibtische gehen wir von einem Absatz von 12 000 Stück aus. Die variablen Kosten belaufen sich auf 200,00 EUR je Stück. Die fixen Kosten liegen bei 2 880 000,00 EUR.
2. Durch das Absenken des Verkaufspreises für Städte und Gemeinden von 540,00 EUR auf 460,00 EUR könnten zusätzlich 2 000 Stück abgesetzt werden. Da die zusätzliche Produktionsmenge mit den vorhandenen Fertigungsmaschinen gefertigt werden könnte, sind für die fixen Kosten nach wie vor 2 880 000,00 EUR anzusetzen.

Material 2: Fälle zur Preisdifferenzierung

Nr.	Fälle	Preisdifferenzierung
1	Ein deutsches Automobilunternehmen verkauft seine Modelle im europäischen Ausland günstiger als im Inland.	
2	Ein Zeitschriftenverlag bietet Studenten das Abonnement eines politischen Wochenmagazins günstiger an.	
3	Bei einem Telekommunikationsunternehmen ist der Nachttarif günstiger als der Tagtarif.	
4	Ein Unternehmen gewährt bei Abnahme von 10 Drehmaschinen vom Typ DM 563 einen Rabatt von 10 %.	
5	Ein Buchverlag bietet einen Bestsellerroman zunächst im Hardcover- und später auch im Taschenbuchformat an.	
6	Die Preise eines 5-Sterne-Hotels in Südtirol sind in der Nebensaison günstiger als in der Hauptsaison.	
7	Ein Kunde erhält bei einem Elektronikkonzern aufgrund der großen Auftragsmenge einen Preisnachlass.	
8	Am Montag und am Dienstag sind die Kinoeintrittskarten günstiger als an den anderen Wochentagen.	
9	Speisesalz für Endverbraucher wird zu höheren Preisen verkauft als Industriesalz für die verarbeitende Industrie.	
10	Ein Bundesligaverein bietet die Tickets für Rentner günstiger an als für die übrigen Besucher.	
11	Lebensmittel sind im Großraum München teurer als in anderen Regionen Deutschlands.	

Schulbuch S. 374–378

5 Eine Werbekampagne planen

Situation:

Nach intensiven Überlegungen entschließt sich die Führungsriege der Soester Büromöbel AG zum ersten Mal dazu, die Gestaltung der Einführungswerbekampagne für den neuen Schreibtisch „Deluxe" in die Hände einer renommierten Werbeagentur zu legen. Nachdem verschiedene Werbeagenturen miteinander verglichen wurden, entscheidet man sich letztlich für die BBDO, eine erfolgreiche Werbeagentur aus Düsseldorf. Herr Frei, Marketingleiter der Soester Büromöbel AG, vereinbart für sich und seine Mitarbeiterin Frau Sturm einen Termin mit Frau Lange, der zuständigen Mitarbeiterin bei der BBDO. Am Montag, den 02.04.20.., um 10:00 Uhr treffen Herr Frei und Frau Sturm bei der BBDO in Düsseldorf ein und werden von Frau Lange in Empfang genommen.

Frau Lange: Guten Tag, Frau Sturm, guten Tag, Herr Frei. Ich darf Sie im Hause BBDO willkommen heißen und hoffe auf eine gute Zusammenarbeit. Schildern Sie mir doch zunächst einmal die Situation, in der sich Ihr Unternehmen befindet.

Frau Sturm: Nun, Frau Lange. Wir sind seit mehreren Jahren auf dem Markt für Büromöbel tätig und behaupten uns dort relativ erfolgreich gegen unsere Wettbewerber. Allerdings sind wir in letzter Zeit ein wenig ins Hintertreffen geraten.

Herr Frei: Das kann man wohl sagen. Einige Produkte sind veraltet und stehen kurz vor der Herausnahme aus der Produktpalette.

Frau Sturm: Aus diesem Grund haben wir uns entschlossen, einen neuen Schreibtisch auf den Markt zu bringen.

Frau Lange: Wenn ich Sie recht verstehe, sollen wir für Sie eine Werbekampagne planen, die Ihr neues Produkt auf dem Markt einführt.

Herr Frei: Das ist richtig. Unsere Marktanalyse hat ergeben, dass sich die Produktgruppe „Schreibtische für gehobene Ansprüche" durch beträchtliche Wachstumsraten auszeichnet. Wir sind davon überzeugt, dass unser neues Produkt alles mitbringt, um erfolgreich zu sein. Es verbindet Funktionalität und Qualität mit einem außergewöhnlichen Design.

Frau Lange: Da Sie, wie ich weiß, Ihre Produkte fast ausschließlich an Unternehmen verkaufen, ist die Zielgruppe unserer Werbekampagne schon relativ klar umrissen. Zu welchem Zeitpunkt wollen Sie Ihr Produkt denn auf dem Markt einführen?

Frau Sturm: Der Schreibtisch geht nächste Woche in Produktion und kann Anfang Mai ausgeliefert werden. Deshalb haben wir daran gedacht, die Werbekampagne von Anfang Mai bis Ende Mai durchzuführen.

Frau Lange: Werden Ihre Produkte in ganz Deutschland vertrieben?

Herr Frei: Ja, Frau Lange. Deshalb sollte die Werbekampagne potenzielle Käufer in ganz Deutschland erreichen.

Frau Lange: Ein wichtiger Punkt, der noch zu klären ist, ist die Höhe des Werbeetats, der uns zur Verfügung steht.

Frau Sturm: Nun, wir haben an einen Werbeetat von 100 000,00 EUR gedacht. Wobei Abweichungen von +/– 10 % im Rahmen des Möglichen liegen. Ihr Honorar wird gesondert verrechnet.

Frau Lange: Nun, ich denke, damit hätten wir zunächst einmal alle benötigten Informationen beisammen. Ich schlage vor, meine Mitarbeiter und ich beschäftigen uns nun mit der Auswahl der Medien, mit denen wir für Ihr Produkt werben wollen.

Arbeitsaufträge:

1. Arbeiten Sie aus dem Einstiegsdialog diejenigen Aspekte der Werbeplanung heraus, die schon geklärt sind.

Planung einer Werbekampagne (Werbeplan)	
Werbeobjekt	
Werbeziel	
Werbebotschaft	
Zielgruppe	
Streuzeit	
Streugebiet	
Werbeetat (Werbebudget)	
Medienauswahl (Mediaplan)	siehe Arbeitsauftrag 3

2. Informieren Sie sich zunächst über moderne Werbemittel und -träger, indem Sie den Lückentext unter Material 1 vervollständigen.

3. Treffen Sie nun für die Soester Büromöbel AG eine sinnvolle Medienauswahl (Mediaplan, Material 7) auf der Grundlage des zur Verfügung stehenden Werbeetats und der Materialien 2 bis 6. Berücksichtigen Sie, dass die Umsatzsteuer ein durchlaufender Posten und daher bei der Kostenkalkulation nicht zu berücksichtigen ist. Begründen Sie Ihre Entscheidung.

   Beachten Sie hierbei folgende Vorgehensweise:

   3.1 Prüfen Sie, welche Medien überhaupt infrage kommen.

   3.2 Wählen Sie im Rahmen einer Mediengattung die Medien aus, die Ihnen am zweckmäßigsten erscheinen.

4. Bei der Auswahl von Werbemedien ist häufig von der Kontakthäufigkeit und der Kontaktqualität die Rede. Erläutern Sie die beiden Begriffe.

Kontakthäufigkeit	
Kontaktqualität	

5. Nicht wenige Marketing-Experten meinen, dass der Werbung auf sozialen Plattformen, wie Facebook oder Instagram, die Zukunft gehört. Auch Influencer-Marketing nimmt an Bedeutung zu. Der Marketingleiter der Soester Büromöbel AG hält davon jedoch wenig. Nehmen Sie Stellung.

6. Führen Sie die wesentlichen Kriterien an, die bei der Auswahl der Werbemedien eine Rolle spielen.

7. Versucht man die potenziellen Kunden per Werbebrief zum Kauf der Produkte zu bewegen, empfehlen Fachleute i. d. R. eine Nachfassaktion. Erläutern Sie Vor- und Nachteile einer solchen Vorgehensweise.

8. Die durchgeführte Medienauswahl für den neuen Schreibtisch der Soester Büromöbel AG bezog sich auf ein Investitionsgut. Entscheiden Sie, welche Medien sich hingegen eher für in sehr großen Mengen produzierte Konsumgüter eignen.

A	TV	
B	Messen	
C	Plakate	
D	Radio	

F	Werbebriefe	
G	Soziale Medien	
H	Fachzeitschriften	
I	Kino	

9. Um den Umsatz der vor einigen Jahren auf dem Markt eingeführten Bürostühle weiter zu steigern, hat sich die Soester Büromöbel AG im Dezember dazu entschieden, im kommenden Jahr eine groß angelegte Werbekampagne durchzuführen (Expansionswerbung). Im Laufe des Jahres werden entsprechende Anzeigen in Fachzeitschriften geschaltet. Ende des Jahres liefert die Controlling-Abteilung folgende Zahlen:

Zahlen aus dem Controlling	Bürostühle	
	Absatz	Verkaufspreis je Stück
Geschäftsjahr 01	145 000 Stück	820,00 EUR
Geschäftsjahr 02	150 000 Stück	830,00 EUR

Die Kosten der Werbekampagne betrugen insgesamt 820 000,00 EUR.

9.1 Beurteilen Sie den ökonomischen Erfolg der Werbekampagne.

9.2 Erläutern Sie, warum die Kontrolle des Werbeerfolgs in der Praxis schwierig ist.

10. Entscheiden Sie, worum es sich in den folgenden Fällen handelt.

(1) = Einzelwerbung (Alleinwerbung)
(2) = Sammelwerbung
(3) = Verbundwerbung
(4) = Gemeinschaftswerbung

Der Milchindustrieverband e. V. in Berlin startet eine bundesweite Werbekampagne „Milch – von Natur aus wertvoll!", um die Verbraucher zu einem höheren Milchkonsum zu motivieren.	
Die BüroTec GmbH startet im August 20.. eine groß angelegte Werbekampagne unter dem Motto „ergonomisches Arbeiten", um ihren Marktanteil in der Büromöbelbranche zu festigen.	
Der PC-Hersteller ASUS startet in den USA zusammen mit dem Druckerhersteller Canon eine Werbekampagne. Beide Unternehmen erhoffen sich eine 10 %ige Umsatzsteigerung.	
Der Sauerland-Tourismus e.V. bietet auf der vereinseigenen Website eine Broschüre zum Download an, in der familienfreundliche Hotels aus der Region verzeichnet sind.	

Erläuterungen:

- Die **Alleinwerbung** wird von einem einzelnen Unternehmen durchgeführt. Die Werbekampagne kann von der eigenen Werbeabteilung oder einer Werbeagentur organisiert werden.
- **Sammelwerbung** liegt vor, wenn mehrere Unternehmen gemeinsam eine Werbekampagne starten. Hierbei werden die Beteiligten namentlich genannt.
- Die **Verbundwerbung** ist eine Sonderform der Sammelwerbung. Mehrere Unternehmen, deren Produkte sich ergänzen, werben gemeinsam unter Nennung ihres Namens.
- Von **Gemeinschaftswerbung** ist dann die Rede, wenn ein ganzer Wirtschaftszweig die Werbekampagne durchführt. Hierbei werden die Beteiligten namentlich nicht genannt.

11. Entscheiden Sie, um welche kommunikationspolitische Maßnahme es sich in folgenden Fällen handelt.

(1) = Influencer-Marketing
(2) = Product-Placement
(3) = Suchmaschinenwerbung
(4) = Eventmarketing
(5) = Direktwerbung
(6) = Co-Branding

A	Hier bieten zwei oder mehrere Markenhersteller einmalig ein gemeinsames Produkt am Markt an. Hierdurch soll die besondere Qualität des Produkts hervorgehoben werden.	
B	Hier wird mit dem Kunden direkt per Post, per Fax oder per E-Mail (Direct Mailing) oder telefonisch (Telefonmarketing) Kontakt aufgenommen. Ziel ist es, eine individuelle Beziehung aufzubauen.	
C	Hier werden Show-, Musik- und Sportveranstaltungen zur erlebnisorientierten Präsentation des Unternehmens und seiner Produkte genutzt. Die Veranstaltungen sollen gefühlsbetonte und nachhaltige Eindrücke bei den potenziellen Käufern hinterlassen.	
D	Hier werden Produkte werbewirksam in die Handlung eines Films, eines Videos oder Rundfunkprogramms integriert. Dass es sich hierbei um Werbung handelt, die der Hersteller bezahlen muss, ist auf den ersten Blick nicht ersichtlich.	
E	Hier wird eine Werbeanzeige auf den Ergebnisseiten der Suchanfrage in einer Suchmaschine, wie z. B. Google, Microsoft Edge oder Safari, gelistet. Hierzu muss der eingegebene Suchbegriff zu dem vorher festgelegten Schlüsselwort der Werbeanzeige passen.	
F	Werbung in sozialen Netzwerken hat in den letzten Jahren immer mehr zugenommen. Vor allem Personen, die in sozialen Netzwerken viele Follower haben, nutzen ihren Bekanntheitsgrad, um Werbung für Produkte zu machen.	

12. Um Werbekampagnen bzw. Werbeanzeigen zu gestalten, wird als Leitfaden häufig die AIDA-Formel verwendet:

(1)	**A**wareness (Aufmerksamkeit)	➤ Wie haben Sie von unserem Produkt erfahren? ➤ Welche Aspekte haben Ihre Aufmerksamkeit erregt?
(2)	**I**nterest (Interesse)	➤ Welche Vorteile haben Ihr Interesse am meisten geweckt?
(3)	**D**esire (Kaufwunsch)	➤ Welcher Aspekt hat Ihr Verlangen verstärkt?
(4)	**A**ction (Handlung)	➤ Was würden Sie als Nächstes tun?

Ordnen Sie folgende Begriffe den einzelnen Phasen (1) bis (4) zu.

A	Soziale Medien	
B	Positive Bewertungen	
C	Einzigartiges Design	
D	Empfehlungen	
E	Werbung	
F	Garantien/Service	
G	Suchmaschine	

H	Produkt kaufen	
I	Limitierte Verfügbarkeit	
J	Preis-Leistungs-Verhältnis	
K	Bestimmte Produktmerkmale	
L	Vertrieb kontaktieren	
M	Marktneuheit	
N	Sonderangebot	

13. Warum ist es wichtig, das Verlangen zu wecken?

A	Weil es eine emotionale Verbindung zum Produkt herstellt.	
B	Weil es das Interesse der Zielgruppe weckt.	
C	Weil es den Kunden dazu bringt, das Produkt zu kaufen.	
D	Weil es den Prozess der Aufmerksamkeit beschleunigt.	

14. Welche Elemente sind in einer Aufforderung zur Handlung (Call-to-Action) enthalten?

A	Langwierige und komplexe Sätze.	
B	Vage und unklare Anweisungen.	
C	Klare und prägnante Formulierungen.	
D	Irreführende Informationen.	

Material 1: Lückentext Online-Werbung

Onlinemarketing

Bannerwerbung, auch Display Advertising genannt, ist die älteste (1) Online-Werbeform. Sie funktioniert über statische oder dynamische (2) ____________ in verschiedenen (3) ____________, die z.B. auf Seiten wie Welt Online eingebunden werden. Dabei kann es sich um Bilder, Animationen oder (4) ____________ handeln. Bannerwerbung ist recht beliebt, weil es sich um eine vergleichsweise (5) ____________ Variante der Werbung handelt. Dabei gibt es verschiedene (6) ____________. Gezahlt wird etwa pro (7) ____________ Einblendungen (TKP = Tausend-Kontakt-Preis) oder nach (8) ____________ (CPC = Cost per Click). Je höher die (9) ____________ einer Seite ist, umso (10) ____________ ist es natürlich, darauf eine Bannerwerbung zu schalten. Rund ein Drittel aller Nutzer surft jedoch mittlerweile mit eingeschaltetem (11) ____________, der einen großen Teil oder teilweise sogar (12) ____________ Werbeeinblendungen blockiert.

Werbung in sozialen Netzwerken wie Facebook, (13) ____________ oder TikTok funktioniert ganz (14) ____________ wie Bannerwerbung, nur dass die Werbung zum Beispiel innerhalb des Facebook-Kosmos geschaltet wird.

(15) __________________ können so direkt angesprochen werden. Auch (16) __________________ gewinnt immer mehr an Bedeutung. Durch den Einsatz von Influencern kann eine große Zielgruppe schnell über das (17) __________________ informiert werden. Die Glaubwürdigkeit des Influencers schafft (18) __________________ in das Produkt. Influencer-Marketing funktioniert am (19) __________________ auf Plattformen wie YouTube oder Instagram.

Bei der Suchmaschinenwerbung (SEA = Search Engine Advertising) wird eine Werbeanzeige auf einer (20) __________________ wie z. B. Google oder Microsoft Edge geschaltet. Hierzu muss sich das Unternehmen auf einer (21) __________________ wie z. B. Google Ads (Advertising = Werbung) (22) __________________. Die Werbeanzeige wird mit aussagekräftigen (23) __________________, sogenannten Keywords, verknüpft. Passt der von einem User eingegebene (24) __________________ mit einem Schlüsselwort zusammen, wird die Werbeanzeige (25) __________________.

In der Praxis entscheidet ein komplexer (26) __________________ darüber, welche der vielen (27) __________________ Werbeanzeigen in welcher Reihenfolge aufgelistet werden. Ein wichtiger Faktor ist hierbei der (28) __________________, den der Werbende zu zahlen bereit ist. Das Standardabrechnungsmodell für derartige Werbeanzeigen ist (29) __________________, d. h., es entstehen nur dann (30) __________________, wenn der User auf die Werbeanzeige klickt und auf die (31) __________________ des Anbieters weitergeleitet wird. Zusammengefasst lässt sich sagen, dass es bei der Suchmaschinenwerbung um (32) __________________ Werbung geht.

Die Suchmaschinenoptimierung (SEO = Search Engine Optimization) zielt hingegen darauf ab, dass die (33) __________________ eines Anbieters bei Eingabe eines entsprechenden Suchbegriffs auf den (34) __________________ Plätzen landet. Hierbei geht es um (35) __________________ und inhaltliche (36) __________________ einer Website mithilfe eines (37) __________________.

Füllwörter									
1	Abrechnungsmodelle	9	alle	17	Preis	25	Suchbegriff	33	Werbeplattform
2	Adblocker	10	Influencer-Marketing	18	preisgünstige	26	teurer	34	Webdesigners
3	ähnlich	11	besten	19	Online-Werbeform	27	Verbesserungen	35	vorderen
4	Algorithmus	12	Zielgruppen	20	Kosten	28	Vertrauen	36	Videos
5	angezeigt	13	Formaten	21	Produkt	29	technische	37	1 000
6	Clicks	14	Cost per Click	22	registrieren	30	Suchmaschine		
7	bezahlte	15	Instagram	23	Reichweite	31	Website		
8	Banner	16	konkurrierenden	24	Schlüsselwörtern	32	Website		

Material 2: Angebot Centrum Media Group AG

centrum media group ag

Professionelle Vermittlung und Umsetzung werbetechnischer Lösungen

Centrum Media Group · Völklinger Str. 47 · 40221 Düsseldorf
BBDO GmbH
Schadowstraße 22
40221 Düsseldorf

Ihr Zeichen: la
Ihre Nachricht vom: 03.04.20..
Unser Zeichen: bra
Ihr Ansprechpartner: Jan Braun
Telefon: 0211 5076-45
Telefax: 0211 5077
E-Mail: jan.braun@centrum.de

Datum: 06.04.20..

Angebot Printmedien (Zeitschriften)

Sehr geehrte Frau Lange,

wir danken für Ihre Anfrage und bieten wie folgt an:

Ausgewählte Titel	Erscheinungshäufigkeit	Auflage/Reichweite (ET = Entscheidungsträger)	Preis je Anzeige
Der Spiegel	1 x pro Woche	1200000 davon 400000 ET	20000,00 EUR
Stern	1 x pro Woche	1200000 davon 200000 ET	22000,00 EUR
FAZ	täglich	400000 davon 100000 ET	10000,00 EUR
Wirtschaftswoche	1 x pro Woche	250000 davon 200000 ET	12000,00 EUR
manager magazin	1 x im Monat	220000 davon 150000 ET	12000,00 EUR

Mit Entscheidungsträgern sind diejenigen Personen in Unternehmen gemeint, die über zukünftige Investitionen zu entscheiden haben (Vorstandsmitglieder, Geschäftsführer, Prokuristen etc.).

Die Produktionskosten einer Anzeige in Printmedien (Gestaltung und Herstellung) belaufen sich auf einmalig 5000,00 EUR.

Alle Preise verstehen sich zuzüglich der gültigen Umsatzsteuer von derzeit 19%. Die Zahlungen sind innerhalb von 30 Tagen zu leisten. Es gelten unsere allgemeinen Geschäftsbedingungen.

Mit freundlichen Grüßen

Centrum Media Group AG

i.A. *Jan Braun*

Jan Braun

Geschäftsführer:
Pascal Meier
Bernd Schlage

Sitz der Gesellschaft:
Düsseldorf

Handelsregister:
Amtsgericht Düsseldorf
HRB 593-0205

Kommunikation:
Telefon: 0211 5076-0
Telefax: 0211 5077
E-Mail: mail@centrum.de
http://www.centrum.de

Bankverbindung:
Postbank Düsseldorf
BIC: DUSSDEDDXXX
IBAN:
DE88300501100694739208

Finanzamt Düsseldorf
Steuernnummer:
022/120/0123
USt-Id-Nummer:
DE 623454781

Material 3: Angebot Crossvertise KG

Crossvertise KG
Online-Werbung

Ihr Partner für professionelles Online-Marketing

Crossvertise KG · Königstraße 8 · 22767 Hamburg
BBDO GmbH
Schadowstraße 22
40221 Düsseldorf

Ihre Gesprächspartnerin: Larissa Vogt
Abteilung: Online-Werbung
Ihr Zeichen: la
Ihr Nachricht vom: 03.04.20..
Unser Zeichen: vog
Telefon: 040 3046-14
Telefax: 040 3046-01
E-Mail: larissa.vogt@crossvertise.de

Datum: 06.04.20..

Angebot Online-Werbung

Sehr geehrte Frau Lange,

wir danken für Ihre Anfrage und bieten beispielhaft wie folgt an:

Ausgewählte Medien	Kosten	Qualifizierte Reichweite	Zusatzinfo
Suchmaschinen-werbung z. B. Google Ads	z. B. 5000 EUR für einen Monat	2000 Clicks	Bei einem höheren Budget werden entsprechend mehr Clicks erzielt.
Suchmaschinen-optimierung	5000 EUR (einmalig) oder quartalsmäßige Optimierung für je 3000 EUR	akzeptable Platzierung in der Suchmaschine	Website muss regelmäßig optimiert werden, daher werden auch Abo-Modelle angeboten.
Bannerwerbung Spiegel Online	z. B. 10000 EUR für einen Monat	800000 ET (Entscheidungsträger)	Bei einem höheren Budget werden die Banner entsprechend häufiger angezeigt.
Bannerwerbung Manager-Magazin	z. B. 10000 EUR für einen Monat	1000000 ET (Entscheidungsträger)	Bei einem höheren Budget werden die Banner entsprechend häufiger angezeigt.
Bannerwerbung Wirtschaftswoche	z. B. 5000 EUR für einen Monat	300000 ET (Entscheidungsträger)	Bei einem höheren Budget werden die Banner entsprechend häufiger angezeigt.

Die Produktionskosten einer Online-Werbeanzeige im Rahmen einer Suchmaschinenwerbung (Gestaltung und Herstellung) belaufen sich auf einmalig 6000,00 EUR.

Die Produktionskosten einer Bannerwerbung (Gestaltung und Herstellung) belaufen sich auf einmalig 2000,00 EUR.

Alle Preise verstehen sich zuzüglich der gültigen Umsatzsteuer von derzeit 19%. Die Zahlungen sind innerhalb von 30 Tagen zu leisten. Es gelten unsere allgemeinen Geschäftsbedingungen.

Mit freundlichen Grüßen

Crossvertise KG

i. A. *Larissa Vogt*

Larissa Vogt

Geschäftsführer:
Björn Bösing
Martin Hupe

Sitz der Gesellschaft:
Hamburg

Handelsregister:
Amtsgericht Hamburg
HRA 345-0857

Kommunikation:
Telefon: 040 3046-14
Telefax: 040 3064-01
E-Mail: info@crossvertise.de
http://www.crossvertise.de

Bankverbindung:
Hamburger Sparkasse
BIC: HASPDEHH
IBAN: DE14200505504248989000

Finanzamt Hamburg
Steuernnummer:
040/080/0321
USt-Id-Nummer:
DE 187454326

Material 4: Angebot Transletter GmbH

TRANSLETTER GMBH | Erfolg garantiert

PRINTING HOUSE

Transletter GmbH · Littenstraße 12 · 10715 Berlin
BBDO GmbH
Schadowstraße 22
40221 Düsseldorf

Ihr Zeichen: la
Ihre Nachricht vom: 03.04.20..
Unser Zeichen: pau

Name: Pauly
Telefon-Durchwahl: 030 379-75
Fax: 030 379-1
E-Mail: Peter.Pauly@translettergmbh.de

Datum: 06.04.20..

Angebot Werbebriefe

Sehr geehrte Frau Lange,

bezüglich Ihrer Anfrage bieten wir Ihnen heute an:

Gestaltung Werbebrief: Flyer (DIN A5, farbig) und Anschreiben,
einmalig 500,00 EUR

Druck Werbebriefe (siehe oben):
pro 1 000 Stück: 800,00 EUR

Handling (Werbebriefe eintüten, Briefumschlag mit Adresse beschriften und frankieren):
pro 1 000 Stück: 1 200,00 EUR

Alle Preise verstehen sich zuzüglich der gültigen Umsatzsteuer von derzeit 19 %. Die Zahlungen sind innerhalb von 30 Tagen zu leisten. Es gelten unsere allgemeinen Geschäftsbedingungen.

Wir bedanken uns schon jetzt für Ihr Vertrauen und freuen uns auf eine enge Zusammenarbeit.

Mit freundlichen Grüßen

Transletter GmbH

i. A. Peter Pauly

Peter Pauly

Geschäftsführer:
Klara Lahnstein

Sitz der Gesellschaft
Berlin

Handelsregister:
Amtsgericht Berlin
HRB 3326

Kommunikation:
Telefon: 030 379-0
Telefax: 030 379-1
E-Mail: info@translettergmbh.de
http://www.translettergmbh.de

Bankverbindung:
Deutsche Bank Berlin
IBAN: DE89 1007 0000 0100 1103 00
BIC: DEUTDEBBXXX

Finanzamt Berlin
Steuernummer:
348/863/2455
USt-Id-Nummer:
DE5712445932

Material 5: Telefonnotiz

BBDO Telefonnotiz

von: Paula Berger
Abteilung: Medien
Gesprächspartner: Herr Golke
Firma: Meviko GmbH
Datum: 07.04.20..
Uhrzeit: 09:30

Betreff:

Angebot für sonstige Werbemedien (Nettopreise)

Werbemedien (Werbemittel u. -träger)	Reichweite	Produktionskosten	Nutzungskosten der Werbemedien
Fernsehwerbung (z.B. RTL)	2,5 Mio. Zuschauer	TV-Spot 60 000,00 EUR	50 000,00 EUR je gesendetem Spot
Rundfunkwerbung (z.B. WDR)	600 000 Hörer	Rundfunk-Spot 2 500,00 EUR	2 000,00 EUR je gesendetem Spot
Kinowerbung (z.B. Cinemaxx Verband)	je nach Anzahl	Kino-Spot* 3 000,00 EUR	500,00 EUR je 10 000 Zuschauer
Plakatwerbung	je nach Standort	30,00 EUR je Plakat	150,00 EUR pro Woche je Plakatwand
Prospektbeilagen (farbig) in Zeitschriften bzw. Zeitungen	je nach Anzahl	3,00 EUR je Prospekt	2 000,00 EUR je 1000 Prospektbeilagen

* Die Produktionskosten (Gestaltung und Herstellung) eines Spots fallen einmalig an. Mit Kinospots sind Fotos, gesprochener Text und musikalische Untermalung gemeint. Alle Preise verstehen sich zuzüglich 19 % Umsatzsteuer.

Material 6: Interne Mitteilung

BBDO Internas

an: Frau Lange
von: Kim Peske
Abteilung: Medien
Datum: 06. 04. 20..
Zeichen: pe

Kostenüberblick der Messen/Ausstellungen in Deutschland 20..:

Die Produktionskosten (Planung, Transport, Bewirtung, Personal, Prospekte etc.) belaufen sich auf insgesamt 4 000,00 EUR je Messe. Zeitdauer der Messen: jeweils 5 Tage. Die Standmiete beinhaltet einen 60 m^2 großen Messestand inkl. Beleuchtung, Teppiche, Theke, Bestuhlung und Tische und gilt für die gesamte Messezeit. Alle Preise verstehen sich zuzüglich 19 % USt.

1. Orgatec in Köln
   Termin: 1.–5. Mai
   ca. 60 000 Besucher
   Standmiete: 16 000,00 EUR
2. Alles fürs Büro in Leipzig
   Termin: 14.–18. Mai
   ca. 60 000 Besucher
   Standmiete: 14 000,00 EUR
3. Das moderne Büro in Stuttgart
   Termin: 1.–5. November
   ca. 50 000 Besucher
   Standmiete: 18 000,00 EUR
4. Das natürliche Büro in Karlsruhe
   Termin: 4.–7. Oktober
   ca. 55 000 Besucher
   Standmiete: 16 000,00 EUR

Material 7: Auswertungsformular (Werbeplan)

Mediaplan für die Soester Büromöbel AG

Werbeetat	

Medien (Werbemittel und -träger)	(Qualifizierte) Reichweite*	Produktionskosten	Nutzungskosten	Gesamtkosten
Gesamt				

* Zahl der Personen, die der Zielgruppe entsprechen.

Schulbuch
S. 379

6 Salespromotion

Situation:

Die Soester Büromöbel AG hatte die BBDO beauftragt, eine Werbekampagne für den neuen Schreibtisch Deluxe zu entwerfen. Heute wurde das Ergebnis dem Vorstand sowie dem Marketingleiter, Herrn Frei, im Rahmen einer Präsentation vorgestellt. Danach sitzen Herr Sörensen, Frau Sims und Herr Frei zusammen, um das Ergebnis zu besprechen.

Herr Sörensen: Frau Sims, ich glaube die Werbekampagne wird ein voller Erfolg. Wir haben gut daran getan, die Angelegenheit in die Hände dieser renommierten Werbeagentur zu legen.

Frau Sims: Das sehe ich genauso. Ich hoffe, die Verkaufszahlen bestätigen unseren guten Eindruck. Herr Frei, was meinen Sie als Fachmann dazu?

Herr Frei: Auch ich kann nur zustimmen. Allerdings gebe ich zu bedenken, dass wir nicht die Einzigen sind, die ihre Produkte aufwendig bewerben. Wenn ich da an die aktuelle Werbekampagne unseres Konkurrenten Pro Office denke ... hervorragende Arbeit, wenn Sie mich fragen.

Herr Sörensen: Schön und gut, aber welche Schlussfolgerungen ziehen wir daraus?

Herr Frei: Ich glaube, wir müssen noch mehr tun.

Frau Sims: Sie meinen, wir sollten noch mehr werben?

Herr Frei: Nein, meines Erachtens sollten wir versuchen, durch einige zeitlich begrenzte Aktionen den Verkauf unsere Produkte anzukurbeln.

Herr Sörensen: Herr Frei, haben Sie da schon etwas Bestimmtes im Sinn?

Herr Frei: Aber sicher ...

Arbeitsaufträge:

1. Nennen Sie Aktionen/Maßnahmen, die die Soester Büromöbel AG neben der Werbung durchführen könnte, um den Verkauf ihrer Produkte zu fördern. Bedenken Sie, dass die Soester Büromöbel AG ihre Produkte direkt an ihre Kunden verkauft, ohne den Handel zwischenzuschalten.

	Aktionen/Maßnahmen
1	
2	
3	
4	
5	

2. Salespromotion (siehe Material 2) unterstützt den Händler und/oder richtet sich direkt an den Endverbraucher. Entscheiden Sie, um welche Art Verkaufsförderung es sich in den drei Fallbeispielen (Material 1) handelt, und nennen Sie die jeweiligen Maßnahmen.

Fälle	Art	Maßnahmen
Fall A	☐ Handelspromotion	
	☐ Verbraucherpromotion	

Fälle	Art	Maßnahmen
Fall B	☐ Handelspromotion	
	☐ Verbraucherpromotion	
Fall C	☐ Handelspromotion	
	☐ Verbraucherpromotion	

Material 1:

Fall A: Fahrt das Ding nach Hause!

Ein Automobilhersteller feiert „Jubel"-Finanzierungswochen. Bis zum 15. Juli können sich Kunden auf Sonderangebote und günstige Raten für einen agilen Kleinwagen freuen. Zu diesem Anlass hat die Werbeagentur BBDO ein deutschlandweites Paket zusammengestellt, das umfangreiche Point-of-Sale-Maßnahmen umfasst. Unter dem Motto „Fahrt das Ding nach Hause!" bringt das BBDO-Team das Mega-Event des Jahres zu den Händlern. Bei ausgewählten Händlern in ganz Deutschland können sich Fans mehrere Spiele der WM auf einer Großbild-Leinwand ansehen. Riesenfußbälle, Fahnen und Showroom-Poster sorgen dabei für das richtige WM-Feeling. Darüber hinaus können mehr als 100 Karten für Konzerte verschiedener Künstler gewonnen werden. Die Aktion läuft begleitend zur Fußballweltmeisterschaft.

Fall B: Tooooor – der Volltreffer von der Rolle!

Gewinne am laufenden Band ab dem 1. März bei einem Klebebandhersteller. Insgesamt drei Millionen Rollen tiseo® Malerklebeband tragen ein besonderes Gewinnspiel-Etikett. Das doppelschichtige Etikett birgt die Chance auf einen von 111 Panasonic Fernsehern. Das Spielprinzip ist einfach: Wer seinen Glücks-Code in einen der hochwertigen Gewinne verwandeln will, muss zunächst per Mobiltelefon eine SMS mit dem Code an tiseo® senden und dann die Antwort-SMS abwarten. Sie verrät, ob er gewonnen hat oder nicht. Auch im Internet kann mitgespielt werden. Einfach auf www.tiseo.de/malerprofi registrieren, den Glückscode erhalten und gleich online abschicken. Die tiseo®-Gewinnaktion läuft bis zum 9. Juli und richtet sich gezielt an professionelle Maler und Lackierer. Daher werden die drei Millionen Rollen tiseo® an den Fachhandel geliefert. „Mit der auf professionelle Endverbraucher ausgerichteten Aktion für den Handel will tiseo® seine Präsenz im Markt sichtbar stärken und noch mehr Maler und Lackierer veranlassen, sich mit der Marke tiseo® aktiv auseinanderzusetzen", erläutert Rudi Rebentisch, Markenmanager Industrie. „Passend zum sportlichen Großereignis 20.. sind alle Kommunikationsmittel rund um das Gewinnspiel auf das Thema Fußball ausgerichtet. Damit das SMS-Gewinnspiel den Malerprofis nicht entgeht, bietet tiseo® dem Handel ein aufwendiges Paket zur Verkaufsunterstützung an. So machen Plakate im Handel auf die Aktion aufmerksam und spezielle Wegweiser führen die Kunden direkt zum Regal."

Fall C: Maskulin-Kunden fahren Formel-1-Boliden!

Reifenhersteller Maskulin ist seit einem Jahr wieder Formel-1-Ausrüster. Im April beginnt Maskulin mit „Driving Experience" eine aufwendige Promotion, um Kunden am Rennsport-Engagement teilhaben zu lassen. Wer bis Ende Mai einen Satz Maskulin-High-Speed-Sportreifen kauft, kann einen Erlebnistag auf dem Nürburgring in der Eifel gewinnen. Hauptattraktion: im Originaloutfit am Steuer eines Formel-1-Boliden sitzen. Neben dem attraktiven Hauptpreis winkt 15 Gewinnern eine virtuelle „Driving Experience" – ein Komplettpaket, bestehend aus einer Sony-Playstation 4, einem Formel-1-Game und einem Rennlenkrad. Zusätzlich werden 80 exklusive Maskulin Formel-1-Uhren verlost.

Material 2: Auszug aus dem ABC des Marketings

Verkaufsförderung (Salespromotion)

Im Gegensatz zur Absatzwerbung, bei der Produkte oder Produktgruppen beworben werden, und der Öffentlichkeitsarbeit, die für den Aufbau und die Pflege eines positiven Unternehmensimages zuständig ist, soll die Verkaufsförderung (Salespromotion) mit immer neuen und überraschenden Maßnahmen im Zusammenhang mit einem Produkt oder einer Produktgruppe zusätzliche Kaufanreize auslösen.

Die Verkaufsförderung wird somit zum verlängerten Arm der Werbung.

Hierbei ist zu beachten, dass es sich bei verkaufsfördernden Maßnahmen immer um zeitlich begrenzte und die Werbung flankierende Maßnahmen handelt.

Im Rahmen der Verkaufsförderung ist zwischen folgenden drei Varianten zu unterscheiden:

- konsumentenorientierte Verkaufsförderung (Verbraucherpromotion)
- handelsorientierte Verkaufsförderung (Handelspromotion)
- verkaufspersonalorientierte Verkaufsförderung (Verkäuferpromotion)

konsumentenorientierte Verkaufsförderung (Verbraucherpromotion)	Verkaufsfördernde Maßnahmen, die sich direkt an den Endverbraucher oder Endverwender wenden, sind beispielsweise: ➤ Produktproben ➤ Zugaben ➤ Gewinnspiele ➤ zeitlich begrenzte Preisaktionen ➤ Gutscheine ➤ Kombipack (z. B. Zahnbürste und Zahncreme) mit Preisvorteilen ➤ Duopack (2 gleiche Produkte) mit Preisvorteilen ➤ Umtauschgarantie ➤ Inzahlungnahme alter Waren ➤ Treueprämien ➤ Give-aways (kleine Geschenke)
handelsorientierte Verkaufsförderung (Handelspromotion)	Darüber hinaus muss der Händler motiviert werden, die jeweiligen Produkte zu führen und deren Absatz wirkungsvoll zu forcieren. Was nützt das beste Produkt, wenn der Händler ungenügende Anstrengungen unternimmt, es zu verkaufen, z. B., indem der Händler das Produkt ungünstig platziert oder er ungenügend über die Vorteile des Produktes informiert ist? Geeignete Maßnahmen in dem Zusammenhang sind insbesondere: ➤ Argumentationshilfen (Produktinformationen) ➤ Verkaufsschulungen für die Mitarbeiter des Händlers ➤ Produktvorführungen ➤ zeitlich befristete Preisnachlässe ➤ Verkaufswettbewerbe ➤ Anerkennungen für den Händler (Geschenke, Reisen etc.) ➤ finanzielle Unterstützung bei Werbemaßnahmen ➤ Schaufensterdekorationsservice ➤ Bereitstellung von Displaymaterial
verkaufspersonalorientierte Verkaufsförderung (Verkäuferpromotion)	Der Idee, das eigene Verkaufspersonal (Innen- und Außendienst) in die Verkaufsförderung mit einzubeziehen, liegt die Tatsache zugrunde, dass das Personal durch sein Verhalten die Kaufentscheidung des Kunden maßgeblich beeinflusst. Wichtige verkaufsfördernde Maßnahmenbereiche, die auch dem Bereich Fort- und Weiterbildung zugeordnet werden können, sind: ➤ Ausbildung und Schulung: z. B. Produktwissen, Verkaufspsychologie, Verkaufstechniken und Verhaltenstraining. ➤ Motivation und Leistungsanreize: z. B. Umsatzprovision, Boni bei außergewöhnlichen Leistungen, Verkäuferwettbewerbe, Erfolgsbericht in Firmenzeitschrift, großzügige Spesenregelung, Anerkennungen (Geschenke, Reisen etc.), Smartphone, Laptop und Geschäftswagen.

Schulbuch S. 380 f.

7 Public Relations (Öffentlichkeitsarbeit)

Situation:

Bei der Soester Büromöbel AG herrscht große Aufregung. Herr Sörensen und Frau Sims laufen unruhig hin und her. Herr Misevic, Leiter der Fertigung, sitzt ihnen nicht minder nervös gegenüber.

SB Soester Büromöbel AG

Herr Sörensen: Herr Misevic, wie konnte das nur passieren? Gerade jetzt, wo der neue Schreibtisch doch so gut eingeschlagen ist.

Herr Misevic: Nun, die Lackieranlage, an der die Probleme aufgetreten sind, ist schon einige Jahre in Betrieb. Aus Kostengründen haben wir den Kauf einer neuen modernen Anlage seit Jahren immer vor uns hergeschoben.

Frau Sims: Probleme sagen Sie? Die Presse spricht da eine ganz andere Sprache. Sehen Sie sich mal den Zeitungsartikel an.

Herr Misevic liest den Artikel.

Herr Misevic: Du lieber Himmel, die Ausmaße der Geschichte waren mir so nicht bewusst. Was sollen wir bloß tun? Ungeschehen machen können wir das Ganze ja nun nicht mehr.

> **Umweltkatastrophe in Soest**
>
> **Büromöbelhersteller Soester Büromöbel AG setzt giftige Substanzen frei**
>
> Soest – Wie die Geschäftsführung der Soester Büromöbel AG, einem mittelständischen Industrieunternehmen in Westfalen, gestern Vormittag mitteilte, kam es am Tag zuvor um die Mittagszeit in der Fertigung zu einem Störfall, wie es ihn in der 28-jährigen Geschichte des Unternehmens noch nicht gegeben hat. Hochgiftige Dämpfe gelangten durch eine undichte Stelle im Rohrsystem der Fertigung ins Freie. Wie sich nun herausstellte, legte sich eine große Wolke als Nebel über die umliegenden Felder und Wiesen. Rund 1,2 Tonnen der giftigen Substanzen gingen nieder. Menschen kamen glücklicherweise nicht zu Schaden. Umweltschützer von Greenpeace waren sofort vor Ort und warfen der Unternehmensleitung verantwortungsloses Verhalten vor.

Herr Sörensen: Ab heute sind wir für die Öffentlichkeit die Umweltverschmutzer aus Westfalen. Vom konkreten Schaden ganz zu schweigen.

Frau Sims: Die Folgen für unser Unternehmen sind überhaupt noch nicht abzusehen. Wir müssen unverzüglich reagieren.

Herr Sörensen: Die Frage ist nur: Wie?

Arbeitsaufträge:

1. Erläutern Sie, welche schwerwiegenden Folgen der Störfall für die Soester Büromöbel AG haben kann.

2. Unterbreiten Sie Vorschläge, mit welchen Maßnahmen die Soester Büromöbel AG auf die Krise reagieren sollte.

3. Der Vorstand der Soester Büromöbel AG beabsichtigt, im Rahmen einer Pressemitteilung zu den Problemen Stellung zu nehmen. Überlegen Sie, was in eine derartige Pressemitteilung hineingehört und verfassen Sie mithilfe der Vorlage (Material 1) ein entsprechendes Schreiben in der Wir-Form.

4. Nennen Sie weitere Maßnahmen, die die Soester Büromöbel AG ergreifen sollte, um die Krise zu meistern und den Fortbestand des Unternehmens zu sichern. Berücksichtigen Sie hierbei auch Material 2.

	Maßnahmen
1	
2	
3	
4	
5	

5. Um der Öffentlichkeit zu zeigen, welche Maßnahmen man in puncto Umweltschutz ergriffen hat, beabsichtigt die Soester Büromöbel AG, einen „Tag der offenen Tür" durchzuführen. Sie werden mit der Organisation dieser Veranstaltung beauftragt. Erstellen Sie eine diesbezügliche To-do-Liste.

	To-do-Liste
1	
2	
3	
4	
5	
6	

6. Das Unternehmen in ein positives Licht zu rücken, ist nicht nur in Krisenzeiten gefragt. Begründen Sie, warum das Image für viele Unternehmen von großer Bedeutung ist.

7. Erstellen Sie eine Übersicht zum Thema Public Relations (Material 3).

8. Corporate Identity (CI) ist die einheitliche Darstellung eines Unternehmens nach außen. Eine starke Corporate Identity hilft, das Unternehmen von anderen zu unterscheiden und Vertrauen bei Kunden und Partnern aufzubauen. Corporate Identity umfasst vier Teilbereiche. Vervollständigen Sie hierzu das Schaubild unter Material 4.

Material 1: Formular „Pressemitteilung“

SPIEGEL ONLINE

Soester Büromöbel AG

soester-anzeiger.de

WDR Fernsehen

WELT ONLINE

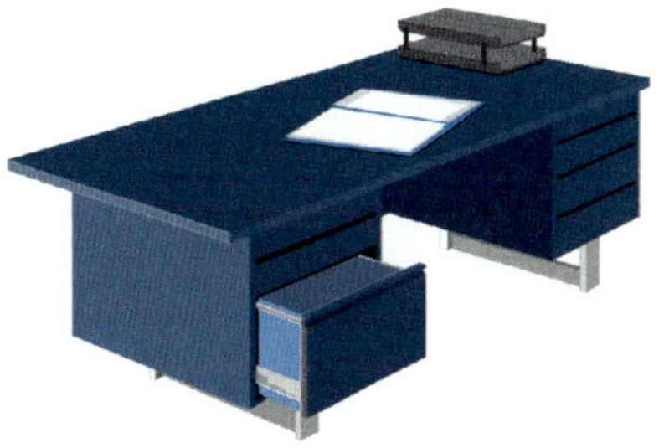

Pressemitteilung

Material 2: Auszug aus dem ABC des Marketings

O

ABC des Marketings

Öffentlichkeitsarbeit (Public Relations)

Im Gegensatz zur Absatzwerbung, bei der Produkte oder Produktgruppen beworben werden, handelt es sich bei der Öffentlichkeitsarbeit (auch Public Relations genannt) um Werbung für das Unternehmen als Ganzes. Sie hat die Aufgabe, das Image des Unternehmens in der Bevölkerung positiv zu beeinflussen, d.h. ein positives Image aufzubauen oder wenn vorhanden zu pflegen. Die Absatzsteigerung steht nicht im Vordergrund, wenngleich ein positives Image sicherlich positive Auswirkungen auf den Absatz haben wird.

Mit Öffentlichkeit sind all diejenigen Gruppen gemeint, die die Interessen des Unternehmens berühren und die Unternehmensziele beeinflussen können:

- Endverbraucher und -verwender
- Groß- und Einzelhandel
- Kapitalgeber
- Mitarbeiter
- staatliche und private Institutionen

Um die jeweiligen Zielgruppen zu erreichen, spielen die Medien als Mittler von Informationen eine wesentliche Rolle. Getreu dem Motto „Tue Gutes und rede darüber" stehen der Öffentlichkeitsarbeit im Wesentlichen folgende Instrumente zur Verfügung:

- Veröffentlichungen
  z. B. Geschäftsberichte, Pressemappen, Prospekte, Newsletter, Kunden- und Mitarbeitermagazine
- Veranstaltungen
  z. B. Pressekonferenzen, Ausstellungen, Betriebsbesichtigungen und Tag der offenen Tür
- Nachrichten
  z.B. Verfassen von Pressemitteilungen
- Reden und Vorträge
  z. B. Teilnahme an Talk-Shows, Verbandstreffen, Fachmessen
- Sponsoring
  z. B. Sport-, Umwelt- und Kultursponsoring
- Spenden
  z. B. bei Naturkatastrophen
- Krisenmanagement
  z. B. bei Umwelt- oder auch Qualitätsproblemen
- Corporate Identity
  hier geht es u. a. um das Erscheinungsbild (Corporate Design) des Unternehmens, z. B. Name, Logo, Formulare, Briefkopf, Visitenkarten, Geschäftsausstattung und Kleiderordnung

Material 3: Übersicht Public Relations (Öffentlichkeitsarbeit)

Public Relations (Öffentlichkeitsarbeit)

Ziel

Das ____________________ eines Unternehmens in der ________________________ verbessern!

Adressaten

1. ______________________________
2. ______________________________
3. ______________________________
4. ______________________________
5. ______________________________

Maßnahmen (beispielhaft)

1. ______________________________
2. ______________________________
3. ______________________________
4. ______________________________
5. ______________________________
6. ______________________________
7. ______________________________
8. ______________________________

Material 4: Übersicht „Corporate Identity"

Die 4 Bereiche der Corporate Identity

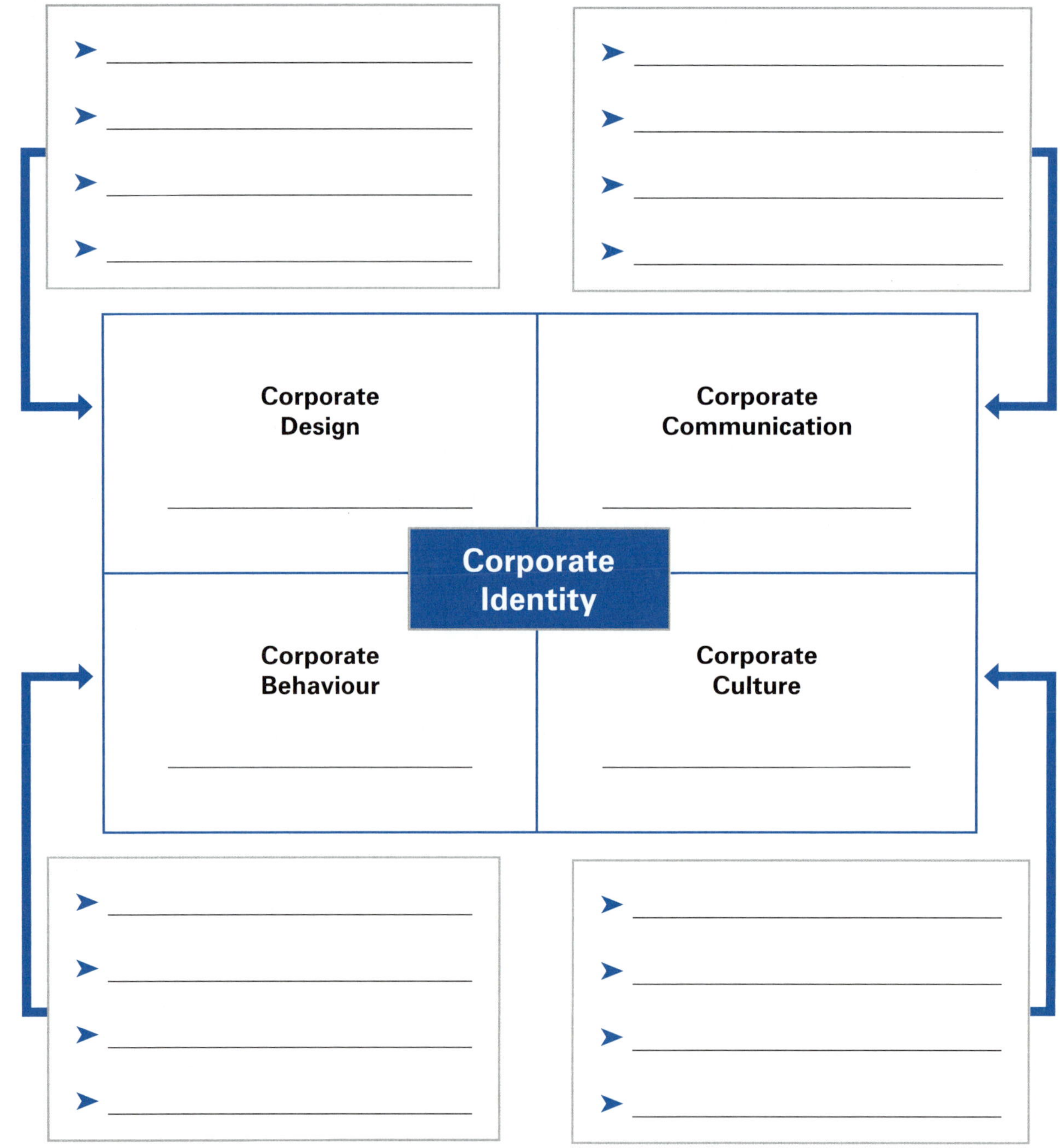

Füllwörter

Erscheinungsbild	Philosophie	Kunden	Verhalten
Werte	Kfz	Leitbild	Social Media
Visitenkarten	Wettbewerber	Geschäftsbriefe/ E-Mails	Kultur
Kleidung	Newsletter	Lieferanten	Kommunikation

Schulbuch S. 387–397

8 Handlungsreisender vs. Handelsvertreter

Situation:

Nach reiflicher Überlegung hat sich die Geschäftsführung der Soester Büromöbel AG dazu entschieden, ein zweites Standbein zu schaffen und zusätzlich zu den Büromöbeln Seminarbedarf, wie z. B. Pinnwände, Flipcharts und Moderationsmaterialien, in das Absatzprogramm aufzunehmen. Nun soll die weitere Vorgehensweise festgelegt werden.

Frau Sims: Meine Herren, ich bin sicher, unsere neue Geschäftsidee wird unsere Wettbewerbsfähigkeit weiter stärken.

Herr Sörensen: Da stimme ich Ihnen zu. Wenn die Marktprognose zutrifft, können wir mehr als zufrieden sein.

Herr Frei: Das ist richtig. Problematisch ist nur, dass wir unser bisheriges Vertriebssystem kaum nutzen können.

Herr Werner: Wie meinen Sie das?

Herr Frei: Nun, die Büromöbel haben wir bislang über unsere Verkaufsabteilung und die Reisenden direkt an unsere Kunden verkauft. Was den Seminarbedarf angeht, haben wir uns ja zweckmäßigerweise für den Absatz über den Groß- und Einzelhandel entschieden.

Herr Werner: Und?

Herr Frei: Nun, unsere Mitarbeiter verfügen über keinerlei Erfahrung, was den Umgang mit dem Handel angeht. Außerdem reicht die Zahl der vorhandenen Mitarbeiter bei Weitem nicht aus, um unser Vorhaben erfolgreich zu gestalten. Wir müssen die Zahl der Reisenden erheblich erhöhen.

Herr Sörensen: Das heißt, wir binden Mitarbeiter an uns, obwohl der Erfolg noch in den Sternen steht.

Herr Frei: Wenn Sie so wollen, ja.

Frau Sims: Gibt es denn keine andere Möglichkeit?

Herr Frei: Doch, wir könnten auch selbstständige Handelsvertreter mit dem Verkauf unserer Produkte beauftragen.

Herr Werner: Können wir dadurch Kosten einsparen?

Herr Frei: Die Frage lässt sich so einfach nicht beantworten. Das müssen wir genau nachrechnen.

Herr Sörensen: Eine gute Idee. Dann machen Sie das mal.

Arbeitsaufträge:

1. Für das Verkaufsgebiet Nordrhein-Westfalen soll entweder ein Handlungsreisender oder ein Handelsvertreter eingestellt werden. Informieren Sie sich unter Zuhilfenahme von Material 5 über die genannten Absatzorgane und ermitteln Sie anschließend mithilfe von Material 1, welches Absatzorgan bei dem monatlich prognostizierten Umsatz kostengünstiger ist. Halten Sie das Ergebnis der quantitativen Analyse (Kostenkalkulation) auf dem Entscheidungsformular fest (Material 4).

2. Bei dem erwarteten Umsatz handelt es sich um eine Prognose. Prognosen beinhalten naturgemäß immer einen hohen Grad an Unsicherheit. Aus diesem Grund ist es sinnvoll, einen Kostenvergleich für unterschiedliche Umsatzzahlen durchzuführen. Führen Sie diesen Kostenvergleich durch (Material 2) und markieren Sie den Umsatz, bei dem die Kosten für den Handlungsreisenden und den Handelsvertreter gleich hoch sind.

3. Der Umsatz, bei dem die Kosten gleich hoch sind, wird kritische Umsatzhöhe genannt. Sie lässt sich nicht nur tabellarisch, sondern auch per Formel ermitteln. Stellen Sie die Formel auf und berechnen Sie auf diesem Weg die kritische Umsatzhöhe.

Ergebnis: ______________________________

____

4. Stellen Sie den Kostenvergleich Handlungsreisender vs. Handelsvertreter grafisch dar (Material 3). Schraffieren Sie die Bereiche, in denen der Handlungsreisende bzw. der Handelsvertreter günstiger ist, und vervollständigen Sie den Merksatz.

5. Angenommen, die Umsatzprognose liegt bei 110 000,00 EUR je Monat, Tendenz steigend, und es handelt sich hierbei um eine relativ sichere Prognose. Entscheiden Sie, ob die Soester Büromöbel AG einen Handlungsreisenden oder einen Handelsvertreter einstellen sollte.

____

____

____

6. Bei der Entscheidung Handlungsreisender vs. Handelsvertreter sind neben den Kosten auch andere Kriterien zu berücksichtigen. Führen Sie zusätzlich zu den Kosten eine qualitative Analyse durch (Entscheidungsformular Material 4).

7. Treffen Sie anschließend eine Entscheidung, ob der Seminarbedarf über Handlungsreisende oder Handelsvertreter vertrieben werden soll.

Material 1: Interne Mitteilung

Interne Mitteilung

SB Soester Büromöbel AG

an:	Timo Frei (Marketing)	**Abteilung:**	Marketing
von:	Kai Kruse	**Datum:**	28.04.20..
		Zeichen:	kru

Marktprognose

Gemäß Marktprognose des von uns beauftragten Marktforschungsinstituts ist bezüglich des Seminarbedarfs in ganz Deutschland mit einem Gesamtumsatz von 800 000,00 EUR je Monat zu rechnen.

Die Verkaufsregion Deutschland soll in 8 Verkaufsgebiete unterteilt werden, die von jeweils einem Handlungsreisenden oder einem Handelsvertreter betreut werden sollen.

Daten zu den Absatzorganen:

- erwarteter Umsatz in NRW: 100 000,00 EUR je Monat
- Fixum Handlungsreisender: 2 400,00 EUR je Monat
- Provision Handlungsreisender: 1 % vom Umsatz je Monat
- Provision Handelsvertreter: 3 % vom Umsatz (in unserer Branche handelt es sich überwiegend um Handelsvertreter, die mehrere Firmen vertreten und damit den gesamten Büroartikelbedarf abdecken)

Mit freundlichen Grüßen

Kai Kruse

Material 2: Tabellarischer Kostenvergleich

Umsatz je Monat	Kosten „Handlungsreisender“	Kosten „Handelsvertreter“	Handlungsreisender oder Handelsvertreter?
80 000,00 EUR			
100 000,00 EUR			
120 000,00 EUR			
140 000,00 EUR			
160 000,00 EUR			
180 000,00 EUR			

Material 3: Grafischer Kostenvergleich

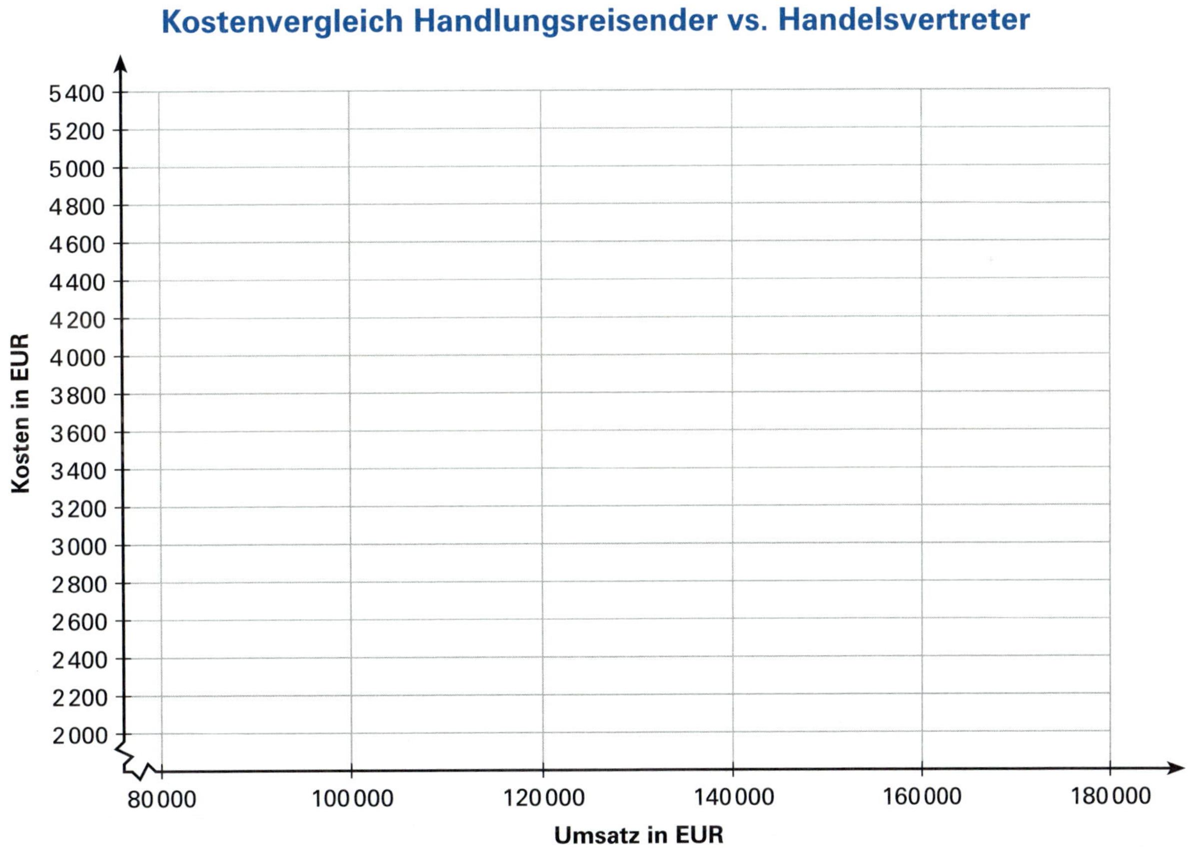

Bei ______________ Umsätzen ist der ____________________________ dem ____________________ vorzuziehen. Bei niedrigen ________________ hingegen ist der ________________________ kostengünstiger als der ______________________.

Material 4: Entscheidungsformular

Soester Büromöbel AG

Entscheidung Handlungsreisender vs. Handelsvertreter

I. Quantitative Analyse (Kostenkalkulation)

	Verkaufsgebiet NRW	
	Handlungsreisender	Handelsvertreter
Monatliche Kosten je Absatzorgan bei einem Umsatz von monatlich ____________________.		

Nebenrechnungen:

Entscheidung	

II. Qualitative Analyse (Punktwertverfahren)

Hinweise zur Durchführung des Punktwertverfahrens

Schritt 1: Gewichten Sie die aufgeführten Kriterien. Die Summe muss 100 ergeben.

Schritt 2: Bewerten Sie die Absatzorgane durch Vergabe von 0 bis 5 Punkten. 5 Punkte stehen hierbei für eine sehr positive Bewertung.

Schritt 3: Multiplizieren Sie die vergebenen Punkte mit der Gewichtung.

Schritt 4: Addieren Sie die unter Schritt 3 ermittelten Punkte zu einer Gesamtpunktzahl.

Kriterien	Gewichtung	Handlungsreisender		Handelsvertreter	
		Punkte	gew. Punkte	Punkte	gew. Punkte
Motivation					
Kontrolle des Absatzorgans					
Warenkenntnisse					
Anbieten von ergänzenden Produkten					
Summe	100	**Summe**		**Summe**	

Entscheidung	

III. Verknüpfung der Ergebnisse aus I + II

Gesamtentscheidung	

Material 5: Auszug aus dem ABC des Marketings

A

ABC des Marketings

Absatzorgane

Sowohl beim direkten als auch beim indirekten Absatz kann ein Industrieunternehmen auf verschiedene Absatzorgane zurückgreifen, deren wirtschaftliche und rechtliche Stellung stark differiert. Im Folgenden sollen die beiden Absatzorgane Reisende und Handelsvertreter näher beschrieben werden.

Gemäß § 59 HGB ist der Reisende ein kaufmännischer Angestellter (Handlungsgehilfe), der damit betraut ist, außerhalb des Unternehmens Geschäfte im Namen und für Rechnung seines Arbeitgebers zu vermitteln oder abzuschließen. Er wird somit in fremdem Namen und auf fremde Rechnung tätig.

Die rechtliche Grundlage bildet der Arbeitsvertrag (Dienstvertrag). Da der Reisende fest angestellt ist, bezieht er meist ein festes Gehalt. Über das Festgehalt (Fixum) hinaus erhält er eine Provision, die sich nach der Höhe seiner Geschäftsabschlüsse richtet, sowie Spesen für Übernachtungen, Verpflegung etc. Als kaufmännischer Angestellter erhält er auch sämtliche betrieblichen Sozialleistungen. Das Verhältnis von Festgehalt und Umsatzprovision ist von Unternehmen zu Unternehmen sehr unterschiedlich.

Der Reisende hat im Wesentlichen folgende Aufgaben:

- Geschäfte abschließen
- neue Kunden hinzugewinnen (Akquise potenzieller Kunden)
- vorhandene Kunden betreuen
- Reiseberichte erstellen (Informationen über Markt, Wettbewerber und Endkunden)

Meist treffen sich die Reisenden eines Unternehmens regelmäßig (z. B. einmal wöchentlich), um Erfahrungen auszutauschen und Verkaufsstrategien abzustimmen.

Der Handelsvertreter ist gemäß § 84 HGB ein selbstständiger Kaufmann, der ständig damit betraut ist, für ein anderes Unternehmen Geschäfte zu vermitteln oder abzuschließen. Er wird in fremdem Namen und für fremde Rechnung tätig. Handelsvertreter arbeiten meist für mehrere Unternehmen, deren Produkte jedoch nicht miteinander konkurrieren dürfen, sondern sich zweckmäßigerweise ergänzen sollten. Nicht selten vertritt der Handelsvertreter jedoch auch völlig unterschiedliche Produkte. Sein Aufgabengebiet ist weitestgehend mit dem des Reisenden identisch. Welche Aufgaben der Handelsvertreter dann konkret übernimmt, ist von der konkreten Ausgestaltung des Vertretervertrags abhängig.

Der Handelsvertreter kann im Wesentlichen seine Tätigkeit frei gestalten und seine Arbeitszeit selbst bestimmen. Als selbstständige Gewerbetreibende unterhalten Handelsvertreter eigene Büros. Sie müssen für die Geschäftskosten selbst aufkommen. Der Handelsvertreter erhält in der Regel eine vom Umsatz abhängige Provision. Ist er beauftragt, Kundenzahlungen entgegenzunehmen, erhält er zusätzlich eine Inkassoprovision. Darüber hinaus bekommt er eine besondere Vergütung, wenn er das Risiko für den Zahlungseingang bei Zielgeschäften übernimmt. Man spricht in diesem Zusammenhang von der Delkredereprovision. Des Weiteren hat er nach Beendigung des Vertragsverhältnisses einen Ausgleichsanspruch bis zur Höhe einer Jahresprovision an das Unternehmen, wenn dieses weiterhin mit Kunden Geschäfte abschließt, die der Handelsvertreter geworben hat.

Schulbuch S. 389–390

9 Geschäfte per E-Commerce tätigen

Situation:

Mitte August 20.. bittet Herr Richter, Bereichsleiter Absatz, Frau Özdemir, Leiterin der Verkaufsabteilung, sowie den Marketingleiter Herrn Frei zu sich.

Frau Özdemir: Guten Morgen, Herr Richter. Was kann ich für Sie tun?

Herr Richter: In letzter Zeit äußern auffallend viele Geschäftskunden den Wunsch, unsere Produkte auch online bestellen zu können. Ich denke, wir sollten uns diesem Wunsch nicht verschließen. Die Konkurrenz schläft nicht.

Herr Frei: Das sehe ich auch so. Wir sind sicherlich eines der wenigen Unternehmen ohne Internetpräsenz. Das muss anders werden. Frau Özdemir, wie wollen Sie vorgehen?

Arbeitsaufträge:

1. Die Soester Büromöbel AG plant den Aufbau einer Unternehmenswebsite mit integriertem Onlineshop. Führen Sie die Vorteile an, die sich hieraus für die Soester Büromöbel AG und ihre Kunden ergeben.

Vorteile für die Soester Büromöbel AG

Vorteile		
	1	
	2	
	3	
	4	
	5	

Vorteile für die Kunden der Soester Büromöbel AG

Vorteile		
	1	
	2	
	3	
	4	
	5	

2. Vervollständigen Sie den folgenden Lückentext zum Thema „E-Commerce“. Berücksichtigen Sie dabei die Füllwörter auf der folgenden Seite.

E-Commerce

Was ist eigentlich E-Commerce? Diese Frage wird häufig gestellt. Verfolgt man einen praxisorientierten Ansatz, bedeutet E-Commerce (1) Verkauf über das (2) ________________ oder (3) ________________. Im Internet können die Kunden sich über ein Produkt informieren, ihre Bestellung aufgeben und auch (4) ________________ bezahlen. Das ist (5) ______________ und (6) ________________ für den Kunden und spart (7) ________________ für den Verkäufer. Alle Informationen, die der Kunde für seine (8) ________________ benötigt, können im Internet zur Verfügung gestellt werden.

Die Geschäftsabwicklung sollte so weit wie möglich auf (9) ______________ erfolgen. Anfragen und Bestellungen können online entgegengenommen, Auftragsbestätigungen per (10) ______________ verschickt und die Bezahlung online abgewickelt werden. Ist ein Unternehmen im Investitionsgüterbereich tätig, d. h., sind die Kunden andere Unternehmen, spricht man vom sogenannten (11) ________________ (Business to Business). Im (12) ________________ hingegen sind die Kunden Privatpersonen. In diesem Fall ist vom (13) ________________ (Business to Consumer) die Rede.

Grundsätzlich bestehen mehrere Möglichkeiten des (14) ________________. Eine Möglichkeit ist die Einrichtung eines (15) ________________ auf der Unternehmenswebsite, in dem nur eigene Produkte vertrieben werden. Eine andere Möglichkeit stellen Verkaufsplattformen, auch (16) ________________ genannt, dar. Sie sind nach dem gleichen Prinzip aufgebaut wie (17) ________________ der realen Welt. Unter einem Dach sind unterschiedliche Händler vereint, deren Produkte sich (18) ________________, aber auch miteinander (19) ________________ können.

Verträge kommen im Internet genauso zustande wie in der realen Welt. Der (20) ______________ erfolgt durch zwei (21) ________________ Willenserklärungen, z. B. durch die Bestellung und die (22) ________________ per E-Mail. Im B2C-Geschäft ist das (23) ________________ zu beachten. Hiernach hat der Käufer ein (24) ________________. Der (25) ________________ muss keine Begründung enthalten und ist in Textform oder durch Rücksendung der Ware innerhalb von zwei Wochen nach Eingang der Ware beim Empfänger gegenüber dem Unternehmer zu erklären. Darüber hinaus muss im B2C-Geschäft gemäß Preisangabenverordnung (PAngV) immer der Endpreis (26) ________________ der gültigen Umsatzsteuer angegeben werden. Die Verwendung von (27) ________________ ist nur im B2B-Geschäft möglich.

Nicht wenige Unternehmen begehen beim E-Commerce schwerwiegende (28) ________________. Insbesondere (29) ________________ Produktinformationen, ein (30) ________________ und (31) ________________ Bestellprozess sowie versteckte (32) ________________ führen dazu, dass Unternehmen beim E-Commerce (33) ________________.

Füllwörter									
1	Auftrags-bestätigung	8	elektronischen Vertriebs	15	Kauf-entscheidung	22	Online-shopping	29	Verkauf
2	B2B-Geschäft	9	E-Mail	16	konkurrieren	23	Onlineshops	30	Versand-kosten
3	B2C-Geschäft	8	ergänzen	17	Konsumgü-terbereich	24	scheitern	31	Vertrags-abschluss
4	bequem	11	Fehler	18	Kosten	25	schnell	32	Widerruf
5	Einkaufs-zentren	12	Fernabsatz-recht	19	langwieriger	26	überein-stimmende	33	Widerrufs-recht
6	elektronische Marktplätze	13	inklusive	20	Nettopreisen	27	umständlicher		
7	elektronischem Weg	14	Internet	21	online	28	unvollständige		

3. Nennen Sie Probleme/Risiken, die mit E-Commerce verbunden sind.

Probleme/ Risiken		
	1	
	2	
	3	
	4	
	5	
	6	
	7	
	8	

4. Erläutern Sie die Vor- und Nachteile des Vertriebs über einen eigenen Onlineshop im Vergleich zum Vertrieb über elektronische Marktplätze.